Um dia na vida de Abed Salama

Nathan Thrall

Um dia na vida de Abed Salama

Anatomia de uma tragédia em Jerusalém

Tradução:
Daniel Turela Rodrigues

Copyright © 2023 by Nathan Thrall

Grafia atualizada segundo o Acordo Ortográfico da Língua Portuguesa de 1990, que entrou em vigor no Brasil em 2009.

Título original
A Day In the Life of Abed Salama: Anatomy of a Jerusalem Tragedy

Capa
Ana Starling

Mapas
Daleen Saah

Preparação
Carolina Falcão

Índice remissivo
Gabriella Russano

Revisão
Nestor Turano Jr.
Natália Mori

Dados Internacionais de Catalogação na Publicação (CIP)
(Câmara Brasileira do Livro, SP, Brasil)

Thrall, Nathan
    Um dia na vida de Abed Salama : Anatomia de uma tragédia em Jerusalém / Nathan Thrall ; tradução Daniel Turela Rodrigues. — 1ª ed. — Rio de Janeiro : Zahar, 2025.

    Título original: A Day In the Life of Abed Salama : Anatomy of a Jerusalem Tragedy.
    ISBN 978-65-5979-213-9

    1. Árabes palestinos – Israel – Condições sociais 2. Conflito Árabe-israelense – 1993- 3. Jerusalém – Condições sociais 4. Salama, Abed 1. Título.

24-245325   CDD-956.053

Índice para catálogo sistemático:
1. Escritores israelenses : Biografia 956.053

Cibele Maria Dias — Bibliotecária — CRB-8/9427

Todos os direitos desta edição reservados à
EDITORA SCHWARCZ S.A.
Praça Floriano, 19, sala 3001 — Cinelândia
20031-050 — Rio de Janeiro — RJ
Telefone: (21) 3993-7510
www.companhiadasletras.com.br
www.blogdacompanhia.com.br
facebook.com/editorazahar
instagram.com/editorazahar
x.com/editorazahar

Como não vemos nossa participação no que acontece, chamamos certos acontecimentos de acidentes melancólicos, quando na verdade são consequências inevitáveis de nossos projetos, e nos referimos a outros como necessidades tão somente por não estarmos dispostos a mudar de opinião.

STANLEY CAVELL

Sumário

Personagens   9

Prólogo   13

PARTE I Três casamentos   21

PARTE II Duas tragédias   89

PARTE III Ocorrência com grande número de vítimas   129

PARTE IV O muro   159

PARTE V Três funerais   197

Epílogo   245

Nota do autor   257

Fontes   259

Agradecimentos   283

Índice remissivo   287

Personagens

Prólogo

Milad Salama, filho de Abed e Haifa
Abed Salama, pai de Milad
Haifa, esposa de Abed e mãe de Milad
Adam, irmão de Milad
Ameen, primo de Abed

Parte I: Três casamentos

Ghazl Hamdan, primeiro amor de Abed
Naheel, irmã de Abed e esposa de Abu Wisaam
Abu Wisaam, cunhado de Abed
Ahmad Salama, primo de Abed e irmão de Ameen
Na'el, irmão de Abed
Abu Hassan, pai de Ghazl e de Hassan
Hassan, irmão de Ghazl e filho de Abu Hassan
Layla, cunhada de Abed e esposa de Wa'el
Wa'el, irmão mais velho de Abed
Asmahan, primeira esposa de Abed
Lulu, filha mais velha de Abed e Asmahan
Jameela, noiva de Abed de Kufr Kanna

Wafaa, irmã de Haifa
Abu Awni, pai de Haifa

Parte II: Duas tragédias

Huda Dahbour, médica da UNRWA e mãe de Hadi
Abu Faraj, motorista da UNRWA
Nidaa, farmacêutica da UNRWA
Salem, voluntário no resgate
Ula Joulani, professora do Nour al-Houda
Mustafa, pai de Huda
Kamel, tio de Huda
Ahmad Dahbour, tio de Huda e poeta
Ismail, marido de Huda
Hadi, filho de Huda

Parte III: Ocorrência com grande número de vítimas

Radwan Tawam, motorista do ônibus
Sami, tio de Radwan
Nader Morrar, paramédico do Crescente Vermelho
Eldad Benshtein, paramédico do Mada
Dubi Weissenstern, membro da equipe da Zaka
Bentzi Oiring, membro da equipe da Zaka
Saar Tzur, coronel das FDI
Tala Bahri, aluna do Nour al-Houda
Ibrahim Salama, primo de Abed e funcionário da AP
Abu Mohammad Bahri, avô de Tala
Ashraf Qayqas, motorista do caminhão

Personagens

Parte IV: O muro

Dany Tirza, chefe da Divisão Arco-Íris das FDI e arquiteto do muro
Beber Vanunu, fundador do assentamento de Adam
Adi Shpeter, morador de Anatote

Parte V: Três funerais

Abu Jihad, primo de Abed
Bashir, irmão mais novo de Abed
Ruba al-Najjar, esposa de Bashir
Nansy Qawasme, mãe de Salaah e esposa de Azzam
Azzam Dweik, pai de Salaah
Salaah, filho de Nansy e Azzam
Sadine, filha de Nansy e Azzam
Fadi, irmão de Nansy
Osama, irmão de Nansy
Faisal, irmão de Nansy
Livnat Wieder, assistente social do Hadassah
Huda Ibrahim, assistente social do Hadassah
Khalil Khoury, enfermeiro do Hadassah
Haya al-Hindi, mãe de Abdullah
Abdullah al-Hindi, filho de Haya e Hafez
Hafez, marido de Haya e pai de Abdullah
Ahmad, irmão de Abdullah

Epílogo

Arik Weiss, repórter do Canal 10
Arik Vaknish, morador de Adam
Duli Yariv, morador de Anatote

Prólogo

Na noite anterior ao acidente, Milad Salama mal podia conter o entusiasmo com a excursão da escola. "Baba", disse, puxando o braço do pai, Abed, "quero comprar comida para o piquenique de amanhã." Estavam no apartamento dos sogros de Abed, donos de um mercadinho a poucos metros de distância. Tomando a mão do filho de cinco anos, Abed o conduziu por uma das vielas estreitas de Dahiyat a-Salaam, bairro de Anata onde moravam.

Os dois percorreram com cuidado a rua desprovida de calçadas, avançando pelo corredor estreito entre os carros estacionados e o trânsito congestionado. Uma malha complexa de cabos, fios e cordões de pequenas lâmpadas pairava sobre eles, que pareciam reduzidos a proporções diminutas perto dos colossais edifícios de apartamentos, cuja altura podia chegar a quatro, cinco, até seis vezes a do muro de separação, a estrutura de concreto de quase oito metros que cingia Anata. Abed recordava tempos não tão distantes em que Dahiyat a-Salaam era um lugar rural e cheio de espaço, quando ainda era possível imaginar uma expansão que não fosse vertical. No mercadinho, Abed comprou para Milad um suco de laranja da marca israelense Tapuzina, um tubo de batatas Pringles e um Kinder Ovo, sua guloseima predileta.

De manhã cedo, a esposa de Abed, Haifa, que como Milad era magra e tinha a pele clara, ajudou o filho a vestir o uniforme: camisa branca, suéter cinza com o emblema do colégio particular, o Nour al-Houda, e a calça também cinza que ele precisava puxar a todo momento para manter presa à cintura franzina. O irmão de nove anos de Milad, Adam, já saíra. Na rua, uma van escolar branca buzinou. Milad terminou às pressas seu café da manhã habitual: um pedaço de pão pita mergulhado em azeite de oliva, zaatar e coalhada seca. Com um sorriso aberto, pegou o almoço e as guloseimas do mercado, deu um beijo na mãe e saiu em disparada pela porta. Abed ainda dormia.

Quando se levantou, o céu estava cinzento e chovia muito, com rajadas de vento tão fortes que ele podia ver a dificuldade das pessoas na rua para andar em linha reta. Haifa mirava o dia pela janela com uma expressão fechada. "O tempo não está nada bom."

"Por que a preocupação?", perguntou Abed, pousando a mão no ombro da esposa.

"Não sei. É só um pressentimento."

Abed estava de folga do trabalho na companhia telefônica israelense Bezeq. Ele e Hilmi, um primo, foram de carro comprar carne com seu amigo Atef, dono de um açougue em Dahiyat a-Salaam. Estranhamente, Atef não tinha aparecido para trabalhar. Abed pediu a um dos funcionários que conferisse se ele estava bem.

Atef morava em outra parte de Jerusalém: Kufr Aqab, um bairro densamente povoado, composto de grandes prédios residenciais carentes de planejamento ou fiscalização, e que, assim como Dahiyat a-Salaam, era separado do restante da cidade pelo muro e por um posto de controle. A fim de evitar os congestionamentos diários e a espera no posto, que podia

Prólogo 15

se estender por horas, Atef tomava um caminho mais longo para chegar ao trabalho.

O açougueiro explicou que estava preso num engarrafamento terrível. Parecia ter havido um acidente mais adiante, na via que conectava dois postos de controle, um no campo de refugiados de Qalandia e outro na cidade de Jaba. Instantes depois, Abed recebeu a ligação de um sobrinho. "Milad foi à excursão do colégio? Houve um acidente com um ônibus escolar perto de Jaba."

Abed sentiu o estômago revirar. Acompanhado de Hilmi, deixou o açougue e entrou no jipe prateado do primo. A dupla desceu o bairro em meio ao tráfego matinal, passando pelos jovens que começavam o expediente nas oficinas com letreiros em hebraico destinados aos clientes judeus e, em seguida, pela escola de Milad, antes de prosseguir pelas imediações do muro. A estrada contornava os conjuntos habitacionais do assentamento de Neve Yaakov e subia a encosta íngreme de Geva Binyamin, um assentamento judaico também conhecido como Adam, o mesmo nome do irmão mais velho de Milad.

Na entrada para Adam, soldados impediam que os carros se aproximassem do local do acidente, paralisando o trânsito. Abed saltou do jipe. Hilmi, imaginando que se tratava de uma colisão sem maior gravidade, despediu-se e deu meia-volta.

APENAS UM DIA ANTES, Abed por pouco não havia arruinado a ida de Milad ao passeio. Não por algum tipo de clarividência, mas sim por mera desatenção.

Estava com Hilmi em Jericó, andando pela poeirenta planície da cidade mais baixa da Terra, centenas de metros abaixo do nível do mar, quando recebeu um telefonema de Haifa, que queria saber se ele havia pagado os cem shekels da excursão de Milad. A resposta era não: tinha esquecido. Haifa, a princípio, fora contra a ideia da excursão, mas acabou por ceder à vontade do filho, que queria muito passar o dia com a turma. Fazia dias que Milad só falava disso. Quando Haifa ligou, ele corria de um lado para outro pela casa dos avós, aguardando ansioso a volta do pai para que fossem comprar o lanche do passeio. Era tarde: se Abed não chegasse à escola a tempo de encontrá-la aberta, Milad não seria admitido no ônibus na manhã seguinte.

Ainda faltavam algumas horas para o entardecer, mas o tempo estava frio e nublado, a tempestade do dia seguinte começando a se anunciar. Os galhos das tamareiras farfalhavam ao longe. Abed disse a Hilmi que precisavam voltar imediatamente.

Hilmi estava em Jericó a negócios. Havia herdado 70 mil dólares fazia pouco tempo e pretendia investir em terras. Não restava quase nada à venda em Anata, onde os Salama moravam. Em outros tempos, a cidade possuíra uma das mais amplas áreas urbanas da Cisjordânia, uma comprida faixa que se estendia em sentido leste das montanhas arborizadas de Jerusalém até os morros amarelo-claros e vales desérticos nos arredores de Jericó. No entanto, Israel havia confiscado ou tornado inacessíveis para Abed, Hilmi e os demais habitantes de Anata quase todas as terras da região. Uma cidade de trinta quilômetros quadrados se vira reduzida a um rebotalho de menos de três. A alternativa, portanto, era Jericó.

Correndo para chegar à escola de Milad a tempo, Abed e Hilmi tomaram a principal via de ligação entre o leste e o oeste de Israel, a Autoestrada 1. Na subida da cadeia de montanhas,

Prólogo 17

passaram por três assentamentos judaicos erguidos no território de Anata e cercados por muros, bem como pela miserável aldeia beduína de Khan al-Ahmar, encravada num terreno de propriedade do avô de Abed. Virando na estrada Abu George, viram os olivais que pertenciam a Abed e seus irmãos, agora tomados por colonos. Em seguida, a estrada os conduziu às cercanias da famosa área E1, onde Israel planejava construir milhares de novos domicílios e quartos de hotel, além de um parque industrial. Por fim, ao subir a última das encostas, passaram pelo assentamento de Anatote e pela base militar adjacente, também situados em terras da família Salama.

Ao chegarem a Anata, Abed e Hilmi seguiram até o colégio, que ficava quase no limite da cidade, próximo ao muro. O pátio da frente estava silencioso e praticamente vazio. Abed atravessou o portão de metal e o gramado sintético e entrou correndo na recepção, onde explicou à secretária que desejava efetuar o pagamento da viagem.

"O horário já se encerrou. Estamos fechados."

Abed subiu às pressas as escadas e encontrou uma professora que conhecia, Mufida. Ela telefonou para o diretor, que ligou para a secretária, e Abed, suspirando de alívio, desceu para fazer o pagamento. Milad participaria da excursão.

Chovia quando Abed desceu do carro de Hilmi na entrada para Adam. Ele vestia o sobretudo preto que pegara para se proteger caso o temporal rebentasse. Quanto mais se acercava do local do acidente, mais tenso ficava. Avançava num passo cada vez mais acelerado, até que avistou um jipe verde do exército se aproximando. Tendo gritado para que o veículo parasse, pediu uma carona aos soldados, explicando, em hebraico, que achava que seu filho estava no ônibus. Eles negaram. Abed, então, começou a correr. A princípio não conseguia ver o ônibus: tinha a visão bloqueada por um semirreboque de nove eixos que ocupava duas das três pistas da rodovia. Avistava-se também uma aglomeração de dezenas de pessoas, incluindo pais que ele reconheceu e que, como ele, haviam acorrido ao local ao ficar sabendo do acidente.

"Onde está o ônibus?", perguntou Abed. "Onde estão as crianças?" No instante seguinte, o veículo surgiu à vista, tombado de lado, uma carcaça vazia e carbonizada. Abed não viu crianças, professores nem ambulâncias. Em meio aos rostos, reconheceu um primo de quem não gostava muito, Ameen. Anos antes, os dois haviam protagonizado uma briga violenta, e Abed fora parar no hospital. Hoje, Ameen trabalhava para o Serviço de Segurança Preventiva da Palestina, que atuava como uma força de Israel nos centros urbanos da Cisjordânia. Era conhecido como um dos policiais corruptos que extorquiam a população.

"O que aconteceu?", perguntou Abed.

"Um acidente terrível", disse Ameen. "Retiraram os corpos queimados do ônibus e os puseram no asfalto."

Abed se desvencilhou de Ameen com o coração aos saltos. Que tipo de pessoa diria uma frase como aquela a um pai? Abed não ouvira falar nada a respeito de mortes até então. Agora seria impossível afastar a imagem medonha da cabeça. Com as palavras de Ameen ecoando na mente, Abed se embrenhou mais na aglomeração de familiares e curiosos.

Passados adiante por quem estava no local, os boatos pululavam ao redor: as crianças tinham sido levadas para um

Prólogo

pronto-socorro em a-Ram, a dois minutos dali; estavam em Rama, a base militar israelense na entrada para a-Ram; foram para o centro médico de Ramallah; haviam sido transferidas de Ramallah para o hospital Hadassah Monte Scopus. Abed precisava decidir para onde ir. Com sua carteira de identidade verde da Cisjordânia, não podia entrar em Jerusalém para tentar o Hadassah. O boato sobre a-Ram parecia improvável, visto que a cidade não tinha hospital. O centro médico em Ramallah era o destino mais plausível. Abed pediu carona a dois estranhos. Vindos de Jenin, eles já somavam duas horas e meia de viagem e seguiam na direção oposta. No entanto, concordaram sem hesitar.

Os três levaram um bom tempo para conseguir escapar do intenso tráfego no local do acidente. Na estrada que liga Jerusalém a Ramallah, passaram pelo espaço de recreação infantil onde a turma deveria estar naquele momento, o Kids Land. O telhado exibia um boneco gigante do Bob Esponja, um dos personagens preferidos de Milad.

Quando por fim chegaram ao hospital em Ramallah, Abed e a gentil dupla de estranhos depararam com um cenário de caos absoluto: sirenes de ambulâncias ululavam, médicos carregavam crianças feridas em macas, pais desesperados gritavam e choravam, equipes de televisão entrevistavam os funcionários. Abrindo caminho em meio à confusão, com a respiração ofegante e um aperto no peito, Abed tentou conter o pavor que o tomava. Sua mente, porém, não obedecia, mantendo-se aferrada a um pensamento insistente: "Será que estou sendo punido pelo que fiz com Asmahan?".

PARTE I

Três casamentos

I.

QUALQUER CONHECIDO DE ABED na juventude diria que ele estava predestinado a se casar com uma determinada pessoa. Essa pessoa, no entanto, não era Haifa nem Asmahan, e sim uma garota chamada Ghazl.

Os dois se conheceram em meados da década de 1980, quando Anata era um lugar pacato e rural, mais um vilarejo que uma cidade. Ghazl tinha catorze anos e cursava o primeiro ano do ensino médio na escola para meninas de Anata. Abed, prestes a se formar, frequentava o colégio de rapazes do outro lado da rua. Naqueles tempos, todos em Anata se conheciam. Mais da metade da população era formada por membros de três grandes famílias, todas descendentes de um mesmo ancestral, um homem chamado Alawi. A família de Abed, os Salama, era a maior das três; a de Ghazl, os Hamdan, a segunda.

A progênie de Alawi remontava ao fundador de Anata, Abdel Salaam Rifai, descendente do homem que instituíra o sufismo no século XII. Tendo saído do Iraque para visitar a mesquita al-Aqsa em Jerusalém, Abdel se estabelecera em Anata, nomeada talvez em homenagem à deusa cananeia Anat ou à cidade bíblica de Anatote. Quando pequenos, Abed e seus irmãos visitavam com frequência o antigo templo de pedra dedicado a Abdel Salaam Rifai, em cujo santuário abobadado acendiam velas; mais tarde, a construção passaria a ser usada como local de repouso pelos soldados israelenses, que a deixavam infestada de guimbas de cigarro e garrafas de cerveja vazias.

Abed morava algumas poucas dezenas de metros abaixo da escola de meninas, no segundo andar de uma casa de calcário. O térreo servia como um celeiro e abrigava cabras, galinhas e ovelhas. O pai de Abed adorava os bichos, sobretudo as cabras. Chamava-as pelo nome e oferecia sementes, nozes e doces. Na adolescência, Abed costumava levá-las para pastar no pequeno vale situado entre Anata e Pisgat Ze'ev, um novo assentamento judaico.

Quando Abed era jovem, a paisagem de Anata era repleta de oliveiras, figueiras e lavouras de trigo e lentilha. Famílias grandes dividiam um único cômodo, dormindo sobre finos colchões espalhados pelo chão. As casas tinham banheiros externos, e as mulheres saíam para buscar água numa nascente próxima, equilibrando enormes jarros sobre a cabeça. As crianças se banhavam em imensos baldes trazidos para a sala de estar uma vez por semana, às sextas-feiras, e em seguida, de cabelo molhado e roupas limpas, enfileiravam-se para agradecer aos pais com um beijo na mão, recebendo em troca outro na testa e uma bênção de bem-estar e felicidade, na'eeman.

Anata começou a mudar quando Israel conquistou a cidade e o restante da Cisjordânia na Guerra dos Seis Dias. Até então, a região era governada pela Jordânia. Nas décadas seguintes, a demografia e a geografia dos territórios ocupados foram transformadas por Israel, que tomou uma série de medidas buscando judaizá-los. Em Anata, o governo confiscou torrão por torrão as terras da cidade, emitindo centenas de ordens de demolição, anexando parte do território a Jerusalém, erguendo um muro ao redor do centro urbano e, no que restou, cons-

Três casamentos 25

truindo quatro assentamentos, diversos redutos de colonos, uma base militar e uma rodovia segregada, cortada ao meio por outro muro, que bloqueava para os colonos a visão do tráfego palestino. A nascente e a piscina natural da cidade foram convertidas numa reserva natural israelense, cujo acesso era gratuito para os colonos de Anatote mas pago para os moradores de Anata. A via de acesso à nascente passava por um assentamento em que os palestinos não podiam entrar sem autorização prévia, de modo que eram obrigados a tomar um caminho alternativo que incluía um longo desvio por uma perigosa estrada de terra batida.

Ano após ano, os palestinos de Anata foram se vendo absorvidos pela malha urbana de uma Jerusalém em expansão, que havia engolido a Cidade Velha e o restante de Jerusalém Oriental, bem como o território de mais de duas dezenas de vilarejos periféricos, todos anexados por Israel. Eles trafegavam nas autoestradas de Israel, faziam compras em suas redes de supermercados e falavam hebraico nos prédios comerciais, shoppings e cinemas. Os costumes sociais de Anata, contudo, se mantiveram inalterados. As relações pré-nupciais eram proibidas, os casamentos muitas vezes arranjados e o matrimônio entre primos frequente, a fim de conservar na família a posse de terras e riquezas. Os inimigos afetavam grande cordialidade entre si, as perspectivas de vida eram profundamente moldadas pela reputação familiar — uma filha rebelde podia arruinar a possibilidade de casamento de todas as irmãs — e todo o drama era velado por rituais e discursos corteses.

Se Anata em muito se assemelhava a um vilarejo pré-industrial do século XVIII, Abed era filho de sua aristocracia. Seus dois avós — que eram irmãos — haviam exercido em momentos distintos o papel de *mukhtar*, o líder do vilarejo, e juntos eram donos de grande parte de seu território. Contudo, à medida que suas terras encolhiam, confiscadas sob o domínio israelense, a relevância do *mukhtar* também diminuía. Quando, no início da década de 1980, chegou sua vez de assumir o posto, o pai de Abed se recusou a aceitá-lo, alegando que a função passara a consistir basicamente em direcionar os soldados de ocupação às casas dos homens que eles desejavam prender.

O pai de Abed era um homem orgulhoso e que raramente demonstrava indignação com as perdas que havia sofrido, fossem elas materiais ou espirituais. Seu primeiro amor foi uma Hamdan, mas seu pai e seu tio, a fim de evitar a divisão das terras da família, planejaram que ele se casasse com uma prima. Os pais da jovem também conspiraram para mantê-los separados, em razão da rivalidade entre os Salama e os Hamdan. Tão logo souberam dos anseios do jovem Salama, casaram a moça com um primo. O pai de Abed não teve escolha senão acatar a vontade da família e consentir com o casamento arranjado.

Anos depois, quando também se apaixonou por uma Hamdan, Abed se questionou se não estaria cumprindo o destino frustrado do pai. Durante as noites, em segredo, redigia cartas para Ghazl, e ao amanhecer as confiava a um vizinho ou colega de classe da jovem para que as entregasse a ela na escola. O bilhete muitas vezes incluía uma orientação para que ela atendesse o telefone num determinado horário. Como o bairro em que Ghazl morava, Dahiyat a-Salaam (à época chamado de Nova Anata), fora anexado por Israel e incorporado a Jerusalém, sua casa possuía uma linha telefônica — ao contrário dos lares situados nas demais regiões de Anata. Depois da aula, Abed tomava um ônibus até o Portão de Damasco, em

Três casamentos 27

Jerusalém Oriental, seguia para a agência de correios na rua Salahadin, a principal avenida comercial, e, no horário combinado, inseria uma ficha no telefone público. O casal então conversava pelo tempo que conseguisse, o que em geral não era muito. Se os pais de Ghazl se aproximassem, ela passava a se dirigir a Abed no feminino e logo encerrava a ligação. Em muitas ocasiões, mal tinham terminado de se cumprimentar quando Abed era interrompido no meio de uma frase pelo zumbido monótono da linha inoperante.

Formavam um belo par. Abed era alto, bronzeado e esguio, com um queixo pronunciado, olhar distante e temperamento calmo e afável. Mantinha o cabelo volumoso cortado rente nas laterais e, para o próprio constrangimento futuro, um bigode. Com a camisa desabotoada na altura do peito, lembrava um James Dean palestino. Ghazl tinha olhos grandes e amendoados e uma covinha na bochecha direita. Parecia-se com o pai: seu rosto, como o dele, irradiava bondade.

A irmã mais velha — e preferida — de Abed, Naheel, morava em Dahiyat a-Salaam com o marido, Abu Wisaam, numa casa próxima à de Ghazl. Dali, Abed gostava de espiá-la no terraço ou na varanda de casa, os únicos lugares ao ar livre em que ela exibia os cabelos descobertos.

Abed era secular e contrário ao hijab. Nenhuma de suas irmãs o usara antes de se casar, e Naheel tampouco passara a fazê-lo depois do casamento. Sobretudo nas classes mais altas, o uso do hijab era cada vez menos comum. Quando Abed se formou no ensino médio, em 1986, menos da metade das meninas de Anata cobria os cabelos. Ele não se importava, porém, com o fato de Ghazl usar o véu. Sabia que ela fazia isso em respeito ao pai, um homem religioso, e que sob outros aspectos era bem menos deferente que as colegas. E, além disso, mais independente. Seu pai era afetuoso e demonstrava grande confiança nela, e a mãe — oriunda de Silwan, bairro da região central de Jerusalém logo abaixo da mesquita al-Aqsa — havia aderido aos costumes modernos da cidade. A leniência dos dois era o que permitia que Ghazl e Abed se vissem com alguma frequência — ao menos no início, antes que o namoro secreto pudesse florescer de vez sob o manto da luta política que os uniu.

A PRIMEIRA INTIFADA ECLODIU EM DEZEMBRO de 1987, um ano e meio depois que Abed concluiu o ensino médio. Começou como uma série de protestos espontâneos que irromperam quando um semirreboque das Forças de Defesa de Israel (FDI) colidiu com uma caminhonete em Gaza, matando quatro operários palestinos. Os protestos se alastraram, impulsionados por anos de indignação contra o que o ministro da Defesa de Israel chamava de "política do punho de ferro". Não demorou para que se transformassem na primeira revolta organizada contra a ocupação, com milhares de confrontos nas ruas opondo jovens palestinos munidos de pedras a tropas israelenses equipadas com veículos blindados e fuzis de assalto. Foi um período de sacrifícios dolorosos para todos os palestinos: pobres e burgueses, seculares e religiosos, cristãos e muçulmanos, refugiados e enraizados, encarcerados e exilados. Com a população padecendo sob a determinação de Israel de aniquilar a revolta, evitavam-se sinais de luxo ou de distinção de classes — secularistas convictas chegaram a adotar o hijab como uma manifestação de solidariedade nacional.

Três casamentos 29

Sitiaram-se cidades, decretaram-se toques de recolher, fecharam-se escolas; provisões se exauriram e empregos desapareceram; crianças foram detidas, maridos torturados, pais mortos e filhos mutilados — quebravam-se tantos ossos que vez por outra o porrete de um soldado se partia ao meio. Segundo o diário israelense *Kol Hazman*, "trocou-se por diversas vezes o tipo de cassetete utilizado: os primeiros eram demasiado frágeis e se quebravam, a ponto de precisarem ser substituídos por cassetetes de ferro e, quando se percebeu que esses entortavam, por bastões flexíveis de plástico". Mais de 1100 palestinos foram mortos por soldados ou civis israelenses nos seis anos de revolta. Outros 130 mil ficaram feridos, e cerca de 120 mil foram presos. Durante o período, Israel teve a maior população carcerária por habitante do mundo.

O exército israelense fechou todas as universidades palestinas, impossibilitando Abed de frequentar um curso superior. Após concluir o ensino médio, ele havia planejado estudar no exterior. Um amigo próximo, Osama Rajabi, sugeriu que pleiteassem uma vaga numa universidade soviética — a Organização para a Libertação da Palestina (OLP) oferecia bolsas de estudo em países socialistas aliados. Abed queria ir com Osama, mas antes precisava conseguir um passaporte e, para isso, dependia da ajuda do pai. Israel não emitia o documento para habitantes de territórios ocupados. Como o pai de Abed possuía um passaporte jordaniano, emitido quando o Reino Hachemita controlava a Cisjordânia, Abed poderia tentar obtê-lo na Jordânia. Seu pai, contudo, recusou-se a colaborar: não permitiria que o filho deixasse a Palestina para se tornar comunista, declarou. Osama partiu sem a companhia de Abed.

Em Anata e no restante da Cisjordânia, a Frente Democrática para a Libertação da Palestina (FDLP), uma facção marxista-leninista da OLP, estava na vanguarda da organização sindical e política que dera origem à intifada. O líder local da FDLP era ninguém menos que Abu Wisaam, cunhado de Abed. Um intelectual baixinho, espirituoso e loquaz, ele havia se filiado ao grupo na década de 1970 e estudado em Beirute, onde recebera treinamento em espionagem, explosivos e ideologia partidária, aprendendo sobre as revoluções ao redor do mundo e o movimento sionista. Durante uma visita a Anata para ver os pais, foi detido por associação à FDLP — uma organização ilegal, como todas as facções da OLP — e passou quinze meses na prisão, no decorrer dos quais leu as obras mais importantes do marxismo. Pouco depois, ficou noivo de Naheel, quando ela tinha dezesseis anos e Abed, doze. Desde então, havia pensado em Abed como um possível aliado revolucionário, de modo que, quando a intifada começou, recrutou-o para o partido.

Não se tratava apenas de engrossar as fileiras da facção: convencer Abed a ingressar na FDLP era também uma maneira de protegê-lo. Repleta de colaboradores, a Palestina era sem dúvida uma das sociedades com mais agentes infiltrados na história da ocupação estrangeira e do domínio colonial. Ao menos na Frente Democrática, Abu Wisaam sabia em quem confiar. Certa vez, um jovem membro do Fatah, uma facção rival, pôs-se a distribuir dinheiro que afirmou ter sido enviado dos Estados Unidos por um tio. Segundo ele, o benfeitor desejava apoiar a intifada e fizera a doação para que se comprassem novos pares de tênis para os *shabaab*, os jovens revolucioná-

Três casamentos

rios — supostamente, seria um estímulo para que eles começassem a assumir um papel de liderança.

O rapaz ofereceu cinco dinares jordanianos a cada jovem ativista, o suficiente para comprar um par novo de tênis Nike brancos, que os ajudaria a correr quando estivessem na mira das balas israelenses. Abed aceitou o auxílio, mas, quando soube, Abu Wisaam o obrigou a devolvê-lo imediatamente. Sabia que se tratava de um ardil: o dinheiro vinha dos israelenses, que buscavam identificar os *shabaab* envolvidos nos protestos, bem como aqueles que eram passíveis de ser corrompidos. Os rapazes que aceitaram o dinheiro acabaram presos, levados de casa no meio da noite por soldados israelenses. Graças a Abu Wisaam, Abed se salvou.

Embora a maioria dos homens de sua família fosse membro do Fatah, o partido de Yasser Arafat, Abed aprendeu a desconfiar da entidade. Parecia-lhe que o discurso do Fatah não passava de conversa fiada, convicção que só se fortaleceu, no decorrer dos anos, conforme ele viu seus líderes abrirem mão incontáveis vezes dos princípios que defendiam — a ponto de, após a intifada, verem-se atuando como aliados de Israel. O que agradava a Abed na Frente Democrática era o fato de que, nas ruas das cidades — em Anata, em Jerusalém, no restante da Cisjordânia —, o grupo parecia ser o mais comprometido com a criação de um movimento local para a libertação da Palestina.

A FDLP apoiava o desejo de Abed de cursar direito na União Soviética junto com Osama. Ghazl também. Abed queria defender as crescentes fileiras de prisioneiros políticos palestinos. Desde que Osama partira, todo ano Abed tentava a permissão do pai para estudar com o amigo; ano após ano, porém, seu pedido era negado.

Sem ter como sair de Anata, Abed trabalhou na construção civil e ascendeu na hierarquia da Frente Democrática e de seu sindicato, o Bloco de União dos Trabalhadores. Organizava protestos, recrutava novos membros e distribuía *bayanaat*, comunicados periódicos da intifada que coordenavam as ações de farmacêuticos, médicos, advogados, professores, donos de lojas, proprietários de terras e comitês locais. Esses panfletos forneciam instruções a respeito de quando entrar em greve ou realizar boicotes, quais funcionários públicos deveriam pedir demissão, quais ordens israelenses deveriam ser ignoradas e onde realizar manifestações e bloqueios às vias de acesso aos assentamentos. A posse de um *bayanaat* ou de qualquer "material de propaganda" da OLP era considerada crime, assim como a impressão ou divulgação de "qualquer aviso, pôster, foto, panfleto ou outro documento provido de conteúdo com relevância política".

Os *bayanaat* precisavam ser elaborados e distribuídos de maneira clandestina. A logística da operação estava sujeita a constantes alterações, conforme Israel apreendia os panfletos e, por vezes, as próprias prensas utilizadas na impressão. Certa vez, Abed recebeu uma remessa de *bayanaat* de uma jovem europeia que havia conseguido passar por um posto de controle com os folhetos escondidos sob o forro do porta-malas do carro. Abed entrava no supermercado de Anata com os papéis ocultos sob a camisa, dirigia-se a um corredor vazio e os despejava no chão. À noite, ele e outros *shabaab* pichavam os muros com os textos dos *bayanaat*.

Três casamentos 33

Certa tarde, várias semanas após o início da revolta, Naheel foi a uma manifestação da FDLP no Portão de Damasco. De antemão, havia providenciado um álibi: como vinha tentando ter um filho e precisava fazer um teste de gravidez, telefonou para uma clínica na rua Salahadin e agendou uma consulta logo antes do protesto. Com o resultado do exame em mãos, juntou-se aos amigos nos arredores dos muros da Cidade Velha, onde se pôs a agitar a bandeira da Palestina, que estava proibida. As forças de segurança israelenses investiram contra a manifestação, mas, antes que pudessem deter Naheel, uma amiga arrancou a bandeira de sua mão e fugiu. Naheel foi levada para um presídio de Jerusalém Oriental na região do Complexo Russo, conhecida pelos palestinos como Moscobiya. Empunhar a bandeira palestina poderia render meses ou mesmo anos de prisão à irmã de Abed, mas, como não fora pega com o objeto e pôde comprovar a data e o horário do teste de gravidez, alegando estar apenas no lugar errado na hora errada, ela só passou dez dias na cadeia.

O resultado do teste foi negativo, mas Naheel engravidou pouco depois, durante o primeiro Ramadã da intifada. Em janeiro de 1989, um ano após o início da revolta, deu à luz um menino. Quando o bebê tinha duas semanas de vida, Abu Wisaam foi detido por envolvimento com a FDLP — sua terceira passagem por um presídio israelense, e a segunda desde que se casara com Naheel. Dessa vez, ficou preso por quase um ano. Com a seção de Anata da facção destituída de seu líder, coube a Abed assumir o posto.

Durante esse período, o jovem dedicou-se intensamente a ajudar nos cuidados com o bebê, chegando mesmo a passar as noites na casa da irmã — perto de Ghazl, que àquela altura estava prestes a concluir o ensino médio. Abed a havia recrutado para a Frente Democrática e, depois de assumir seu novo posto de liderança, encarregou-a de alistar e treinar outras jovens. Ghazl mostrou-se hábil na tarefa: quando Abu Wisaam foi preso, havia 25 mulheres ativas no grupo; à época de sua libertação, o número tinha dobrado.

A casa de Naheel, próxima ao topo de Dahiyat a-Salaam, oferecia a Abed e seus amigos um mirante estratégico, de onde podiam avistar os soldados israelenses vindos de Anata ou do campo de refugiados de Shuafat. O Campo de Shuafat, onde frequentemente ocorriam manifestações, fora uma das primeiras localidades de Jerusalém submetidas ao toque de recolher quando a revolta começou.

Abed e os demais habitantes de Anata chamavam os residentes de Shuafat de *thawaala* — gente de Beit Thul, um vilarejo próximo a Jerusalém —, pois algumas das maiores famílias do campo haviam sido expulsas de lá em 1948, quando as forças sionistas fundaram Israel. A alcunha era um tabu, uma vez que os refugiados representavam a alma do movimento nacional palestino: os fundadores, os líderes exilados, o símbolo mais poderoso e a personificação da reivindicação palestina pelo retorno à sua terra. Abed, porém, não tinha muito apreço por alguns dos *thawaala*: pareciam-lhe agir como se fossem os únicos defensores da Palestina, por alguma razão melhores que as pessoas que haviam permanecido em suas terras. A seu ver, os refugiados de Shuafat construíam uma imagem falsa dos palestinos como miseráveis dependentes das esmolas das Nações Unidas, além de dificultar a vida de todos quando bloqueavam as estradas em razão de disputas familiares.

O Campo de Shuafat era também um reduto de viciados e traficantes, e Abed via soldados israelenses comprando haxixe e outras drogas no local. O que em qualquer outro lugar talvez não passasse de um problema social representava, no contexto palestino, um risco nacional. Israel costumava recrutar colaboradores ameaçando expô-los às suas famílias e vizinhos conservadores por meio de fotos reais ou adulteradas de suas transgressões, sobretudo de caráter sexual. Os traficantes e viciados estavam entre os alvos prediletos das armadilhas israelenses e, por isso, eram considerados uma ameaça à revolta. À noite, Abed e outros *shabaab* saíam às ruas mascarados e ameaçavam os traficantes, expulsando possíveis colaboradores de locais públicos.

As brigas internas entre os palestinos, mais generalizadas do que se gostava de admitir, eram um dos aspectos mais cruéis da intifada. Centenas de pessoas foram assassinadas, e inúmeras ficaram feridas — entre elas Abed.

Ola Ja'uni, mentora de Ghazl na Frente Democrática, era uma estudante universitária encarregada do recrutamento e do treinamento de mulheres em Jerusalém e nos vilarejos ao norte da cidade. Participava de todos os protestos, sobre os quais fazia relatórios entregues às mais altas lideranças da entidade. Abed admirava Ola, uma mulher forte, inteligente e independente. Por ser bonita e não viver em Anata — onde as pessoas a encaravam nas ruas —, ela atraía a atenção dos *shabaab* da seção local do Fatah, que a importunavam quando ela ia à cidade encontrar Ghazl e os demais ativistas da FDLP.

Um membro do Fatah, em especial, resolveu lançar uma ofensiva contra a jovem: Ahmad Salama, primo de primeiro grau de Abed. Tendo se dirigido à escola feminina de Anata, Ahmad difamou Ola diante de todas as alunas; em seguida, visitou as residências das jovens que participavam da Frente Democrática, entre elas a de Ghazl, e disse a seus pais que Ola era uma moça indigna, de quem as filhas deveriam manter distância. O pai de Ghazl saiu em defesa da jovem, que visitava a família com frequência, e expulsou Ahmad de casa.

Certo dia, Ola caminhava na rua Salahadin quando Ahmad e alguns de seus amigos do Fatah puseram-se a assediá-la com insinuações sexuais grosseiras: "Ei, Ola, pegue uma carona com a gente, você vai gostar do passeio!". Apesar de ter se sentido humilhada, Ola manteve a cabeça erguida, a princípio respondendo, mas depois apenas ignorando os rapazes que a seguiam. Ao chegar em casa, relatou o assédio aos irmãos, que, naquela mesma noite, pegaram o carro e foram até Anata se vingar de Ahmad. Sem se identificarem, disseram-lhe que precisavam conversar sobre assuntos importantes relacionados à intifada, e Ahmad concordou em entrar no carro. O trio percorreu uma curta distância até o vilarejo de Hizma, onde os irmãos de Ola revelaram sua identidade e aplicaram uma surra no primo de Abed, largando-o no local.

Embora os ferimentos tenham sido leves, Ahmad quis se vingar: disse aos amigos e à família que havia sido sequestrado e espancado pela FDLP, sem mencionar o assédio a Ola ou a retaliação de seus irmãos. Em consequência disso, metade dos Salama de Anata se voltou contra Abed, o líder local da facção, querendo saber por que ele havia ordenado um ataque a um membro da família. Abed, que não fazia ideia do que os parentes estavam falando, garantiu que a frente não tinha feito nada contra Ahmad e o assunto foi encerrado — ao menos segundo lhe disseram.

Alguns meses depois, Abed recebeu a visita de três membros da FDLP vindos de Jerusalém a fim de coordenar as ações da intifada. Após a reunião, ele acompanhava os visitantes ao local onde tomariam o ônibus de volta quando Ahmad e seu irmão Ameen — muito mais corpulento que ele — os apanharam de surpresa.

Ahmad agarrou um dos homens pelo colarinho e o acusou de ter participado de seu sequestro. Abed segurou o braço de Ahmad. "Não se dirija aos meus convidados", disse. "Se há algum problema, trate de resolver comigo." A essa altura, uma pequena aglomeração de curiosos havia se formado. Abed pediu aos visitantes que embarcassem no ônibus e partissem. "Vai haver uma briga, e vocês não têm nada a ver com o assunto."

Quando Abed se voltou para eles, Ahmad e Ameen sacaram facas, e os três se engalfinharam. As pessoas que observavam a cena tentaram intervir e apartar a briga. Foi então que Abed avistou o irmão mais velho, Na'el, o segundo filho e o desajustado da família. Na'el fazia uso de todo tipo de droga — do haxixe à heroína — e recentemente tinha entrado em conflito com traficantes do Campo de Shuafat. Além de não trabalhar, roubava, mentia e se envolvia em brigas que criavam tensões com outras famílias. Por levar traficantes e viciados à casa dos Salama, entre eles israelenses, provocava batidas policiais em busca de drogas.

Anata e arredores

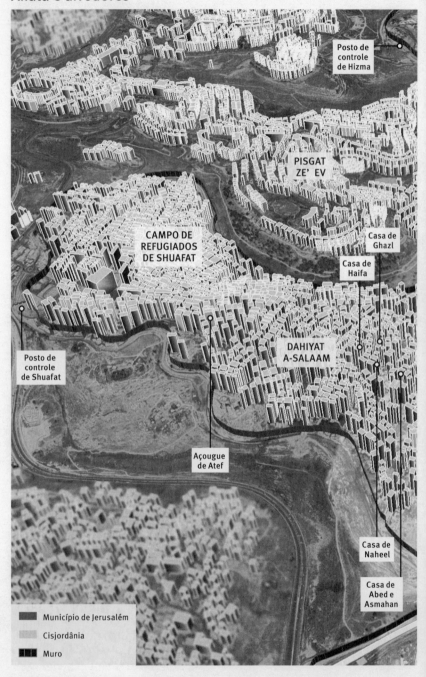

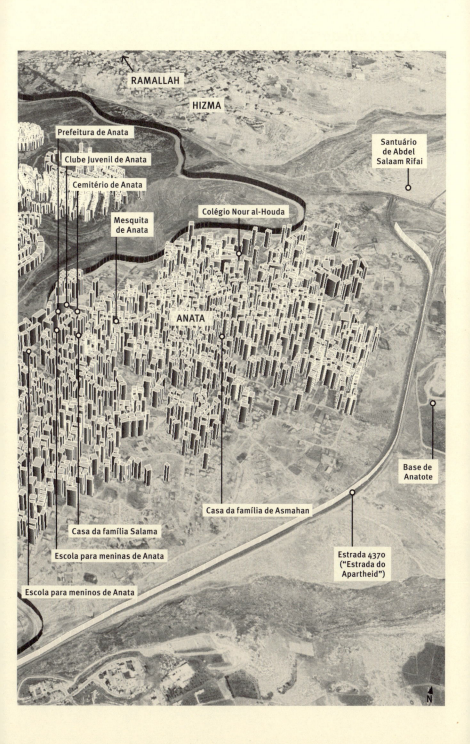

Na'el era motivo de grande sofrimento para os pais. Os dois já haviam tentado de tudo quando o pai de Abed decidiu renegá-lo: Na'el não era seu filho, declarou, recusando-se a lhe dirigir a palavra e proibindo-o de se sentar à mesa com a família. A mãe, que defendia que o rapaz estava doente e precisava de ajuda, passou a levar a comida no quarto para ele. Na visão de Abed, porém, ela amava mais a Na'el que aos outros filhos. A exemplo do pai, ele havia perdido todo o respeito pelo irmão, de modo que já nem sequer o via mais como tal. Com Na'el tendo sido afastado da família e Wa'el, o mais velho dos irmãos, morando na Jordânia havia muitos anos, coubera a Abed assumir o papel do filho responsável.

Na'el abriu caminho em meio à multidão que cercava o ponto de ônibus e confrontou Ameen, enquanto Abed trocava golpes com Ahmad. A despeito do esforço de algumas pessoas em contê-los, Abed acertou em cheio o rosto do primo, que perdeu o equilíbrio. Ouviu-se um baque surdo quando sua cabeça se chocou contra o chão.

Enquanto isso, Ameen levava vantagem sobre Na'el, brandindo perigosamente a faca. Livre de Ahmad, Abed se aproximou para intervir no momento exato em que Ameen erguia o braço para desferir uma facada, acertando-lhe o tórax e o antebraço. Os cortes começaram a sangrar no mesmo instante e, ao se dar conta, Ameen fugiu em disparada, com Na'el em seu encalço. Uma ambulância chamada por alguma das testemunhas e vinda de Jerusalém levou Abed e Ahmad, cuja cabeça sangrava em decorrência da queda.

No hospital Makassed, Na'el foi visitar Abed no quarto. "Tentei protegê-lo", disse Abed. Na'el sorriu. "Por acaso pareço ferido?", continuou, levantando a camisa crivada de ras-

Três casamentos

gos feitos pela faca de Ameen para mostrar que saíra ileso da briga. Na'el examinou os ferimentos de Abed, balançando negativamente a cabeça e murmurando. Então, deu meia-volta e, antes sair pela porta, disse ao irmão: "Me aguarde". Instantes depois, Abed ouviu um urro, seguido de uma gritaria vinda do corredor. Na'el havia invadido o quarto de Ahmad, abrindo caminho por entre os médicos e enfermeiras. "Com licença", dissera, antes de apanhar um bisturi e, cravando-o no ponto em que a mandíbula e a orelha de Ahmad se encontravam, abrir um talho até seu queixo. Pelo resto da vida, Ahmad exibiria uma profunda cicatriz em forma de foice no rosto. Enquanto seu primo e os funcionários do hospital berravam em desespero, Na'el largou o bisturi e retirou-se calmamente do quarto.

Após a briga, os anciãos da família Salama organizaram uma *sulha*, um processo tradicional de reconciliação, entre as famílias de Abed e Ahmad. Como cada lado tinha um filho ferido, nenhum tipo de indenização seria necessário. Abed se recusou a comparecer: não havia feito nada de errado, ao passo que Ahmad assediara Ola, acusara injustamente a FDLP de agressão e o atacara sem justificativa. Ao se abster da *sulha*, Abed preservava o direito de se vingar. Seus superiores na Frente Democrática, no entanto, o instruíram a deixar o assunto de lado: os palestinos deviam dedicar seu tempo a combater os israelenses, não a si próprios. A família de Ahmad recebeu uma indenização pelas agressões cometidas pelos irmãos de Ola e a Frente Democrática cobriu as despesas médicas de Abed.

Quando Abed recebeu alta, Ghazl faltou à aula e foi até sua casa visitá-lo. Os pais de Abed a receberam e deixaram os dois a sós. Seu pai, porém, ficou desconfortável, e mais tarde repreendeu Abed. "E se alguém como Ameen a visse entrar aqui desacompanhada? E se contasse ao pai de Ghazl? O que os pais dela diriam?" Ghazl poderia ficar de castigo ou levar uma surra. Seu pai podia se voltar contra Abed. Ele e Ghazl arruinariam suas chances de ficarem juntos, ou mesmo de se casarem em bons termos, ao assumir tal risco.

Abed convalescia numa cama que seus pais haviam levado para a sala de estar. Ficava deitado de lado a fim de aliviar a pressão sobre as costelas. Ghazl, acomodando-se num divã próximo, quis saber como ele se sentia e, em seguida, apontou para seu peito. "Onde está o colar?", perguntou. Abed apalpou o próprio corpo e constatou que o adereço não estava ali. "Perdão", disse, "devo tê-lo perdido durante a briga. Vou comprar um novo." Fazia anos que Ghazl e Abed usavam colares de prata idênticos, dos quais pendiam medalhões com as iniciais de seus nomes na transliteração em inglês do árabe. O de Ghazl tinha um A para o *ayn* do nome de Abed; o de Abed, por sua vez, exibia as iniciais GH, retiradas do *ghayn* do nome de Ghazl. Em árabe, as duas letras são quase idênticas, diferenciadas apenas por um ponto.

Ghazl tinha uma notícia para dar a Abed. Pouco depois da briga, ela havia se sentado na varanda de casa com as quatro irmãs e uma prima. Estava preocupada, pois ainda não sabia a gravidade dos ferimentos de Abed. De repente, uma tia se aproximou e anunciou que havia encontrado um colar. Todas as meninas, que tinham idades próximas, se puseram a reivindicar o objeto. "Eu quero!" "Não, eu!" "Eu!" A tia, porém,

Três casamentos

já havia se decidido: "Este aqui é para você, Ghazl", declarou antes de entregá-lo à jovem. Não fazia ideia da existência do par de colares idênticos, muito menos de que aquele que tinha encontrado pertencia a Abed: apenas decidira que um colar com as iniciais GH deveria pertencer a Ghazl.

"Onde você o encontrou?", perguntou à tia.

"Bem em frente à minha casa."

Ghazl sabia de quem era o colar.

Tirou o adereço do bolso, depositou-o na mão de Abed e, por um momento que quase fez seu coração parar, permitiu que os dedos delicados acariciassem os dele. Foi a única vez que os dois se tocaram.

2.

Como era inevitável, o trabalho de Abed na FDLP acabou por atrair a atenção dos israelenses. Certa noite no outono de 1989, quase dois anos após o início da intifada e nove meses depois da condenação de Abu Wisaam, os soldados bateram à sua porta. De olhos vendados e mãos atadas, Abed foi jogado na traseira de um caminhão do exército junto com mais meia dúzia de prisioneiros, todos sentados no piso duro e frio do veículo, de pernas cruzadas e curvados para a frente. Quando as vendas foram retiradas, Abed reconheceu os outros detentos: três eram da FDLP e três do Fatah. No caminho rumo ao presídio de Ramallah, dois soldados espancaram e xingaram Abed e os demais homens algemados, além de, revezando-se, atirarem-se com violência sobre suas cabeças.

Abed e os companheiros foram colocados numa tenda de campanha anexa ao presídio de Ramallah, um antigo forte *tegart*, tipo de construção erguido durante a Revolta Árabe de 1936 contra as autoridades do Mandato Britânico da Palestina. Nomeados em homenagem ao comandante da polícia colonial que os projetou, Sir Charles Tegart, esses fortes foram mais tarde convertidos por Israel em prisões e delegacias de polícia. Quando os soldados se retiraram, os membros recém-detidos do Fatah interrogaram o prisioneiro que suspeitavam tê-los denunciado. Era o mesmo ativista que oferecera cinco dinares

Três casamentos 45

jordanianos aos *shabaab* que tinham acabado presos. Israel costumava encarcerar os próprios informantes, não só para evitar suspeitas como também para obter informações de inteligência de dentro das prisões. Depois de ser espancado, o membro do Fatah confessou tê-los delatado a Israel em troca de 35 shekels, cerca de quarenta dólares.

De Ramallah, Abed foi transferido para uma penitenciária insalubre ao sul de Hebron, Dhahiriya, onde foi interrogado. Capitães à paisana do serviço de inteligência de Israel, o Shabak, sujeitaram-no a seu método habitual de tortura, conhecido como *shabih*, uma referência ao esticamento a que eram submetidos os braços dos prisioneiros. Um saco imundo e pútrido foi posto na cabeça de Abed, e suas mãos foram algemadas a um cano próximo ao teto, de modo que só os dedos dos pés tocavam o chão, hiperestendendo os membros como uma espécie de cavalete vertical. Ao contrário de alguns dos prisioneiros, obrigados a suportar o *shabih* por um dia inteiro, a tortura de Abed durou uma hora. Os israelenses não precisavam de sua confissão: segundo disseram, dois membros da organização já o haviam identificado como o líder.

Abed contratou uma das advogadas judias mais eminentes na defesa de palestinos, Lea Tsemel. Uma mulher astuciosa de 44 anos de idade, com olhos verdes reluzentes e cabelo castanho cortado curto que lhe conferiam um quê de fada, Lea havia passado quase duas décadas travando uma batalha quixotesca contra as leis e ordens militares que negavam aos palestinos seus direitos civis básicos. A advogada explicou a Abed que, de acordo com a Emenda Tamir — uma homenagem ao ministro da Justiça israelense que ordenou o bombardeio dos postos fiscais britânicos em Jerusalém em 1944 —, ele poderia ser condenado com base na declaração de um terceiro, sem que a testemunha precisasse ser submetida a um interrogatório ou sequer comparecer ao tribunal.

Após o interrogatório, Abed foi enviado ao presídio de Ofer, perto de Ramallah, e de lá a um segundo, situado na base militar de Anatote — ironicamente, em terras confiscadas de sua família. Os detentos faziam suas necessidades em baldes, e nos dois meses em que lá esteve Abed só recebeu permissão para tomar banho duas vezes. Ao fim do período, foi encaminhado de volta a Ofer, onde foi julgado por um tribunal militar e condenado a seis meses de prisão. De lá, seguiu novamente para Dhahiriya, antes de ser transferido para o maior presídio de Israel, Ketziot, situado no deserto do Neguev, fora da Cisjordânia. O lugar fora construído com o objetivo de confinar os milhares de palestinos de Gaza e da Cisjordânia detidos durante a intifada e, em dado momento, chegou a abrigar um em cada cinquenta homens palestinos. Prisioneiros dotados de consciência política o chamavam de Ansar III, uma referência ao campo de concentração de Ansar, construído por Israel durante a ocupação do sul do Líbano. A maioria, no entanto, referia-se ao presídio pelo nome árabe da região, anterior à colonização israelense: Naqab.

Abed chegou a Naqab no inverno, quando as temperaturas do deserto caíam abaixo de zero durante a noite. O complexo prisional era formado por mais de cem tendas de campanha abarrotadas, cada uma ocupada por dezenas de detentos. Cada conjunto de duas a quatro tendas era cingido por montes de terra e cercas de arame farpado. Como, para as forças israelenses, era mais fácil controlar os presos concedendo certa autonomia às facções, permitia-se que cada uma administrasse a

Três casamentos

própria tenda. O conjunto em que Abed ficou detido contava com três dessas instalações: uma da FDLP, uma do Fatah e uma dos islamistas. Os novos detentos enfileiravam-se diante dos chefes das facções e declaravam sua filiação — no caso de não terem ligação com nenhuma delas, eram obrigados a fazer sua escolha ali mesmo.

Certa vez, Abed viu um prisioneiro declarar: "Sou da OLP". Todos em volta riram. "Somos todos da OLP!", disse um dos líderes: a OLP não era uma facção, e sim um grupo que compreendia todos os partidos não islamistas. "Então estou com Abu Ammar", respondeu o prisioneiro, utilizando o *kunya* — a alcunha honorífica — de Yasser Arafat. Foi encaminhado à tenda do Fatah. Dois meses depois, Abed descobriu que aquele homem, que nem sequer sabia o nome da facção a que havia se filiado, tornara-se o responsável pela educação de novos membros do Fatah em seu conjunto de tendas. "É assim que eles escolhem seus líderes", pensou Abed.

À época, quase metade dos 13 mil palestinos recolhidos em prisões israelenses estava em Naqab. Esse contingente incluía a maioria dos mais de 2 mil palestinos mantidos sob detenção administrativa, ou seja, sem terem sido acusados ou julgados, e com a possibilidade de que a pena se estendesse indefinidamente. Entre eles estavam jornalistas, advogados, médicos, professores, estudantes, sindicalistas, lideranças da sociedade civil, defensores da não violência e membros de grupos de diálogo entre a OLP e Israel, considerados ilegais. Ao contrário de Abed, a maioria não era informada do motivo do encarceramento.

Cada tenda estabelecia sua própria programação diária. Na de Abed, havia cursos obrigatórios sobre os objetivos, as políticas e a ideologia do partido, além de orientações para resistir aos interrogatórios do Shabak. Alguns detentos liam e traduziam recortes de jornal trazidos por seus advogados. Televisões e rádios eram proibidos, assim como uma infinidade de livros — de Shakespeare, Tolkien e Tolstói a Soljenítsin e à Constituição israelense —, e nenhum dos prisioneiros tinha permissão para visitar a família.

As tendas não dispunham de mesas ou cadeiras e ficavam inundadas quando chovia. Mesmo durante tempestades de poeira e areia, os soldados exigiam que as portas fossem mantidas abertas. Os barris utilizados para a coleta de lixo transbordavam diariamente, emanando um odor pestilento e atraindo ratos e mosquitos. Muitos presos desenvolveram doenças de pele. O verdadeiro tormento, contudo, dava-se ao anoitecer, quando os israelenses punham músicas de Umm Kulthum para tocar nos alto-falantes. Junto com Abdel Halim Hafez, Umm era a cantora favorita de Abed, que não gostava de música pop e ouvia apenas os clássicos. Todo dia uma canção diferente de partir o coração ressoava na tenda; as músicas de Umm Kulthum eram longuíssimas: a mais famosa, "Enta Omri" [És minha vida], tinha quase uma hora de duração. Os prisioneiros agoniados e saudosos de casa ouviam aquilo deitados em suas camas, alguns aos prantos, outros a redigir a única carta mensal a que tinham direito. Abed não se atrevia a escrever para Ghazl: os israelenses liam todas as correspondências, e não havia garantia de que não usariam as informações ali contidas contra ele ou mesmo contra ela. Em vez disso, postava-se do lado de fora da tenda e ficava a observar a lua, perguntando-se se Ghazl estaria a fazer o mesmo naquele exato momento.

3.

Ao ser libertado, Abed recebeu um novo documento de identidade, de cor verde, que o identificava como ex-presidiário. As carteiras de identidade convencionais da Cisjordânia eram laranja, mas ex-detentos recebiam documentos verdes com determinados períodos de vigência, que variavam de acordo com o tempo de permanência na prisão e o crime cometido. O de Abed tinha validade de seis meses. Era um meio eficaz de impor restrições ao detento mesmo depois de cumprida a pena: ao mostrar o documento verde, Abed era invariavelmente barrado nos postos de controle; por vezes, os guardas o tratavam com grosseria ou até mesmo o agrediam. Assim, ele acabou por desistir das tentativas de sair de Anata, resignando-se a uma nova sentença de seis meses.

As carteiras de identidade de cores variadas eram um meio relativamente novo de controlar o deslocamento dos palestinos pelos territórios ocupados. Desde os primeiros anos da ocupação israelense, uma ordem militar permitia que eles circulassem livremente pelas regiões da Cisjordânia, da Faixa de Gaza e de Jerusalém Oriental, bem como pelo território originalmente pertencente a Israel. A menos que houvesse um fechamento geral das fronteiras, um palestino poderia tomar café da manhã em Ramallah, almoçar em Jerusalém e jantar em Haifa, contanto que voltasse para casa até uma da manhã.

A situação mudou durante a intifada, com a implantação de um sistema de restrições cada vez mais labiríntico. Israel instalou postos de controle dentro dos territórios ocupados, ao longo das fronteiras anteriores a 1967 e na divisa entre Jerusalém Oriental e a Cisjordânia. A permissão para transpô-los dependia da cor do documento de identidade, do local de nascimento, da idade, do gênero e dos antecedentes criminais do indivíduo.

As carteiras de identidade verdes assumiram um significado diferente alguns anos depois. Os prejuízos causados pela intifada haviam convencido Israel de que seria mais fácil governar os territórios ocupados por meio de um intermediário. O país então permitiu que a liderança exilada da OLP regressasse à Palestina e governasse com soberania limitada as áreas urbanas ocupadas — Israel manteve o controle sobre o registro civil e o sistema de licenciamento da população, decidindo quem podia entrar, sair e residir em determinadas regiões do território, mas outorgou à recém-criada Autoridade Palestina o papel simbólico de emitir documentos de identidade aprovados por Israel. Foi quando a AP mudou a cor das cédulas dos habitantes da Cisjordânia de laranja para o verde antes destinado a ex-presidiários. Para Abed, a coincidência fazia sentido: todo palestino era uma espécie de prisioneiro, desde as crianças até o presidente da AP, que também precisava da permissão de Israel para se deslocar livremente.

O confinamento em Anata, porém, não foi de todo mau. Abed reassumiu o posto de líder local da Frente Democrática — a intifada prosseguia a pleno vapor. Tão logo recuperou o documento de identidade laranja que lhe permitia entrar em Jerusalém, conseguiu um emprego com o pai de Ghazl, Abu

Hassan, um empreiteiro bem-sucedido que trabalhava majoritariamente em projetos israelenses na cidade, onde a remuneração era muito mais alta que em Anata. Abed passava todos os dias úteis com o pai de Ghazl e Hassan, seu irmão mais velho, e acabou por se tornar próximo dos dois. Chamava Abu Hassan de "tio", uma demonstração de carinho e respeito. Com um dos irmãos mais novos de Ghazl, que trabalhava com eles esporadicamente e fora recrutado pela irmã para a FDLP, criou uma relação de amizade que se consolidaria ao longo do tempo.

Abed não gostava de trabalhar para israelenses, sobretudo nos assentamentos, mas se dispunha a fazê-lo em nome de sua relação com Abu Hassan. Juntos, construíram casas em toda a cidade: no assentamento de Pisgat Ze'ev, em Jerusalém Oriental; no próspero Qatamon, o bairro outrora palestino cristão e onde costumavam viver alguns dos refugiados que agora residiam no Campo de Shuafat; e no bairro ultraortodoxo de Bucharim, onde construíram uma sinagoga para um dos rabinos mais populares de Israel, Yitzhak Kaduri, um cabalista nascido em Bagdá que distribuía amuletos aos seguidores, fazendo promessas de saúde e prosperidade.

Abed ainda não tinha abandonado a esperança de cursar direito na União Soviética. Depois de uma série de tentativas frustradas de convencer o pai, acabou por adotar uma nova abordagem, pedindo que os amigos dele intercedessem. "Sua proibição deixou de fazer sentido: já sou oficialmente um comunista." Seu pai acabou cedendo, mas, antes que a papelada pudesse ser processada, a União Soviética entrou em colapso. Abed continuaria sem um diploma universitário.

Nas horas vagas, trabalhava na casa térrea que começara a construir pouco antes de ser preso e onde planejava formar uma família com Ghazl. O terreno, pertencente ao avô de Abed, situava-se na parte mais alta de Dahiyat a-Salaam, a uma curta caminhada da casa dos pais dela, e possuía uma vista panorâmica para o leste — ao longe, podia-se divisar até mesmo a costa do mar Morto. Construir uma vida compartilhada ali era um sonho tanto para ele como para Ghazl. Durante anos, os dois haviam se encontrado às escondidas para analisar as plantas e planejar o futuro, decidindo onde ficariam a cozinha, a sala e os quartos.

Àquela altura, estavam juntos havia sete anos. Abed tinha 23 anos e Ghazl, agora estudante de enfermagem, 21. O relacionamento ainda era segredo, pelo menos para a família de Ghazl, mas os dois passavam tanto tempo juntos e estavam tão visivelmente apaixonados que muitos já sabiam. Os pais de Abed faziam vista grossa, mesmo quando o casal começou a levantar suspeitas. Era uma questão de tempo até que os pais de Ghazl descobrissem. Hassan, um de seus irmãos, já começara a desconfiar: certo dia, quis saber por que ela usava um colar com a letra A e Abed, outro com as iniciais GH. Ghazl disse que não fazia ideia do colar que Abed usava, mas que o seu era uma homenagem a Abeer, sua irmã mais velha. Por fim, o pai de Abed lhe disse que era inaceitável continuar a agir daquela maneira com uma garota com quem ele não havia se casado. "Não condiz com os princípios de nossa família", declarou. "Se quiser se casar com ela, tem minha permissão."

Abed resolveu então pedi-la em casamento. Contou a decisão a Naheel, e dentro de poucos minutos os dois já percorriam juntos a curta distância até a casa de Ghazl. Abed sentou-se com Hassan e pediu a mão de sua filha, enquanto Naheel conversava com a mãe de Ghazl em outro cômodo da casa. Ambos

Três casamentos 53

agradeceram e disseram que precisariam de dois ou três dias para debater a questão com a família.

Na manhã seguinte, no canteiro de obras, Abed perguntou se Hassan tinha novidades. O irmão de Ghazl disse que havia conversado com o pai, que precisava falar com o avô deles, e prometeu a Abed que receberia uma resposta até o dia seguinte.

Abed encontrou Abu Hassan naquela mesma tarde. Havia sido designado para ajudar na construção de uma casa para sua cunhada Layla, casada com Wa'el, seu irmão mais velho. Layla havia crescido em Anata, mas, depois de viver muitos anos na Jordânia com o marido e as duas filhas, mudara-se recentemente para a cidade. Semanas após a libertação de Abed, Wa'el havia sido preso na ponte Allenby quando cruzava a fronteira da Jordânia para a Cisjordânia. Disse a Layla que iria para casa fazer uma visita; como, depois disso, não teve mais notícias dele, ela telefonou para a família em Anata. Ninguém sabia o paradeiro dele, até que os pais de Abed entraram em contato com o Comitê Internacional da Cruz Vermelha e foram informados de Wa'el havia sido preso na fronteira.

Pouco antes dele sair de casa, um ex-soldado israelense chamado Ami Popper levantara-se cedo da cama e, vestido com um par de calças das FDI e munido de um fuzil de assalto Galil, ambos pertencentes ao irmão, dirigira-se a um ponto de ônibus na cidade de Rishon LeZion. No local, trabalhadores de Gaza aguardavam os empregadores israelenses que deveriam buscá-los. Passando-se por policial, Popper pediu os documentos de identidade de todos e ordenou que se organizassem em fileiras e se ajoelhassem. Quando um carro com placa de Gaza se aproximou, ordenou ao motorista e aos passageiros que descessem do veículo. Em seguida, abriu fogo, matando sete pessoas e ferindo gravemente outras onze.

Wa'el ficou indignado. Reuniu-se com um contato no Fatah e propôs vingar os assassinatos atacando um alvo em Jerusalém Oriental: a sede nacional da polícia, situada em meio aos edifícios do governo israelense no bairro de Sheikh Jarrah. Segundo seu plano, ele cruzaria a fronteira, voltaria a Anata e recolheria uma carga de explosivos de um esconderijo. Então, abasteceria um carro com os artefatos e, depois de estacioná-lo diante do prédio da polícia, os detonaria à distância. Nove dias após o massacre, quando atravessava a ponte Allenby, Wa'el foi preso sem ser informado da acusação.

Depois de passar horas aguardando numa pequena sala, o irmão de Abed foi levado para o presídio de Moscobiya e, de lá, transferido para Ramallah no dia seguinte. Por fim, conduziram-no a uma sala de interrogatório. "Seja bem-vindo, você que veio ferrar com Israel", disse em árabe o policial. "É uma honra recebê-lo." Os agentes do Shabak o interrogaram por onze dias, questionando-o insistentemente sobre o motivo de seu retorno a Anata. Wa'el manteve-se fiel a sua história: viera buscar os pais para levá-los ao próximo *hajj*, a peregrinação anual a Meca. Os interrogadores o empurraram repetidas vezes contra a parede, sacudiram-no com violência e ameaçaram prender sua mulher, mas em momento algum explicitaram as acusações. Se ele não confessasse, diziam, pegaria de quinze a vinte anos de prisão.

Passados os onze dias, Wa'el foi levado junto com outro detento para uma nova cela. Ali, os prisioneiros eram todos do Fatah. Eles cumprimentaram o irmão de Abed e o outro

Três casamentos 55

recém-chegado, ofereceram comida e mostraram-lhes os chuveiros. Wa'el não tomava banho desde que fora preso. Havia muitos livros sobre a revolução palestina, e ele se sentiu aliviado por estar entre aliados. Após a oração do pôr do sol, um prisioneiro de barba grande declarou que todos ali eram irmãos e providenciariam tudo de que Wa'el precisasse. No dia de visita, disse, poderiam contrabandear cartas para ele.

Desde que fora preso, Wa'el estava preocupado com a possibilidade de alguém encontrar os explosivos escondidos e acabar se ferindo. Assim, escreveu uma carta alertando a liderança militar do Fatah do perigo e a confiou ao prisioneiro barbudo. Quando o chamaram para um novo interrogatório na manhã seguinte, Wa'el constatou que havia sido enganado: todos na cela eram *asfour* — "pássaros", ou, na linguagem dos presídios, informantes. A polícia israelense agora tinha as acusações de que precisava.

Wa'el foi condenado a oito anos de prisão. Layla voltou com as duas filhas para Anata, onde passou a morar com os pais, perto da casa de Abed. A mais velha tinha apenas três anos quando o pai foi preso, e a família de Abed ajudou a criar as crianças. Ele adorava as sobrinhas pequenas, a quem vivia dando presentes e levando a Jerusalém e à Cidade Velha para brincar em parquinhos. Ele e os irmãos pretendiam construir uma casa onde Wa'el e a família pudessem morar quando ele saísse da prisão. Os planos foram ganhando força e, quando Abed pediu Ghazl em casamento, os Salama já estavam prontos para contratar um empreiteiro. Layla e Abed combinaram de debater o projeto com o tio de Ghazl, que havia construído inúmeras casas na cidade e, ao contrário de Abu Hassan, atendia sobretudo a clientes palestinos.

Layla e Abed rumaram encosta acima no pequeno Fiat vermelho dela para encontrar o tio de Ghazl, que morava na casa vizinha à do restante da família. Chegando ao local, Abed avistou Ghazl na varanda de seu quarto, no segundo andar da casa ao lado, e sorriu de alegria. Ao descerem do carro, Layla ofereceu-se para perguntar a Abu Hassan, seu primo de primeiro grau, como ele pretendia responder à proposta de Abed. Era próxima da família e poderia interceder a seu favor, comentou. Layla era conhecida por ser intrometida, de modo que ele recusou a oferta, pedindo-lhe que não se envolvesse no assunto: a família daria sua resposta nos próximos dias. Ela concordou.

O tio de Ghazl, um vizinho e Abu Hassan os receberam. Layla os deixou e foi se juntar às mulheres em outro cômodo. Os homens conversaram sobre o projeto da casa, e o tio de Ghazl prometeu enviar um orçamento a Abed. Abu Hassan retirou-se por um momento para realizar o *wudu*, a ablução do rosto, dos braços, da cabeça e dos pés antes da oração, e Abed e Layla foram embora logo depois.

Quando iam em direção ao carro, observados por Ghazl de sua varanda, Layla confessou que havia conversado com Abu Hassan quando ele saiu da sala para fazer o *wudu*. Irritado, Abed a lembrou da promessa que fizera de não intervir. Não tinha sido sua intenção, respondeu ela: fora Abu Hassan quem abordara o assunto.

"Bom", disse Abed, impaciente. "E o que foi que ele disse?"

Com um ar de preocupação não de todo convincente, Layla relatou a conversa. "Abed é um bom sujeito", teria dito o pai de Ghazl, "um trabalhador esforçado. É forte, simpático, engraçado. Tive a oportunidade de conhecê-lo bem nos últimos tempos. Há algo, porém, que me impede de dizer sim:

Três casamentos 57

ele é um Salama." Layla viu a surpresa e a mágoa no rosto de Abed.

"Jura? Ele disse isso?"

"Sim", replicou Layla com afetada comiseração. "Foram essas as palavras."

Tomado pela intensidade da própria humilhação — e embora de alguma forma ciente de que aquela era justamente a reação que Layla pretendia provocar nele —, Abed foi incapaz de conter sua raiva.

"Pois diga a Abu Hassan que retiro a proposta!" Voltando-se para Ghazl, que continuava na varanda, acrescentou: "Ghazl é como uma irmã para mim, e eu jamais poderia me casar com ela". Não sabia se ela tinha ouvido a declaração.

No canteiro de obras no dia seguinte, Abed evitou Hassan e Abu Hassan. Durante todo o dia, sentiu que eles o observavam, mantinham-se próximos a ele, esperavam por uma brecha para abordá-lo. Abed, no entanto, desviava o olhar e afastava-se sempre que um deles se aproximava, e nada se discutiu a respeito da proposta. Depois do expediente, também manteve distância de Ghazl: não telefonou, visitou nem mandou notícias. Ela estava acostumada a vê-lo todas as tardes, mas dias se passaram sem que ele entrasse em contato. Abed soube por meio de amigos e parentes que ela estava muito abalada e, por fim, uma das irmãs enviou um recado pelo irmão: Ghazl precisava vê-lo com urgência.

Os dois combinaram de se encontrar na faculdade de enfermagem de Ghazl, perto de Kufr Aqab. Abed imaginara que conversariam no campus, mas Ghazl insistiu que pegassem um ônibus para o centro de Jerusalém Oriental, onde teriam mais privacidade. Havia uma greve naquele dia — ocorrência ainda comum àquela altura da intifada, agora em seu quinto ano —, de modo que todos os cafés e restaurantes estavam fechados. Saltaram perto do Portão de Damasco e caminharam até a sede da YMCA em Jerusalém Oriental, ao lado de um antigo casarão de pedra pertencente ao consulado dos Estados Unidos. Sentaram-se nos degraus de entrada do prédio, de frente para o jardim.

"O que você está fazendo? O que aconteceu?", perguntou Ghazl. "Espera-se que, depois de pedir a mão, o homem volte para saber a resposta."

"Sinto muito, mas não podemos continuar juntos", respondeu Abed. "Seu pai não gosta dos Salama. Tem vergonha de se associar a nós. Eu não tenho vergonha: tenho orgulho de ser um Salama", declarou. Fez uma pausa, observando o sinuoso caminho de acesso ao prédio, ladeado de palmeiras e ciprestes, pensando primeiro na casa que planejavam construir e, em seguida, no insulto de Abu Hassan. "Ghazl, você é como uma irmã para mim. Não posso me casar com você."

Ghazl irrompeu em lágrimas e começou a gritar. "Eu não entendo", repetia, procurando com os próprios olhos os de Abed. "Eu não entendo!"

No ônibus de volta a Anata, sentaram-se em bancos separados. Havia muita gente conhecida. Ghazl, observada por Abed, chorou durante todo o trajeto do Portão de Damasco até a parada mais próxima a sua casa, em Dahiyat a-Salaam.

4.

ABED TAMBÉM ESTAVA MEXIDO. Seus sonhos para o futuro tinham sido arruinados. Desceu do ônibus e vagou pelas ruas, confuso e angustiado, abalado pelas lágrimas e pela perplexidade de Ghazl. A pessoa com quem mais gostava de estar em momentos como aquele era Naheel, de modo que se dirigiu à casa da irmã e sentou-se nos degraus da entrada. Ghazl estava na varanda de seu quarto, curvada sobre a balaustrada, a cabeça apoiada nos antebraços. Eles não se cumprimentaram.

Naheel e Abu Wisaam juntaram-se a Abed na escada. Nunca o tinham visto tão desolado. Com o intuito de consolá-lo, Naheel disse que ele encontraria outra pessoa, alguém melhor. Em seguida, entrou para pôr a chaleira no fogo e voltou com a foto de uma garota da idade de Abed. Naheel perguntou se a reconhecia. Ele respondeu que nunca a tinha visto antes.

"É sua prima", disse Naheel.

"Prima de quem?"

"Sua! Filha do irmão de Abu Wisaam. Não a reconhece?"

Abed examinou mais detidamente a fotografia, o que, no entanto, pouca diferença fez: estava triste demais para perceber ou dar importância ao fato de que a jovem era bela e miúda, que tinha olhos grandes e a pele acastanhada. Mal registrou que era uma Salama — de fato, era também prima de primeiro grau de Ghazl por parte de mãe. Segundo Naheel, era gentil, zelosa e boa moça. Chamava-se Asmahan. "Se quiser, podemos combinar o noivado agora mesmo."

Abed estava furioso com Abu Hassan, mas também consigo mesmo: fora uma tolice se apaixonar por um membro da família Hamdan, uma garota cujo pai desprezava os Salama. Seu pai havia cometido o mesmo erro. Abed desejava punir Abu Hassan, Ghazl e a si mesmo e, em sua angústia, era incapaz de se acalmar ou pensar com clareza. Queria apagar da memória a garota na varanda, extirpar a dor, fugir, e sua irmã estava oferecendo uma saída. Confrontado com uma proposta que mudaria sua vida, não pensou duas vezes antes de dizer sim.

Abu Wisaam se ofereceu para ir avisar ao irmão que Abed estava a caminho a fim de pedir a mão de sua filha, e disse a Naheel que levasse o jovem até a casa dos pais. O pai de Abed ouviu impassível o anúncio da notícia e, sem parabenizar o filho, perguntou: "E quanto a Ghazl?". Como não queria envolver o pai num conflito com Abu Hassan, Abed não revelou o que o fizera mudar de ideia, alegando apenas que não desejava mais se casar com ela.

O pai de Abed insistiu. "Você foi à casa da família de Ghazl e conversou com eles." Isso foi o mais próximo que alguém chegou de sugerir que Abed não desistisse da garota que havia amado por sete anos. Ninguém lhe disse que estava agindo precipitadamente ou o aconselhou a aguardar alguns dias.

"Acabou, *khalas*", declarou Abed. "Não quero me casar com ela."

O pai ficou em silêncio. Passados alguns instantes, disse: "A vida é sua, a escolha é sua".

Juntos, Abed, Naheel e os pais foram visitar a família de Asmahan em Dahiyat a-Salaam. Abu Wisaam já havia con-

Três casamentos 61

versado com o pai da jovem, que dera seu consentimento. Na sala de estar, Abed sentou-se com os pais, Abu Wisaam e o pai, os irmãos e o tio de Asmahan, além de um vizinho próximo à família. As mulheres — Asmahan, sua mãe, suas irmãs e Naheel — foram para o cômodo ao lado.

De acordo com o que ditavam as formalidades, o pai de Abed fez a proposta, que o pai de Asmahan aceitou respeitosamente. Em ambos os aposentos, todos proferiram em voz baixa a Fatiha, a oração de sete versículos que abre o Alcorão. Menos de duas horas haviam se passado desde o momento em que Naheel mostrara a foto a Abed.

No dia seguinte, Abed foi com seu pai e a mãe de Asmahan ao mercado dos ourives, perto da Basílica do Santo Sepulcro, na Cidade Velha, e comprou para si um anel de prata e, para Asmahan, um de ouro, além de outras joias. Poucos dias depois, as famílias deram uma festa de noivado para mais de cem pessoas na casa de Asmahan. As mulheres dançaram na sala, ao passo que os homens, sentados em cadeiras de plástico no quintal da frente, entretinham-se conversando. Quando todos os convidados estavam presentes, o pai de Abed se pôs de pé e anunciou a proposta em nome da família: "Viemos aqui para pedir que sua filha se case com nosso filho". O pai de Asmahan aceitou mais uma vez, e os homens baixaram a cabeça e puseram as mãos em concha diante do rosto para recitar a Fatiha. Em seguida, parabenizaram Abed, enquanto as mulheres vibravam e aplaudiam na sala de estar. Baclavás e refrigerantes foram oferecidos aos convidados, e Abed cumprimentou todos os homens com um aperto de mão.

O pai de Asmahan levou o noivo para dentro da casa. Passaram pelas mulheres — cerca de cinquenta, entre irmãs, primas, mães, tias, avós e vizinhas — e detiveram-se diante de uma mesa, sobre a qual haviam sido dispostas duas cadeiras. Asmahan, trajando um vestido rosa e com o cabelo arrumado num penteado glamouroso, estava de pé sobre a mesa; Abed, de terno preto, postou-se a seu lado em cima do móvel. Uma das irmãs entregou-lhe um porta-joias com o anel, o colar, os brincos, o relógio e a pulseira de ouro que ele deveria colocar na noiva. Ela, por sua vez, poria o anel de prata no dedo de Abed, após o que eles se sentariam nas cadeiras e as mulheres dançariam ao seu redor.

Quando colocava o anel no dedo de Asmahan, Abed ouviu um alvoroço. Observado por dezenas de mulheres, contudo, estava nervoso demais para procurar a origem do barulho. Era Ghazl. Havia se retirado correndo do aposento, banhada em lágrimas e com duas primas no encalço. A porta de um quarto se fechou com estrondo. Abed não a tinha visto sair — até aquele momento, não sabia sequer que ela estava ali. Do contrário, talvez também tivesse ido atrás dela.

Com receio de que sua família suspeitasse de que ainda estava apegada a Abed se ficasse em casa, Ghazl sentira-se compelida a comparecer à cerimônia e afetar uma indiferença estoica. No entanto, tinha dado um escândalo diante de todas as mulheres, desfazendo-se em lágrimas tão logo Abed adentrou a sala. Quando ele estava no alto da mesa, suas primas sussurraram-lhe ao ouvido que ela não deveria deixar transparecer o sofrimento. Abed, então, pôs o anel no dedo de Asmahan, e ela retirou-se correndo.

Ghazl ficou noiva algumas semanas depois, aceitando a proposta de um jovem do Fatah que morava numa casa vizinha. Numa das velhas cartas que escrevera a Abed, ela havia de-

Três casamentos

clarado que, de todos os habitantes de Anata, aquele homem era quem ela mais odiava. Sua amiga Khulood aconselhou-a a dar outra chance a Abed. Não era tarde demais: Abed estava apenas noivo, não casado, de modo que ainda podia mudar de ideia. Os dois haviam passado tanto tempo juntos que Ghazl não deveria perder a esperança. O homem que a pedira em casamento, muito embora fosse um professor de matemática inteligente e educado, não era quem que ela queria e, portanto, estava longe de ser o par ideal.

O irmão de Khulood, que era amigo de Abed, relatou-lhe a resposta de Ghazl. Ela havia resolvido aceitar a proposta não pelo caráter do vizinho, e sim por seu intelecto. De todo modo, Abed havia se comprometido, e ela não poderia tê-lo de volta. Ele afirmou que ela era como uma irmã. *Khalas*, estava tudo acabado.

Ao longo dos anos, Abed pensou muitas vezes em como tudo poderia ter sido diferente. Se ao menos Ghazl tivesse dado ouvidos a Khulood. Se ao menos alguém lhe tivesse dado o mesmo conselho. O rompimento de um noivado não era um escândalo; pelo contrário, acontecia o tempo todo. Se ele e Ghazl reatassem o relacionamento, todos teriam entendido — até mesmo Asmahan e os pais dela, que sabiam dos laços entre os dois. Ele também culpava Naheel, que não deveria ter lhe mostrado a foto de Asmahan, propondo que desse uma chance para outra garota. No estado em que estava, teria concordado em se casar com qualquer uma. A seu ver, a irmã se aproveitou de sua vulnerabilidade.

Foi só duas décadas mais tarde — quando Ghazl já era mãe, e ele e Haifa criavam os dois filhos — que Abed soube quem era o verdadeiro culpado. Tomava um café com Abu Hassan do lado de fora da siderúrgica em Anata; o pai de Ghazl contava uma história antiga. Ao chegar ao final do relato, Abu Hassan sorriu satisfeito. Abed adorava aquele sorriso.

"Tio", disse, "quero lhe perguntar algo que está me consumindo. Lembra-se de quando pedi Ghazl em casamento?"

"Lembro. Você nunca voltou."

"Quero que o senhor saiba por quê." Abed contou o que Layla tinha dito.

Abu Hassan ergueu-se revoltado da cadeira. "*Eu* disse isso? Eu jamais disse isso! Vou ter uma conversa com Layla agora mesmo!"

Abed não ficou surpreso. Já suspeitava de que Layla tivesse mentido. Agora que Abu Hassan confirmava, sentiu uma ponta de remorso: havia permitido que o orgulho arruinasse a vida de Ghazl e a sua própria. Se tivesse procurado o pai dela, teriam ficado noivos e se casado. Abed, tentando tranquilizar Abu Hassan, disse que aquilo não importava mais: não era o que o destino havia reservado para eles.

Abed e Asmahan casaram-se um ano após o noivado. Apesar de Abed ter ficado noivo primeiro, o casamento de Ghazl aconteceu antes. Os dois se viam com razoável frequência em Anata e, embora não se cumprimentassem, o rosto de Ghazl corava de tal maneira nesses momentos que Abed podia notar a mudança de cor mesmo se ela estivesse passando de carro. Quando ela o encarava diretamente, Abed entrevia em seus olhos tristes uma acusação, que permanecia ali mesmo tanto tempo depois de terem terminado e constituído suas famílias: fora ele o responsável por condená-la a viver daquela forma, por destruir a vida que haviam planejado juntos.

5.

TANTO ABED COMO GHAZL SE CASARAM em 1993, ano em que Israel e a OLP assinaram os Acordos de Oslo, que puseram fim à intifada e levaram à formação da Autoridade Palestina, a *sulta*, com sua soberania limitada nas áreas mais populosas de Gaza e da Cisjordânia.

Ghazl e o marido trabalhavam no Ministério da Educação da *sulta* em Ramallah. No fim do segundo semestre de um dos anos seguintes, Abed fez uma visita ao escritório de Ghazl. Seu sobrinho, prestes a se formar no ensino médio, estava se preparando para os exames finais, os *tawjihi*, e passara recentemente por uma cirurgia na Jordânia em razão de um tumor cerebral. A operação, embora bem-sucedida, havia comprometido gravemente sua visão, o que os médicos acreditavam que melhoraria com o passar do tempo. No momento, porém, o rapaz não enxergava bem o bastante para realizar os *tawjihi*. A irmã de Abed lhe pedira que averiguasse se haveria a possibilidade de aplicação de uma prova adaptada.

Abed foi a Ramallah e ligou para o ministério de um telefone público na praça da Torre do Relógio. Uma secretária lhe passou o número do Departamento de Saúde Escolar. A voz que atendeu o telefone lhe soou familiar.

"Olá, *marhaba*", disse a voz feminina.

Ele não respondeu.

"*Ahlan*, alô", repetiu a mulher.

"Só um instante", respondeu Abed. "Eu conheço você."

"Com quem falo?", perguntou ela.

Abed fez uma pausa. "Ghazl?"

"Sim", respondeu ela devagar, antes de reconhecê-lo também. "Ah, Abed." Os dois não se falavam desde o dia da conversa nos degraus da YMCA.

"Preciso conversar com você sobre meu sobrinho. Onde fica seu escritório?"

Chegou ao edifício poucos minutos depois, e uma recepcionista lhe indicou o departamento de Ghazl. Havia um escritório vazio, e um homem ocupava o segundo. Ghazl tinha ido ao banheiro, disse ele, e não demoraria. Abed podia esperar ali mesmo.

Quando ela apareceu, por fim, seus olhos estavam inchados e vermelhos. Era evidente que havia chorado. Outro funcionário entrou no escritório, aumentando a tensão e a formalidade constrangedora. Abed pediu desculpas por incomodá-la e descreveu a situação do sobrinho. Podia ver que ela estava sofrendo em sua presença, gaguejando a princípio e, depois, falando com evidente dificuldade. No entanto, prometeu que faria o possível para ajudar o garoto. Abed sentiu-se mal por tê-la deixado desconfortável. Também havia subestimado o impacto que o encontro teria sobre si próprio. Apressando-se em encerrar o assunto e partir, agradeceu e explicou que não poderia voltar ao ministério. Ela deveria entrar em contato com os pais do menino.

Depois do encontro, Abed viu-se pensando dia e noite em Ghazl. Sua inquietação era óbvia para todos a seu redor, inclusive Asmahan. A questão não era que não amasse a esposa:

Três casamentos 67

Asmahan era bonita, gentil e atenciosa, além de excelente co-zinheira e mãe dedicada à filha, Manolia, a quem chamavam de Lulu, nascida um ano e meio após o casamento. Sua mãe e suas irmãs também adoravam Asmahan, que consideravam uma esposa ideal. Não importava, porém, o quanto sua família a elogiasse: ela não era suficiente. Abed queria mais que uma mãe zelosa, uma cozinheira de mão cheia, mais até do que beleza. Asmahan era boa esposa e companheira, mas não era uma paixão.

Abed sentia que havia herdado os fracassos do pai, que também perdera a chance de se casar com sua alma gêmea e terminara com uma mulher a quem era incapaz de amar da mesma forma. Assim como ele, o pai estava satisfeito com o casamento, mas não era feliz. Sempre vira os pais como opostos: o caráter dele tão forte quanto o dela se mostrava frágil. Seu relacionamento com Asmahan era igual. Ela parecia incapaz de tomar mesmo a mais simples das decisões: não importava o que Abed perguntasse, a resposta era sempre uma variação de "Como você preferir". "Teria sido tão diferente com Ghazl!", Abed não conseguia deixar de pensar.

Nada daquilo, porém, era culpa de Asmahan, volta e meia ele precisava se lembrar: ele a havia escolhido, e não o contrá-rio. Ela era inocente e chegava mesmo a demonstrar empatia pelo desejo de Abed por Ghazl, tema que debatiam abertamente. Se alguém mencionasse o nome de Ghazl, Abed se fechava em si mesmo. Quando uma história de amor era contada ou a família assistia a um filme romântico, os pais e irmãos de Abed logo olhavam para ele em busca de sua reação. Asmahan fazia o mesmo. "Torço para que chegue o dia em que você diga que me ama mais do que a Ghazl", disse ela certa vez em tom sincero, sem nenhuma amargura.

68   *Um dia na vida de Abed Salama*

Abed sentia-se atormentado pela culpa. Asmahan não merecia ser tratada daquela maneira, como um objeto de que o marido tentava se esquivar. Ele permanecia o máximo de tempo possível fora de casa. Deixara o ramo da construção civil e assumira dois empregos, um na companhia telefônica israelense, a Bezeq, e outro como cozinheiro no Askadinya, um restaurante situado em Sheikh Jarrah cujo nome homenageava a nespereira que adornava o salão. Trabalhava até o meio da tarde na Bezeq, onde supervisionava uma equipe de técnicos responsáveis pela manutenção de linhas telefônicas em toda Jerusalém Oriental, de Dahiyat a-Salaam à Cidade Velha, do Campo de Shuafat ao Monte das Oliveiras. Ao chegar do trabalho, tomava um banho rápido, trocava de roupa e partia para o restaurante.

Só voltava depois da meia-noite. Ao fim do expediente, saía com Midhat, chef do Askadinya, de quem se tornara amigo. Midhat o havia ensinado a cozinhar, promovendo-o de lavador de pratos a sous-chef num intervalo de poucos meses. Os dois passeavam pelo Tayelet, o calçadão construído num terreno que Israel havia confiscado de Jabal Mukaber, onde se deleitavam com o frescor da noite e a vista deslumbrante da Cidade Velha, com a cúpula dourada do Domo da Rocha iluminada no centro. Em outras ocasiões, iam a Musrara, um bairro próximo ao Portão de Damasco, e compravam *ka'ek* — pães de gergelim em forma de rosca — recém-saídos do forno para repartir com os companheiros de cozinha. Por mais tarde que Abed voltasse, Asmahan sempre o esperava com o jantar pronto. Era a única hora do dia que tinha para estar com ele. Abed por vezes arruinava até mesmo aquele momento, chegando em casa acompanhado de Midhat; ainda assim, ela os servia com

Três casamentos 69

a habitual presteza pratos de *maqluba*, *musakhan* ou *mansaf*. Abed reconhecia que aquela vida era terrível para Asmahan. Ela, por sua vez, sofria em silêncio e raramente se queixava.

Depois do nascimento da segunda filha, Fatima, apelidada de Fufu, Abed começou cogitar ter outra esposa. A lei jordaniana, que continuava em vigor nos tribunais de família de Jerusalém Oriental, lhe permitia ter até quatro. Nenhum dos homens de sua idade ou da geração de seu pai tinha mais de uma esposa, e ele sem dúvida enfrentaria forte resistência — talvez até ostracismo — por parte das mulheres de Anata, que não gostariam que seus maridos e filhos seguissem o exemplo. Contudo, estava disposto a pagar o preço. Precisava desesperadamente de uma mudança. Casar-se com Asmahan havia arruinado a vida de ambos, bem como a de Ghazl. Talvez merecesse ser punido pelo erro que cometera, mas não para sempre, pensava.

Abed nunca considerou a possibilidade de se divorciar. Até onde fosse possível, não queria prejudicar Asmahan, e o divórcio a obrigaria a voltar para a casa dos pais ou, caso se casasse de novo, viver longe das filhas. Seu plano era que ela se mudasse com as meninas para a casa da família, onde ele continuaria a sustentá-las, e que a nova esposa ficasse com a casa de Dahiyat a-Salaam. Ele passaria três noites por semana com Asmahan e quatro com a segunda mulher. A ideia não agradaria a Asmahan, mas ela tampouco estava feliz com a atual situação. Nenhum dos dois estava.

Abed mencionou a ideia diante dos pais de Asmahan, que pensaram se tratar de uma brincadeira. Debateu-a com Asmahan, que parecia seguir a máxima das mulheres mais velhas de Anata: dê ao homem muitos filhos, e ele nunca a deixará.

Acabara de dar à luz a terceira filha do casal, três anos e meio depois da primeira. Abed lhe disse que queria dar um tempo: estava trabalhando em jornada dupla, com uma criança pequena, um bebê e uma recém-nascida em casa para sustentar. Um ano depois, porém, Asmahan telefonou do consultório médico para anunciar que estava grávida de novo. Abed devolveu o telefone do Askadinya ao gancho e atravessou furioso a cozinha, passando direto por Midhat, que perguntou o que havia ocorrido. "Você não vai acreditar", exasperou-se. "Basta um espirro para fazer aquela mulher engravidar."

Mais ou menos na mesma época, Abed começou a enfrentar problemas no trabalho. A Bezeq estava demitindo muitos de seus funcionários palestinos que possuíam documentos de identidade verdes da Cisjordânia. Ainda que Abed fosse competente e valorizado por seus superiores, seu emprego parecia ameaçado. Além de um indesejado portador de uma identidade verde, ele estava longe de ser um funcionário exemplar do ponto de vista de uma estatal israelense administrada por um ex-comandante da Cisjordânia. Em companhia de colegas palestinos, referia-se a Givat Shaul, o local onde ficava a sede da Bezeq em Jerusalém, como Deir Yassin, o vilarejo palestino sobre o qual o prédio havia sido construído e onde um notório massacre fora cometido pelas forças paramilitares sionistas em 1948. Toda a sua equipe fazia o mesmo. Quando designado para realizar um trabalho na casa de um colono em Sheikh Jarrah, ele havia se recusado.

A ameaça a Abed e aos demais funcionários com identidades verdes era, na verdade, parte de um processo mais amplo de

Três casamentos 71

expulsão dos palestinos da grande Jerusalém. Os Acordos de Oslo deveriam vigorar por um período provisório de cinco anos, ao fim dos quais se entabulariam novas negociações a respeito de todos os principais assuntos, entre eles o status de Jerusalém. Antes que isso ocorresse, era do interesse de Israel enfraquecer a reivindicação dos palestinos sobre a cidade: reduzir sua presença, expandir os assentamentos judaicos e fazer da anexação de Jerusalém Oriental um fato irrefutável. Com isso, a emissão de alvarás de construção e autorizações de entrada para palestinos foi dificultada; casas foram postas abaixo; portadores de identidades verdes, expulsos; postos de controle, implementados da noite para o dia. Milhares de palestinos que moravam nas partes anexadas de Jerusalém e possuíam carteiras de identidade azuis — que proporcionavam uma liberdade de deslocamento consideravelmente maior — tiveram sua autorização de residência revogada.

O irmão de Abed, Nabeel, era casado com uma portadora de identidade azul de Dahiyat a-Salaam. Como a de Nabeel era verde, ele não podia morar nas áreas anexadas a Jerusalém, de modo que o casal vivia em Anata. Contudo, para que a esposa de Nabeel não perdesse o documento e a autorização de residência em Jerusalém, precisava manter um apartamento em Dahiyat a-Salaam. De tempos em tempos, Israel enviava fiscais para verificar se ela de fato estava morando lá. Os habitantes do bairro, que conheciam tanto os fiscais como seus veículos, desandavam a fazer ligações tão logo avistavam um deles. Quando recebia um desses telefonemas, a esposa de Nabeel saía às pressas para o apartamento: pelo crime de morar com o marido a poucos quilômetros de distância, poderia ser apartada do restante da família e da cidade onde havia nascido e crescido.

O esforço de afugentar cidadãos palestinos de Jerusalém obrigou Midhat, amigo de Abed, a deixar o Askadinya. Proveniente da Jordânia, ele não possuía sequer uma identidade verde, e as novas medidas tornavam impossível passar ao largo do escrutínio de Israel. Aceitou então uma proposta de emprego como chef de cozinha de um hotel em Ramallah, onde conheceu um sujeito que, através do contato com o cônsul-geral americano, facilitou-lhe a obtenção de um visto para os Estados Unidos. Lá, Midhat tornou-se um pequeno comerciante de sucesso e jamais olhou para trás.

Os únicos palestinos que gozavam de acesso livre a Jerusalém e não corriam o risco de serem expulsos eram os que tinham cidadania israelense. Não precisavam se preocupar com a chance de perder a autorização de residência caso fossem estudar no exterior ou viver com o cônjuge numa cidade vizinha, como Anata ou Belém. Muitos homens em Anata começaram a falar em se casar com "palestinas de 48", como eram chamados os cidadãos que haviam permanecido na porção da Palestina que se converteu em Israel em 1948. Alguns dos colegas de Abed na Bezeq nutriam a esperança de que isso os ajudasse a manter ou reaver o emprego. À época, os cônjuges dos palestinos de 48 conseguiam obter a cidadania ou um visto permanente com bastante facilidade; apenas dois anos depois, Israel tornaria isso praticamente impossível. Abed tinha um amigo beduíno que arranjara recentemente uma segunda esposa com cidadania israelense. Como conhecia muitas famílias palestinas de 48 no norte, ele se ofereceu para ajudar Abed a encontrar sua segunda esposa. Mesmo que o casamento não desse certo, disse, ao menos ele teria uma identidade azul.

Três casamentos 73

Abed considerou a ideia. Um casamento naqueles termos lhe ofereceria segurança no emprego e lhe permitiria manter uma conexão com Jerusalém, a despeito de quaisquer novas restrições que Israel viesse a impor. Avaliava uma segunda união sobretudo em termos utilitários, embora admitisse a si mesmo que também queria se sentir menos preso.

Abed discutiu o assunto com Asmahan e os pais dela e, como se tratava de uma forma de manter seu emprego, nenhum dos três se opôs. Acompanhado do amigo beduíno, Abed foi então para a Galileia a fim de se reunir com os pais de noivas em potencial. Nessas conversas, admitiu ter filhos, mas alegou ser divorciado. A terceira família era de uma cidadezinha ao norte de Nazaré chamada Kufr Kanna, onde Abed trabalhara por algum tempo numa fábrica. O nome da jovem era Jameela, "bela". Abed não a achou especialmente atraente, mas ficou impressionado com sua firmeza e independência, características que representavam um alívio com relação a Asmahan. Além disso, simpatizou de imediato com os pais da jovem, sobretudo com o pai, e os dois se comprometeram no mesmo dia. Pouco depois, a irmã gêmea de Jameela casou-se com um homem de Belém cuja identidade também era verde.

Como a lei israelense proibia a poligamia, Abed teria que comprovar ao cartório de Nazaré que era divorciado para se casar com Jameela. Mera formalidade, assegurou a Asmahan: eles se divorciariam no cartório da rua Salahadin, em Jerusalém, e se casariam de novo ali mesmo dias depois, quando ele voltasse de Nazaré. O juiz de Jerusalém compreendeu o arranjo e fez questão de demonstrar seu incômodo, mas se viu obrigado a cumprir a lei e autorizou o casamento.

O passo seguinte era planejar a cerimônia, sem a qual os dois, embora legalmente casados, seriam considerados apenas noivos. Abed começou a criar desculpas para adiar o compromisso. Tão evidente quanto o amor de Jameela por ele era o fato de que o sentimento não era recíproco: quando ela pegava sua mão e o beijava, ambos sabiam que o coração dele estava em outro lugar. A perspectiva de se divorciar pouco depois de obter uma carteira de identidade azul começou a parecer repugnante a Abed. Ele não revelara à família de Jameela que se casara novamente com Asmahan e, quanto mais tempo passava com eles, pior se sentia por tê-los enganado. Seus sogros, que haviam reservado uma parte do próprio terreno para a filha e o novo genro, queriam que ele iniciasse a construção de uma casa tão logo obtivesse o documento, e já haviam inclusive começado a comprar a mobília.

Abed não via como sustentar a relação. Dizer a verdade era impensável, mas prosseguir com a mentira também. Começou a postergar suas idas a Kufr Kanna, as quais, de todo modo, haviam ficado mais difíceis. Era o outono de 2000 e iniciava-se a Segunda Intifada, que em nada se assemelhou à primeira. Se antes se tratara de uma verdadeira revolta popular, com grandes protestos, greves gerais, boicotes e atos de desobediência civil, agora a coisa não demorou a ser militarizada: já nos primeiros dias, Israel disparou mais de um milhão de balas, grupos armados palestinos reagiram e a participação popular tornou-se quase impossível.

O ESTOPIM DO LEVANTE FOI a provocativa visita de Ariel Sharon, defensor dos assentamentos e ex-ministro da Defesa, à

Três casamentos

mesquita Al-Aqsa. Diante dos protestos, Israel respondeu com violência, matando quatro palestinos desarmados e ferindo cerca de duzentos, muitos deles provenientes de Anata e do Campo de Shuafat. Em termos mais amplos, a nova intifada foi o ápice de anos de frustração com os acordos de paz de Oslo, que não haviam proporcionado aos palestinos nem liberdade, nem independência, nem o fim da ocupação. Tampouco detiveram a expansão dos assentamentos, cuja população crescera mais de 70% desde a assinatura dos primeiros compromissos.

A rigor, os acordos haviam contribuído para o objetivo de Israel de se apossar da maior extensão de terras — e com o menor número de palestinos — possível. Os acordos dividiram a Cisjordânia em 165 ilhas com soberania limitada, cada uma delas rodeada por um mar de controle israelense. Presos nessas ilhas e vigiados por forças de segurança da AP subservientes a Israel, os palestinos ironizavam a impotência de sua autoridade, a *sulta*, chamando-a de *salata*, "salada". A revolta fez com que um grande número de tanques das FDI invadisse as ruas de cidades palestinas, incluindo a capital administrativa da *sulta*, Ramallah, onde a sede do governo foi cercada por Israel.

Os civis temiam por sua segurança, e até mesmo os palestinos de 48 sentiam-se ameaçados. No início da intifada, saíram às ruas em solidariedade aos territórios ocupados, ao que o exército israelense respondera abrindo fogo. Doze cidadãos palestinos foram mortos, entre eles um jovem de dezenove anos de Kufr Kanna. Centenas compareceram ao funeral e se manifestaram contra a polícia. Em toda a Galileia, palestinos de 48 bloquearam estradas, atearam fogo a pneus e atiraram coquetéis molotov. Uma comissão nacional de inquérito encarregada de apurar os protestos, conhecidos pelos israelenses como manifestações de outubro de 2000, concluiu que o emprego de atiradores de elite e armas de fogo contra cidadãos não judeus foi "injustificado".

Com as rigorosas restrições de circulação impostas por Israel, tornou-se difícil para Abed sair de Anata. Antes da intifada, ele e Jameela haviam aventado a possibilidade de viverem juntos em Ramallah, ao menos até que pudessem se mudar para Kufr Kanna. Agora, a ideia tornara-se impensável: o último lugar em que os pais de Jameela queriam que a filha morasse era a Cisjordânia. Tinham ouvido falar do fechamento dos acessos às cidades, dos helicópteros que haviam disparado mísseis contra prédios em Ramallah e dos tanques que alvejaram cidadãos palestinos em Beit Jala, ao sul de Jerusalém.

Os dois presumiram que Abed havia diminuído a frequência das visitas em razão das dificuldades de entrar em Israel, o que era apenas em parte verdade: funcionava também como uma forma de evitar o sentimento de culpa. Tornara-se doloroso demais sustentar a farsa diante de Jameela e, com o passar do tempo, ficava cada vez mais difícil ignorar as diferenças sociais e políticas entre eles. Abed respeitava Jameela e sua família, mas não gostava da maneira como os palestinos de 48 viviam. As interações sociais, os trejeitos, o hebraico que se entremeava em sua fala: pareciam-se demais com os israelenses, mesmo em lugares como Kufr Kanna, que Abed considerava menos corrompida que outras cidades palestinas de 48. Em certa ocasião, a caminho de Tiberíades, Jameela apontou o uniforme de um soldado e declarou que achava o traje estiloso.

"Estiloso?" Abed mal podia crer no que acabara de ouvir. "Você considera *estiloso* o uniforme que está disparando contra nós na Cisjordânia?"

"Perdão", desculpou-se ela. "Não pensei antes de falar."

"Você é palestina. Não pode dizer uma coisa dessas", indignou-se Abed.

Nove meses após o início do relacionamento, Jameela sofreu um acidente de carro. Ninguém contou a Abed, e suas visitas haviam se tornado tão raras que ele só apareceu mais de um mês depois do ocorrido. Jameela já tinha recebido alta do hospital e convalescia em casa quando disse à mãe que não podia continuar com Abed. Ele passara semanas sem perguntar por ela. Como poderia confiar nele?

Abed sentiu-se aliviado com a separação. Poderia, enfim, parar de fingir. O divórcio foi concedido sem demora: como o casamento não tinha sido celebrado e os dois jamais haviam passado a noite na mesma cama, a união não fora consumada, constituindo um *zawaj bidun dukhul* — literalmente, "casamento sem entrada". Os pais de Jameela não guardaram rancor. O ex-sogro gostava tanto de Abed que se ofereceu para apresentá-lo a uma sobrinha — em suas palavras, educada e bonita — que vivia numa cidade próxima. Contudo, Abed havia aprendido a lição: não valia a pena partir um coração em nome de uma carteira de identidade azul.

6.

COM O AGRAVAMENTO DOS CONFLITOS da Segunda Intifada, Abed viu-se limitado a trabalhar quase exclusivamente em bairros de Jerusalém próximos a sua casa, em Dahiyat a-Salaam e no Campo de Shuafat. Por ora, mesmo desprovido do documento de identidade azul, continuava empregado na Bezeq. Tinha 32 anos e era pai de quatro filhas. Um dia, Ahmad, um amigo da Frente Democrática que trabalhava numa loja de conveniência na vizinhança, o parou na rua para perguntar se ele poderia consertar uma linha telefônica no apartamento do sogro. O problema era uma fonte de angústia para toda a família, explicou: os filhos que moravam nos Estados Unidos, apreensivos com as notícias, não conseguiam entrar em contato para saber se os parentes estavam bem.

Abed conhecia o sogro de Ahmad, o *mukhtar* de Dahiyat a-Salaam e uma figura muito respeitada. Conhecia também suas filhas: quando adolescentes, elas eram vizinhas da família de Ghazl e costumavam ajudá-lo a fazer suas cartas chegarem às mãos da namorada. O *mukhtar* morava nos fundos da loja de conveniência, onde Abed parou para lavar as mãos antes de entrar no apartamento. No caminho até o banheiro, cruzou com Haifa, uma das filhas que, quando tinha oito ou nove anos, havia ajudado a passar adiante seus bilhetes. Cumprimentou-a, mas ela não respondeu. Embora a diferença de idade

Três casamentos 79

fosse grande demais para que se conhecessem bem, Abed não chegava a ser um estranho: Haifa também fazia parte da FDLP, e os dois haviam participado juntos de eventos e reuniões.

Incomodado com o trato frio da jovem, Abed saiu do banheiro e ouviu Ahmad gritar: "Haifa, diga a seu pai que Abed precisa entrar para consertar o telefone". Teve dificuldade para encontrar a origem do defeito na linha, e chegou a subir ao terraço antes de enfim identificar o problema. Nisso, passou diversas vezes por Haifa e observou sua interação com a família. Lembrou-se de Ghazl, e não apenas pelo fato de ela ser uma Hamdan. Era perspicaz, espirituosa, independente e politicamente engajada: tudo o que Asmahan não era. Terminado o conserto, Haifa serviu café a Abed e ao pai. Nos dias seguintes, ela não saiu dos pensamentos de Abed.

Ele telefonou para Ahmad e disse que gostaria de visitá-lo em casa.

"Aconteceu algo?", perguntou o amigo.

Abed, então, anunciou que queria pedir a mão de Haifa como segunda esposa. Timidamente, Ahmad disse que preferiria não se envolver no assunto.

"Tudo bem", replicou Abed, "mas ainda desejo conversar com as irmãs de Haifa."

À noite, quando Abed apareceu, Ahmad pediu licença e se retirou, alegando que precisava dormir. "Que covarde!", pensou Abed. As irmãs de Haifa eram integrantes da FDLP e o conheciam bem: sabiam todos os pormenores do noivado com Ghazl e estavam cientes de sua infelicidade ao lado de Asmahan. Abed expôs em detalhes seus problemas conjugais, explicando como havia chegado àquele ponto. Durante sete anos, alimentara a esperança de que Asmahan se tornasse alguém que não era; agora, queria mudar de vida e se casar de novo. Estivera com Haifa na semana anterior e esperava que ela consentisse em se tornar sua esposa. Será que poderiam conversar com ela?

Wafaa, uma das irmãs, prometeu fazê-lo. "Espero que ela aceite", acrescentou.

"Por que 'espero'?", perguntou Abed. "Acha que ela vai recusar?"

"Haifa já declarou em mais de uma ocasião ser contra a ideia de que homens tenham segundas esposas", explicou Wafaa.

Ainda assim, Abed insistiu que ela falasse com Haifa. "Vocês me conhecem. Conhecem minha família. Conhecem minha vida", disse. "Não mereço esse destino. Quero uma chance de ser feliz. Por favor, digam isso a ela."

Ahmad ligou no dia seguinte e pediu a Abed que fosse até sua casa. Na sala de estar, Wafaa confessou que havia preferido não revelar de saída a proposta. Em vez disso, abordara com delicadeza o tema do matrimônio. Haifa, logo entendendo o que se passava, quis saber quem era o pretendente.

"É um bom sujeito", disse Wafaa. "Conhecido, respeitado, forte, inteligente. Nossa família adora a dele. Só há um pequeno porém."

"O quê?", Haifa perguntou impaciente.

"Ele é casado."

"Assim que eu disse isso", prosseguiu Wafaa, "Haifa me mandou sair de perto. Nem cheguei a mencionar seu nome. Mais tarde, tendo se acalmado, ela perguntou de quem se tratava. Quando contei, recusou: 'Ele não só é casado como tem filhas'."

Wafaa fez uma pausa. "Eu falei que você a tinha visto na loja e em casa, que vinha pensando nela e queria mudar de

Três casamentos   81

vida. Ela começou a fazer perguntas. Tivemos uma conversa de quatro horas, e no fim ela aceitou."

"*Aceitou?*"

"Sim, mas com uma condição: você não pode se divorciar de sua esposa. Ela não quer separar sua família nem magoar Asmahan."

Na manhã seguinte, Abed acordou os pais cedo para dar a notícia: Haifa, a filha do *mukhtar* de Dahiyat a-Salaam, aceitara ser sua segunda esposa. Por coincidência, era também filha da antiga paixão de adolescência de seu pai, a Hamdan com quem fora impedido de se casar. "A família concordou?", questionou o pai. "Você é casado e tem quatro filhas, além de ser mais velho. Ela é linda, seu pai é um *mukhtar* e os irmãos trabalham nos Estados Unidos. Acha que vão mesmo aceitar?"

Abed reiterou que Haifa tinha aceitado e pediu ao pai que se vestisse, pois fariam uma visita aos pais da moça. "Você está louco? Metade da casa deve estar dormindo", disse, mas Abed insistiu. Tinha certeza de que toda Anata se oporia ao casamento; se perdesse algumas horas, a notícia se espalharia, e Haifa e os pais poderiam acabar cedendo à pressão para rejeitar a proposta. Abed pôde ver que sua mãe não estava feliz, provavelmente não só em virtude do mal que aquilo faria a Asmahan mas também por se opor à ideia de homens terem mais de uma esposa. Ele imaginava que as demais mulheres da família também ficariam contrariadas, e talvez até parassem de falar com ele. Por motivos distintos, os homens da família de Haifa também objetariam: alguns primos a desejavam como esposa. Os pais deles — tios de Haifa — talvez tentassem impedir o casamento. Mesmo que não fossem desfavoráveis à união com segundas esposas, lançariam mão do argumento.

O pai de Abed concordou em visitar a família de Haifa. Abed suspeitava que ele não teria agido da mesma forma se a noiva não fosse filha de seu primeiro amor. Foi o pai de Haifa, Abu Awni, quem os recebeu. "Peço desculpas pelo horário", disse o pai de Abed. "Este filho doido, teimoso e impulsivo como só, insistiu que viéssemos agora. Creio que o senhor saiba o motivo de nossa visita."

"Sei, sim", falou Abu Awni. "Vamos considerar a proposta depois de conversar com Haifa."

"Que tal falar com ela agora?", interveio Abed.

"Ela está dormindo."

"Podem acordá-la. Sei que ela já disse sim. Podem acordá-la e perguntar. Não seria viável para nós voltar em outro horário."

"Você é mesmo uma figura", disse Abu Awni, antes de pedir à esposa que chamasse a filha. Haifa apareceu na sala ainda grogue de sono e, quando seu pai lhe perguntou se aceitava se casar com Abed, sorriu e disse que sim. Abu Awni voltou-se para o pai de Abed: "Se o senhor acha que seu filho é louco, posso dizer o mesmo de minha filha".

Todos recitaram a Fatiha. Abu Awni pediu a Abed que viesse à noite para acertarem os detalhes.

"Que detalhes? O senhor concorda ou não?", perguntou Abed.

"Concordo", respondeu Abu Awni.

"A mãe de Haifa também?"

"Sim, ela também está de acordo."

"Então tratem de se arrumar, por favor. Temos que ir ao cartório assinar o contrato."

"O quê? Agora?"

Abed sabia que Abu Awni partiria em breve para al-Aqsa, onde passava a maior parte de seu tempo, e o cartório ficava no caminho. "Podemos assinar o contrato antes de sua oração."

"Está louco?", exclamou Abu Awni.

"Sim", disse o noivo. "Estou louco."

O pai de Abed recusou-se a acompanhá-los, de modo que Abed arregimentou o irmão Wa'el e um sobrinho que trabalhava em Sheikh Jarrah para serem suas duas testemunhas obrigatórias. O contrato foi assinado antes do meio-dia, e Abu Awni seguiu para a mesquita.

Como a irmã era a primeira pessoa a quem desejava contar a novidade, Abed foi visitá-la naquela mesma tarde. Naheel e Abu Wisaam logo perceberam que ele estava exultante. Diante do anúncio, a expressão de Abu Wisaam se fechou, sem dúvida por estar pensando em Asmahan, sua sobrinha. "Quem é a noiva?", quis saber.

"Haifa, a vizinha de vocês", disse Abed. "Já assinamos o contrato."

"O que quer de nós, então?", perguntou Abu Wisaam.

Abed precisava de ajuda: não queria estar a sós com Asmahan quando desse a notícia. Se Naheel e Abu Wisaam o acompanhassem, seria menos provável que ela fizesse um escândalo. A contragosto, os dois concordaram. Para que as filhas não presenciassem a reação de Asmahan, Abed as pegou em casa e as deixou com seus pais, e só depois voltou com Naheel e Abu Wisaam. Asmahan, que não esperava as visitas, ficou feliz ao ver o tio e sua esposa. Parecia uma ocasião especial: Abed havia levado as meninas para que os quatro pudessem desfrutar de uma tarde tranquila, pensou, levantando-se para preparar o chá para os convidados. Enquanto estava na cozinha, os três não abriram a boca. Normalmente, estariam conversando e rindo. Asmahan intuiu que havia algo errado.

Quando voltou à sala com os copos de chá de hortelã e se sentou, Abed quebrou o silêncio incômodo. Fazia anos que vinha falando em se casar de novo, explicou. Tinha, por fim, conhecido a pessoa certa, e acabavam de se comprometer.

"*Mabrouk*, parabéns", disse friamente Asmahan. Então começou a chorar e recolheu-se ao quarto, no que foi seguida por Naheel. A irmã de Abed disse à cunhada que não aprovava a decisão do irmão e, assim como ela, havia acabado de receber a notícia. Por fim, conseguiu persuadi-la a deixar o quarto, e Asmahan saiu com Abed para buscar as filhas. Enquanto isso, Abu Wisaam foi visitar o irmão, o pai de Asmahan, que dali a algumas horas bateu à porta indignado, exigindo levar a filha para casa. Abed o impediu, e a discussão esquentou até que ele expulsou o sogro com rispidez. Seu pai, que se mantivera calado durante a altercação, o repreendeu por esse desrespeito.

Abu Wisaam interveio, pedindo a Abed que deixasse Asmahan passar a noite com os pais. "Já basta", disse, "a situação é complicada e o pai dela está enfurecido. Deixe-a ir por dois ou três dias, para que possa passar um tempo com a família e digerir a notícia. Depois", continuou, "prometo que a trarei de volta. Vai ficar tudo bem."

Ainda que de má vontade, Abed concordou, acreditando que a esposa viria dentro de alguns dias. Em vez disso, os pais de Asmahan lhe pediram que concedesse o divórcio e, apesar de suas súplicas, não permitiram que ele a encontrasse ou conversasse com ela pelo telefone. Abed implorou para que Asmahan voltasse para casa e para as filhas, mas os pais dela negaram seu pedido e insistiram no divórcio. Passaram-se semanas sem que

Três casamentos   85

os dois se falassem ou que Asmahan visse as meninas. Depois de um mês, Abed recebeu a visita de um senhor que era vizinho e amigo íntimo dos pais de Asmahan. "Vamos encerrar o assunto", disse. "Conceda o divórcio a Asmahan."

"Só peço uma coisa", falou Abed. "Por favor, converse a sós com Asmahan. Se ela disser que é isso que deseja, irei ao cartório na manhã seguinte. No entanto, caso prefira ficar com o marido e as filhas, eu a trarei de volta. Mas o senhor deve obter uma resposta sincera, sem que os pais estejam por perto, e me contar exatamente o que ela disse."

O vizinho seguiu as instruções e confirmou: Asmahan queria se divorciar. Abed sentiu que havia tentado de tudo. Se a vontade dela era mesmo deixá-lo, não a impediria. Estava cansado daquele suplício: era hora de começar sua nova vida. Disse ao senhor que pedisse a Asmahan e sua família para encontrá-lo no cartório de Salahadin na manhã seguinte, o que fizeram. Aos prantos, Asmahan permaneceu sentada enquanto seu pai vociferava contra o ex-genro. Em seguida, ele informou ao juiz que sua filha abria mão da custódia das filhas, e Asmahan assentiu com a cabeça. Encerrado o processo, Abed estava divorciado e era o responsável legal de quatro meninas.

Haifa lamentou que Abed tivesse descumprido sua promessa e se divorciado de Asmahan, mas entendeu que não fora uma escolha dele. Abed não havia pretendido em momento algum que Haifa substituísse Asmahan, e sim que a complementasse, preenchendo o vazio deixado pela ausência de Ghazl. Jamais imaginara que Haifa se tornaria uma mãe para suas quatro filhas, mas foi o que ocorreu. Embora Asmahan continuasse a ver as meninas, Haifa as acolheu como se fossem suas, e foi ela quem de fato as educou. Por vezes, Abed suspeitava que as quatro a amavam mais do que a ele próprio.

Os pais de Haifa também adoravam as filhas de Abed. Sua mãe via o casamento como uma obra do destino. "Olhe bem para nossas vidas", dizia a Abed. "Eu deveria ter me casado com seu pai, mas o destino não quis assim. Agora você se casou com minha filha."

Abed jurou a si mesmo que aquele seria um recomeço: trataria de se tornar um marido melhor, um pai melhor e uma pessoa melhor. Pela primeira vez na vida, passou a orar. Não na velha mesquita de Anata, administrada pela *sulta*, que censurava qualquer conteúdo político significativo nos sermões dos imãs, os quais, em vez disso, enfastiavam a todos com instruções sobre como se lavar corretamente antes das orações. Abed preferia se deslocar até as mesquitas de Jerusalém Oriental, em Dahiyat a-Salaam ou no Campo de Shuafat. Nelas, ouvia sermões com forte teor político, já que esses templos haviam permanecido sob a supervisão da Jordânia e estavam relativamente livres da supervisão de Israel ou da *sulta*.

Pouco depois de Abed e Haifa, Asmahan também se casou de novo, com um homem de Gaza que trabalhava como agente do serviço de segurança da *sulta*. O enlace lhe possibilitou se mudar de Gaza para a Cisjordânia, o que raramente era permitido. O segundo marido de Asmahan, que era bem mais velho que ela e não vinha bem de saúde, morreu cerca de um ano após o casamento, deixando-a com uma filha pequena.

Quando soube, Haifa quis que Abed se casasse de novo com Asmahan. Sua viuvez era um sinal, disse. Agora ele tinha uma oportunidade para se redimir dos males que havia infligido à

Três casamentos 87

ex-mulher. Ela estava triste, sozinha e com a responsabilidade de criar um bebê. Precisava de ajuda.

A compaixão de Haifa comoveu Abed: não havia muitas esposas que fariam tal sugestão. Concordou, portanto, em falar com Asmahan. Estava seguro de que ela aceitaria, não apenas pela situação difícil em que se encontrava, mas também porque ainda o amava. Contudo, os pais dela recusaram a proposta, e Asmahan continuou sozinha.

HAIFA ENGRAVIDOU MENOS DE UM ANO após o casamento. Seu obstetra atendia em Jerusalém, do lado de lá do posto de controle. À época, todos os palestinos de Anata e Jerusalém podiam frequentar os hospitais da cidade sem a necessidade de uma autorização de residência. Embora cruzar o posto de controle fosse um aborrecimento, a maioria das mulheres grávidas ainda optava por se deslocar até Jerusalém, não só pela qualidade do atendimento mas sobretudo pelo desejo de assegurar os laços de sua descendência com a capital, o coração da pátria palestina. Quando Haifa entrou em trabalho de parto, semanas antes do previsto, Abed foi de táxi com ela e os sogros até o principal posto de controle do Campo de Shuafat. A polícia de fronteira, mesmo vendo que ela estava em trabalho de parto, não os deixou passar. Abed instruiu o taxista a tentar um segundo posto de controle, situado em Ras Khamis, na extremidade oposta do campo de refugiados.

Lá chegando, Abed abordou uma dupla de policiais de fronteira, uma mulher e um homem, que também viram que Haifa estava em trabalho de parto. A policial pediu cigarros e, quando Abed ofereceu dois, um para ela e outro para seu colega, ela concordou em deixá-los seguir viagem. Como a estrada havia sido interditada com grandes blocos de cimento na altura do posto de controle, Haifa teve que descer do carro e, com o auxílio dos pais, caminhar até o outro lado, onde pegaram outro táxi. Abed estava com a roupa do trabalho e não portava seu documento de identidade verde. Disse à guarda que Haifa e os pais seguiriam rumo ao hospital do Crescente Vermelho em a-Suwana, perto das muralhas da Cidade Velha; enquanto isso, ele passaria em casa, tomaria um banho, pegaria o documento e voltaria de táxi. A mulher concordou em deixá-lo passar quando retornasse.

Pouco depois, Abed estava de volta ao posto de controle, onde lembrou a policial do acordo que haviam feito. Por mais um par de cigarros, ela o deixou passar. Quando ele chegou à maternidade, Haifa já havia dado à luz o bebê, a quem chamaram Adam, pai da humanidade. Três anos depois, nasceu um segundo menino, dessa vez no hospital Makassed, no Monte das Oliveiras. Menor e mais delicado que o irmão, recebeu o nome Milad, "nascimento".

PARTE II

Duas tragédias

7.

Na manhã do acidente, Huda Dahbour deixou o apartamento onde vivia em Ramallah e enfrentou a chuva e uma forte ventania para encontrar a equipe na praça da Torre do Relógio. Endocrinologista e mãe solo, Huda tinha 51 anos e gerenciava um ambulatório administrado pela unrwa, a agência da onu dedicada à assistência a refugiados palestinos. Exercia o cargo havia dezesseis anos, a princípio na sede da unrwa em Sheikh Jarrah, até que as medidas do governo israelense inviabilizaram sua entrada em Jerusalém. Agora, atendia numa unidade móvel na Cisjordânia.

Três membros de sua equipe a encontraram na praça, de onde partiriam para a visita periódica ao acampamento beduíno de Khan al-Ahmar. Ao embarcarem no micro-ônibus, cumprimentaram o motorista, Abu Faraj, um beduíno de cabelo e bigode brancos. Além de dirigir, Abu atuava como uma espécie de conselheiro cultural, mantendo Huda e sua equipe a par das rivalidades locais e dos costumes tribais.

Khan al-Ahmar era o lar dos beduínos da tribo Jahalin que haviam sido expulsos do Neguev nos anos seguintes à fundação de Israel. A maioria das dezenas de milhares de beduínos que habitavam o deserto fora obrigada a se retirar em 1948, migrando para a Cisjordânia, para Gaza ou para países vizinhos. Nos quatro anos que se seguiram à guerra, Israel desalojou mais 17 mil, aproximadamente. Ao todo, cerca de 85% da população foi removida da região. Os que permaneceram em Naqab se viram confinados na reserva *siyaaj*, "cerca", depois de terem as terras confiscadas. A exemplo da maioria dos cidadãos palestinos de Israel, viveram por dezoito anos sob o jugo de um governo militar que implementou toques de recolher, restrições ao deslocamento, detenções sem direito a julgamento e zonas de segurança isoladas, além de proibir a formação de partidos políticos.

Obrigados a deixar o deserto do Neguev e rumar para a Cisjordânia a fim de salvar a própria vida, os beduínos Jahalin então seguiram para o norte, em direção ao deserto montanhoso situado nos arredores de Jerusalém. No entanto, não demorou para que fossem removidos também de lá, onde seria construído o assentamento de Ma'ale Adumim. Migraram de novo, portanto, dessa vez para o vilarejo vizinho de Khan al--Ahmar, onde solicitaram permissão para se estabelecer ao proprietário daquelas terras, o avô de Abed, que a princípio disse não. A família de Abed, como muitas em Anata, via com desconfiança os beduínos locais: alguns usurpavam terras alheias, revendiam alimentos doados pela onu e ignoravam contas de serviços públicos, alegando que sua cultura não reconhecia atividades burguesas tais como o pagamento de impostos.

A despeito da resistência dos Salama, os beduínos fixaram residência em Khan al-Ahmar. Com o tempo, o avô de Abed passou a valorizar a presença deles em suas terras: como ele próprio estava impedido de acessá-las, ao menos a presença dos beduínos dificultava a expropriação por parte de Israel. Os colonos viam o acampamento como uma aberração em meio à paisagem local, e os estrategistas israelenses visavam remover

Duas tragédias 93

todos os palestinos da região. Quando as autoridades mandaram demolir os barracos de aço galvanizado e a escolinha construída com pneus, a família de Abed apresentou documentos que comprovavam a permissão concedida aos beduínos para residir em suas terras.

Huda ajudava como podia aquela comunidade carente. Embora fosse proibida de tratar as cabras dos beduínos ou transportá-los em veículos da onu para comprar mantimentos, acabava fazendo isso de qualquer maneira — era conhecida no trabalho por desafiar as regras quando sua consciência mandava. Apesar de inúmeras advertências dos chefes para que não se envolvesse em atividades políticas, levava a equipe para participar de protestos contra os ataques israelenses a Gaza; em certa ocasião, com o auxílio dos comandados, distribuiu flores a prisioneiras políticas que estavam sendo libertadas de prisões israelenses. Quando a unrwa fez cortes orçamentais que tornaram o direito à assistência pré-natal exclusivo a pacientes consideradas de risco, Huda passou a classificar assim todas as grávidas que passavam por seu consultório. Confrontada pelo supervisor, assumiu a transgressão e afirmou que não mudaria sua conduta até que o regulamento fosse alterado.

Ao deixar a praça da Torre do Relógio, Abu Faraj telefonou para o xeique de Khan al-Ahmar para confirmar que Huda e sua equipe estavam a caminho. Os beduínos haviam armado uma tenda cerimonial para dar-lhes as boas-vindas antes de as mulheres, crianças e homens receberem tratamento. Avançando em direção ao sul, a equipe ouvia e cantava junto, como era de costume, uma das canções de Fairuz, a cantora preferida de Huda. Logo depois de buscarem no campo de refugiados de Qalandia o escriturário responsável pela coleta de dados, a farmacêutica, Nidaa, avisou que se sentia enjoada. Huda percebeu que ela estava pálida. Jovem mãe de duas crianças pequenas, Nidaa estava grávida de alguns meses do terceiro filho. Huda pediu a Abu Faraj que encostasse o carro para que pudessem comprar algo para ela comer. Entraram numa rotatória e desembocaram em a-Ram, uma área urbana que defrontava o assentamento de Neve Yaakov e tinha três lados cercados pelo muro de separação. O tempo estava frio, úmido e cinzento. Tomaram chá e comeram *ka'ek* com zaatar e falafel. Já atrasados para o compromisso em Khan al-Ahmar, deixaram a-Ram e acessaram a estrada de Jaba, onde depararam com uma cena terrível: um ônibus escolar tombado, com as portas viradas para o asfalto e a parte da frente em chamas.

A estrada de Jaba fora construída originalmente para que os colonos pudessem ir e voltar de Jerusalém sem a necessidade de passar por Ramallah. Era uma das muitas vias secundárias concebidas a fim de reduzir o tempo de deslocamento dos colonos, aumentar sua sensação de segurança e criar a ilusão de uma presença judaica contínua da cidade até os assentamentos. Com a construção de novas estradas semelhantes, porém, aquela passou a ser utilizada majoritariamente por palestinos.

Fruto de uma escavação, a via era ladeada por dois enormes penhascos rochosos, em cujo topo se situavam, cada um de um lado, o vilarejo de Jaba e a cidade de a-Ram. Era formada por duas pistas que seguiam para o posto de controle de Qalandia e uma, de sentido contrário, que conduzia ao posto de controle de Jaba, e não possuía canteiro central. Para cerca de 200 mil pessoas, essa única pista que seguia na direção leste servia

Duas tragédias　　95

como a principal rota para contornar os muros de Jerusalém. O posto de controle de Jaba não operava o dia todo, porém: os soldados se postavam ali para controlar o fluxo de veículos sobretudo no início da manhã e à tarde, a fim de reduzir o tráfego de carros palestinos numa rodovia que era compartilhada com colonos. Na hora do rush, portanto, a estrada de Jaba era tomada por um longo engarrafamento de ônibus, caminhões e carros palestinos. Ao se defrontarem com o trecho congestionado minutos depois de escapar do trânsito enlouquecedor de Qalandia, alguns motoristas cortavam caminho invadindo uma das pistas de sentido contrário, o que já havia causado tantos acidentes que a via ficara conhecida como "estrada da morte".

Huda pediu a Abu Faraj para encostar a van. As pessoas desciam dos carros e convergiam para o ônibus tombado. Como o asfalto estava molhado e oleoso, Abu Faraj parou o veículo de lado, de modo a evitar que os carros que vinham atrás deslizassem e colidissem com a aglomeração de observadores. Huda e sua equipe saltaram e correram até a frente do ônibus. Atrás, podiam ver um caminhão de nove eixos atravessado na estrada, tomando duas das três pistas.

Salem, uma das pessoas que haviam descido dos carros, morava a uma curta caminhada de distância do local, mas falava com o sotaque carregado de um hebronita. Devido à chuva torrencial e à forte neblina, determinara que os filhos permanecessem em casa naquela manhã: nunca, em seus 38 anos de vida, havia testemunhado uma chuva como aquela. Estava a caminho do trabalho quando viu o ônibus tombado, parou o carro no meio da estrada e correu em direção ao local do acidente.

Huda pediu a Salem e a outros homens por perto que socorressem o motorista, que estava próximo às chamas. Quando começaram a puxá-lo, ele berrou que dessem prioridade às crianças e aos professores. Até então, Huda não tinha se dado conta de que o ônibus estava repleto de crianças. Seus colegas recordariam mais tarde os gritos, mas Huda, não: sua memória apagou a lembrança, ou sua mente bloqueou o som. O corpo do motorista estava preso às ferragens, e suas pernas em chamas; quando, por fim, conseguiram removê-lo, a chuva apagou o fogo que devorava suas calças.

Tendo carregado o homem, com fumaça ainda emanando das pernas, até o acostamento, os voluntários correram de volta à parte dianteira do ônibus para socorrer uma professora que havia se sentado logo atrás do assento do motorista. Enquanto lutavam para retirá-la, a mulher também pediu que a deixassem e priorizassem as crianças. Nesse instante, Nidaa começou a ter convulsões e gritar. Huda a levou de volta para a van da UNRWA e a instruiu a permanecer ali.

Enquanto isso, Abu Faraj orientava o trânsito, abrindo caminho para a retirada dos feridos resgatados. Em seguida, deixando para trás o ônibus em chamas e o semirreboque, correu algumas centenas de metros até o posto de controle de Jaba a fim de pedir ajuda aos soldados. A nuvem de fumaça era visível, mas os militares, que pareciam assustados, ordenaram que ele se detivesse e não se aproximasse.

A essa altura, o fogo havia crescido demais para que se continuasse o resgate dos passageiros da frente do ônibus, mas ainda não tinha se alastrado para a parte traseira, na qual, até onde Huda podia ver, a maioria das crianças havia se aglomerado. Salem queria quebrar as janelas, mas Huda não tinha certeza

Duas tragédias 97

se era uma boa ideia. No entanto, ninguém tinha um plano melhor e não parecia haver soldados, policiais, caminhões de bombeiros ou ambulâncias a caminho, embora muitos ali estivessem ligando desesperados para os serviços de emergência israelenses e palestinos. Um integrante da equipe de Huda chegara a telefonar para um familiar que trabalhava no parlamento palestino.

Huda e os demais concordaram que Salem quebrasse as janelas traseiras usando o extintor de incêndio que alguém havia trazido do próprio carro. Quando o vidro se desfez em cacos, Huda ouviu o assobio de uma lufada de ar e viu as chamas crescerem para todos os lados. O fogo dobrou de altura, expelindo nuvens de uma fumaça negra e espessa que se erguia para além dos penhascos.

Atônita, Huda viu Salem se lançar para dentro do ônibus em chamas. Ele ouvia os gritos e o choro das crianças. Algumas tentavam subir nos bancos e saltar em direção às janelas. Duas professoras conseguiram escapar pela abertura, levando junto várias crianças.

Ula Joulani, uma das professoras, estava na excursão com o sobrinho Saadi, que era aluno de sua turma no jardim de infância e a tinha como uma segunda mãe. Naquele dia, como de costume, Ula fora buscar Saadi de carro na casa de seus pais, onde o menino e a família moravam. Sua mãe, queixando-se do tempo horrível, opinou que Saadi não deveria participar da excursão. Ula riu e perguntou se a mãe queria um reembolso. Ela própria havia arcado com a taxa de inscrição de um dos alunos, que era órfão, e tinha prometido cuidar do filho de uma amiga que, tal como a avó de Saadi, estivera receosa diante do mau tempo.

Quando conseguiu sair do ônibus em chamas, Ula ouviu as crianças presas chamarem seu nome e, como ninguém mais se arriscaria a fazer, resolveu voltar junto com Salem. Deslocando-se agachado pelo interior do veículo, ele havia conseguido abrir algumas das janelas laterais. Ele e Ula puseram-se a alçar as crianças em direção à janela traseira, onde Huda e os demais, que haviam se organizado em fila indiana, as apanhavam e as passavam adiante. No topo dos penhascos, dezenas de moradores de Jaba e a-Ram acompanhavam o resgate. Alguns dos beduínos de Jaba haviam trazido tanques de água e os estavam despejando através das janelas abertas, ajudando a controlar as chamas e evitar que Salem e Ula se queimassem. Outras pessoas, munidas dos pequenos extintores de incêndio de seus carros, tentavam auxiliá-los.

Ula e Salem conseguiram resgatar dezenas de crianças. Conforme avançavam em direção à parte dianteira do ônibus, onde as chamas eram mais fortes, as crianças removidas encontravam-se em estado cada vez pior. Algumas tinham o corpo queimado da cabeça aos pés, e haviam sido deitadas no asfalto de barriga para cima, os joelhos dobrados em direção ao peito. Sem saber o contexto, Salem não teria reconhecido aqueles corpos como humanos. Uma menina, enegrecida pela fuligem, fora disposta no chão junto com as crianças mortas, até que uma enfermeira que trabalhava com Huda notou que ela ainda respirava. As duas a ergueram e a puseram no banco de trás de um carro, que a levou ao hospital.

O cheiro de carne e cabelo queimados era avassalador. Huda lera em algum lugar que o olfato era o sentido mais intimamente ligado à memória. Talvez isso explicasse por que, rodeada de crianças mortas, ela tenha sido assaltada pelas lembranças do pior dia de sua vida.

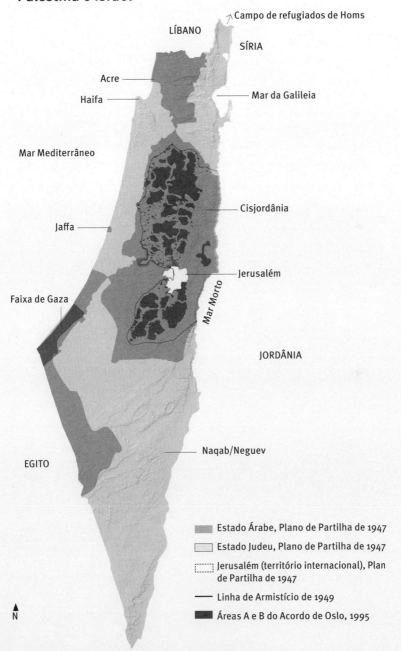

8.

No verão de 1985, Huda Dahbour era uma médica de 25 anos recém-formada pela faculdade de medicina da Universidade de Damasco. Seu pai propôs que ela se afiliasse ao Crescente Vermelho Palestino, na Tunísia, onde um tio, alto funcionário da OLP, poderia cuidar dela. A sede da OLP ficava em Túnis, para onde fora transferida quando Israel obrigou a organização a deixar o Líbano. Embora apoiasse o Fatah, o pai de Huda não se considerava um cidadão politizado, e dizia à filha que tanto a esquerda como a direita eram demasiado intransigentes. Huda atribuía sua moderação à infância passada em Haifa, onde as populações muçulmana, cristã e judaica conviviam lado a lado.

Huda havia crescido com histórias de Haifa. Os Dahbour provinham de Wadi Nisnas, bairro situado entre o porto e os jardins do santuário bahaísta encravado na encosta do monte Carmelo. No sabá, quando os judeus são proibidos de desempenhar uma série de tarefas cotidianas, a família de Huda ia à casa dos vizinhos judeus para acender a luz ou a estufa.

A avó de Huda nasceu na Haifa otomana durante a Primeira Guerra Mundial. Dona de uma beleza notável, casou-se com um primo por decisão da família e, aos dezessete anos, deu à luz o primeiro filho, Mustafa, o pai de Huda. Mustafa tinha quase catorze anos quando, em novembro de 1947, a ONU aprovou a partilha da Palestina. A decisão desencadeou

Duas tragédias 101

uma guerra civil que culminou na Nakba, o êxodo forçado de mais de 80% dos palestinos do território que caiu sob o domínio de Israel.

Em abril de 1948, alguns meses após o início da guerra civil e poucos dias antes da Páscoa judaica, as forças do Mandato Britânico, que governava o país, começaram a se retirar de Haifa. Com a partida dos britânicos, grupos paramilitares judaicos lançaram um ataque às zonas palestinas da cidade, operação que nomearam Bi'ur Chametz, referência ao ritual judaico de eliminação, em geral por meio da queima, de todo o pão dos lares antes do início da Páscoa. Posicionando-se em bairros judeus situados nas encostas, esses grupos bombardearam as casas e mercados palestinos da região central da cidade. Haifa foi tomada em um dia.

Por meio de transmissões de rádio em árabe e vans equipadas com alto-falantes, as forças judaicas orientaram a população a evacuar imediatamente a cidade. Os soldados haviam recebido ordens para bombardear "todos os alvos passíveis de serem incendiados" e "matar todos os árabes que aparecerem pela frente". Barris repletos de trapos embebidos em querosene e munidos de dispositivos de ignição eram largados ladeira abaixo em direção aos bairros palestinos. Os judeus "atiravam em todo e qualquer árabe que passasse na rua, tanto em Wadi Nisnas quanto na Cidade Velha", relatou um agente da inteligência britânica. "Isso incluía rajadas de metralhadora completamente indiscriminadas e revoltantes, disparos de morteiros e tiros de longo alcance contra mulheres e crianças que haviam se abrigado em igrejas e tentavam sair." Chegada a Páscoa judaica, a limpeza étnica tinha sido levada a cabo com sucesso em grande parte da cidade. As enfumaçadas ruas do centro estavam escondidas sob os corpos e os escombros, enquanto as famílias fugiam como podiam do avanço das tropas. Os sobreviventes corriam apavorados em direção ao porto, pisoteando-se uns aos outros em meio ao tumulto. As casas palestinas desertadas foram logo entregues a imigrantes judeus recém-chegados, de modo a garantir que os proprietários originais não voltassem.

A família de Huda fugiu para o norte num comboio de caminhões, rumo ao Líbano. Sua avó contava do terror que sentiram, alimentado por histórias de estupros e massacres. A promessa dos vizinhos judeus de cuidar da casa onde moravam pouco amenizava a situação. Três semanas após a queda de Haifa, Israel declarou independência. Àquela altura, cerca de 250 mil palestinos haviam sido forçados a se expatriar, entre eles 90% dos habitantes árabes de Haifa e Jaffa, as cidades palestinas mais populosas. A guerra de Israel com os países árabes vizinhos ainda não tinha começado.

Após dias de viagem, os Dahbour estavam empobrecidos e esfaimados. No caminho para o norte, ainda na Palestina, a avó de Huda deu à luz uma menina, numa caverna. O cordão umbilical foi cortado com o auxílio da agulha para limpeza de um fogareiro de parafina. O parto improvisado inspirou a família a chamá-la Maryam, em homenagem à Virgem Maria. Racionando as últimas migalhas de pão, conseguiram chegar à cidade costeira de Sidon, no Líbano, de onde seguiram para Homs, na Síria. Os refugiados eram reunidos na cidadela medieval e levados para os estábulos de um quartel militar construído durante o mandato francês. Lá, a UNRWA estabeleceu o que viria a ser conhecido como o campo de refugiados de Homs.

Duas tragédias 103

Como as famílias provenientes das mesmas cidades e vilarejos viviam juntas, as diferentes zonas do campo foram nomeadas de acordo com os locais de origem dos refugiados. Devido a sua importância, Haifa ficava próxima à entrada. A maioria dos demais refugiados era oriunda da Galileia, embora houvesse gente de Acre e Jaffa. As ruas também tinham nomes de cidades palestinas, de Hebron e Jerusalém a Nazaré, Safed e Tarshiha. Não havia água nem eletricidade, o isolamento térmico era precário e os únicos banheiros disponíveis eram externos e comunitários. A UNRWA distribuía sacolas de roupas usadas, muitas vezes com sapatos de pares diferentes. Certa vez, a avó de Huda teve a ideia de tingir de azul as roupas das crianças para que elas tivessem presentes que parecessem novos para o Eid al-Fitr, a celebração que marca o fim do Ramadã. Quase todas as mulheres seguiram seu exemplo, enchendo o acampamento de crianças vestidas de azul. No inverno, a chuva batia ruidosamente contra o telhado de zinco e a fumaça do fogão de parafina tornava o ar difícil de respirar.

Apesar da pobreza, da separação da família e da dor do exílio, contudo, os Dahbour conseguiam encontrar momentos de felicidade. Quando o pai de Huda se casou, a família pendurou cobertores no quarto compartilhado a fim de oferecer a ele e à noiva o mínimo de privacidade. Mais tarde, ele aprimorou a estrutura do aposento, construindo um banheiro interno e cavando um poço no quintal. A porta era mantida aberta, e Mustafa permitia que todo o acampamento usufruísse da água limpa e fresca do poço.

Sem energia elétrica disponível, a família passava as noites ouvindo histórias, contadas sobretudo pela avó de Huda. Tanto Huda como seus irmãos, primos, tias e tios cresceram com relatos de um lugar mágico chamado Haifa, onde o monte Carmelo se movia quando as crianças brincavam lá e a chuva jamais atingia a cabeça das pessoas. Haifa era o paraíso. Huda e os irmãos adormeciam sonhando com aquele lugar mítico. Quando reclamavam que queriam conhecê-lo, os adultos enchiam barris com água e os punham dentro para se banharem, instruindo-os a fechar os olhos e imaginar que nadavam no mar de Haifa.

A maioria dos homens do campo de Homs, incluindo o pai de Huda, havia aderido inicialmente a movimentos nacionalistas pan-arabistas, mas passara a apoiar o Fatah quando o partido ganhou força na década de 1960. O tio mais novo de Huda, Kamel, era o único de sua geração nascido fora da Palestina. Era apenas quatro anos mais velho que Huda e não se parecia com os irmãos: tinha a pele e os olhos mais escuros e um semblante sério. Foi o primeiro da família a se filiar ao Fatah: ainda adolescente ouvia as músicas do partido, e mais tarde participou dos treinamentos ministrados no campo. Aos quinze anos, deixou Homs para se alistar no Fatah no Líbano, de onde vinha para ver a família a intervalos de poucos meses. Os parentes ficavam para lá de contentes com suas visitas, mas Kamel impunha rígidas condições: todos precisavam agir como se ele nunca tivesse partido — nada de lágrimas nem abraços, ou iria embora e não voltaria. Quando entrava pela porta, Huda e sua avó refreavam a muito custo o impulso de correr e abraçá-lo. Passada uma semana, Kamel desaparecia de novo sem se despedir de ninguém.

A avó de Huda se sentava no chão e chorava. Temia que o caçula morresse nas mãos do Fatah. Na Síria, os refugiados

Duas tragédias 105

palestinos do sexo masculino eram obrigados a prestar serviço militar. Eram recrutados para o Exército de Libertação da Palestina (ELP), oficialmente o braço militar da OLP, mas na prática controlado pelo exército sírio. Durante uma das visitas do filho, a avó de Huda relatou sua chegada às autoridades, que o levaram para servir no ELP. Kamel opunha-se ferozmente à ideia de entrar para o exército sírio, que em breve lutaria contra o Fatah na Guerra Civil Libanesa. A avó de Huda achava que era a única maneira de protegê-lo, mas chorou junto com a neta quando ele foi levado à força.

Quando a Síria apoiou as milícias cristãs libanesas que sitiaram um campo de refugiados palestinos, Tel al-Zaatar, Kamel desertou o ELP e se juntou aos ex-companheiros do Fatah que defendiam o campo. O cerco durou 52 dias e, quando o campo de refugiados não resistiu, as milícias cristãs massacraram milhares de palestinos. A família de Huda soube que Kamel havia estado em Tel al-Zaatar, mas nada além disso. Buscaram desesperadamente mais informações, até que, por fim, receberam a camisa ensanguentada que o jovem usava quando morreu. Aos prantos, a avó de Huda apertou a peça de roupa contra o peito. Jamais foi capaz de se recuperar da morte do filho, culpando-se por tê-lo denunciado às autoridades sírias: se não fosse aquilo, talvez ele não estivesse presente em Tel al-Zaatar.

O guardião das lembranças da família era Ahmad, tio de Huda que deixou a Palestina por volta dos dois anos e também cresceu com as histórias da mãe sobre a cidade de Haifa, a padaria da família e os vizinhos. Estimulado por esses relatos, Ahmad tornou-se um renomado poeta palestino, tendo publicado seu primeiro livro aos dezoito anos. Os poemas contam a história de sua família dispersa, da mãe enlutada e suas historietas de Haifa, do irmão mais novo morto em Tel al-Zaatar, da pobreza da família no campo de refugiados. Milhões de crianças recitaram seus versos na escola, e seus poemas, musicados, tornaram-se algumas das canções mais populares da revolução palestina. Conhecido como "o Amante de Haifa", Ahmad Dahbour acabou nomeado diretor-geral do Departamento de Cultura da OLP.

Depois de se formar na faculdade de medicina, Huda aceitou se juntar ao tio em Túnis. A OLP atravessava uma das piores fases de sua história, tendo perdido a sede no Líbano e visto seus combatentes se dispersarem pelo mundo árabe, na maioria dos casos terminando longe do território que buscavam libertar. A organização também passava por uma cisão interna, e havia clamores pela derrubada de seu líder, Yasser Arafat. A Jordânia e Israel cooperavam nos territórios ocupados, a Síria apoiava as facções dissidentes da OLP e a maior potência militar árabe, o Egito, havia assinado um acordo de paz com Israel.

Em setembro de 1985, Israel capturou um dos principais comandantes do Fatah e três oficiais de alto escalão, que navegavam do Chipre para o Líbano, e torturou brutalmente o comandante. Em retaliação, um esquadrão do Fatah sequestrou um iate israelense no Chipre, exigindo a libertação de seus companheiros e matando os israelenses que estavam a bordo. O ataque ocorreu no Yom Kippur, o dia da expiação. Seis dias depois, em 1º de outubro, Israel respondeu.

A sede da OLP ficava em Hammam Chott, um subúrbio litorâneo de Túnis. Os líderes mais importantes da organização — entre eles Yasser Arafat e seus assistentes Abu Jihad e Abu Iyad,

Duas tragédias 107

além de Ahmad Dahbour e dezenas de outros — deveriam se reunir naquela manhã. Pouco depois do horário previsto para o início do encontro, oito caças F-15 israelenses sobrevoaram e lançaram bombas sobre a sede da OLP, reduzindo o edifício a escombros e matando mais de sessenta palestinos e tunisianos.

Huda estava a quase cem quilômetros de distância, em Medjez el-Bab, onde trabalhava para o Crescente Vermelho Palestino tratando as famílias de combatentes da OLP. Na manhã de 1º de outubro, recebeu ordens para evacuar imediatamente os funcionários e pacientes do hospital: após o ataque a Hammam Chott, temia-se que o próximo alvo fosse Medjez el-Bab.

Com medo de que seu tio estivesse entre as vítimas, Huda dirigiu-se às pressas à sede destroçada da OLP. Lá chegando, uma hora e meia após o ataque, deparou com um espetáculo dantesco: corpos, destroços e cinzas, espalhados por toda parte, compunham uma cena própria do apocalipse. Onde antes havia um dos prédios, via-se agora uma enorme cratera preenchida por água lamacenta. As escavadeiras já trabalhavam a pleno vapor, removendo pedaços de concreto, vigas retorcidas e fragmentos de metal. Médicos e enfermeiras, cobertos por uma espessa camada de poeira cinzenta, vasculhavam os escombros em busca de mortos e feridos. Equipes de resgate carregavam corpos inertes em macas. Sirenes de ambulâncias mesclavam-se aos gritos dos feridos. Amigos e familiares berravam os nomes dos desaparecidos enquanto reviravam os destroços. O odor pútrido da morte estava por toda parte.

Embora tivesse apenas 25 anos, não era a primeira vez que Huda testemunhava horrores semelhantes. Tinha passado pelas guerras de 1967 e 1973, quando bombas israelenses explodiram a refinaria de petróleo de Homs. Em 1982, já estudante de medicina, cuidara dos palestinos feridos na Guerra do Líbano. Hammam Chott, porém, era um caso incomparavelmente pior. Huda queria tratar os feridos, mas foi instruída pelo chefe a auxiliar no recolhimento dos restos mortais. Aonde quer que fosse, ouvia gritos e gemidos, sons que por muitos dias não sairiam de sua cabeça. De vez em quando, precisava interromper o trabalho para vomitar.

Mais tarde, foi encarregada de uma função não menos terrível: visitar as famílias dos mortos. Era uma profissional jovem e inexperiente, e a única mulher entre os médicos. Ia ver mães, pais e filhos desfeitos em lágrimas em suas casas e lhes prescrevia Valium para acalmá-los. O rosto desolado de uma jovem recém-casada que havia perdido o marido assombrava as noites de Huda.

Israel tinha chegado perto de liquidar de um só golpe a maior parte do movimento nacionalista palestino. A reunião, contudo, tinha sido adiada de última hora, e a maioria dos líderes da OLP não havia comparecido ou, como de costume, se atrasara. Arafat e seus assistentes sobreviveram, assim como o tio de Huda. Os membros menos graduados que chegaram pontualmente foram mortos.

O bombardeio deixou atônita a família de Huda, que passou o dia inteiro tentando localizá-la depois de ficar sabendo que uma mulher com o mesmo nome estava entre as vítimas. Não eram os únicos em estado de choque: Huda notou uma mudança de comportamento nos sobreviventes, incluindo Arafat e outras figuras importantes da OLP. Suspeitava que a experiência de quase morte e a constatação de que Israel por pouco não

Duas tragédias 109

havia aniquilado a organização precipitaram entre seus líderes uma inclinação geral à conciliação. Três anos depois, em 1988, a OLP propôs a Israel um acordo histórico, consentindo com a instituição de um Estado palestino nos territórios ocupados, equivalente a meros 22% das terras originalmente pertencentes ao povo palestino. O Estado proposto não incluía Haifa, Jaffa e as demais cidades das quais seus líderes tinham sido exilados e para onde havia décadas lutavam para retornar.

9.

HUDA CONHECEU O MARIDO, Ismail, pouco depois do ataque a Hammam Chott. Acometido por uma crise de amigdalite durante uma visita a Túnis, ele buscou tratamento no ambulatório em que ela atendia. Ismail vivia em Moscou, onde estava prestes a concluir um doutorado em relações internacionais e atuava como diretor do sindicato estudantil palestino, um caminho rápido para a liderança política nacional; estava em Túnis para um encontro de ativistas de sindicatos estudantis de todo o mundo. Cinco anos mais velho que Huda, lembrava vagamente um herói de filme de ação, com uma cabeleira castanha desgrenhada e um bigode cheio. Havia três características que Huda considerava essenciais em qualquer pretendente: ser instruído, ser membro do Fatah — o que, para ela, indicava uma pessoa moderada, como seu pai — e, ao contrário da maioria dos homens que conhecia, não se sentir intimidado por uma mulher inteligente e bem-sucedida. Em termos concretos, isso envolvia demonstrar apoio a seu plano de retomar os estudos para se especializar. Ismail atendia aos três requisitos.

Ficaram noivos cinco dias depois de se conhecerem, após o que Ismail voltou a Moscou. No ano seguinte, Huda se mudou para a cidade, alojando-se nos dormitórios da universidade. Impressionada com a erudição dos russos, apaixonou-se pela

Duas tragédias III

capital e pela cultura do país. Depois de aprender russo, começou a estudar pediatria, mas logo engravidou, o que a transformou de maneiras que ela própria não esperava. Testemunhar o sofrimento de crianças passou a ser insuportável. Estava decidida a mudar de área quando Ismail soube que Arafat o havia nomeado para um cargo diplomático em Bucareste. Quando Huda aventou a possibilidade de ficar sozinha em Moscou para finalizar o treinamento, um professor a desaconselhou. Marido e mulher são como agulha e linha, disse: aonde a agulha vai, a linha deve seguir.

Em Bucareste, além de aprender romeno, Huda teria que recomeçar do zero numa nova faculdade de medicina, de modo que aproveitou a chance e mudou sua especialidade para a endocrinologia. Gostava da lógica e do raciocínio crítico inerentes à profissão e, em termos mais práticos, ponderava que não precisaria atender a emergências, o que lhe permitiria passar as noites em casa depois que a filha nascesse.

O casal chamou a menina de Hiba, "dádiva". Sua chegada, no entanto, pôs à prova o relacionamento. Hiba era uma bebê difícil, que chorava sem parar, e Huda recebia pouco apoio de Ismail. Tinha de amamentá-la e cuidar dela sozinha ao mesmo tempo que estudava endocrinologia, servia comida para estudantes palestinos carentes e organizava jantares para diplomatas, visitantes palestinos e autoridades romenas. Engravidou de novo poucos meses após o nascimento de Hiba e, ao final da gestação, estava tão exausta da obrigação de lidar com o choro incessante da primogênita que escolheu para o segundo bebê, um menino, um nome que traía um desejo — Hadi, "calmo". Huda viajou para Homs, onde contava com o apoio da família, para o parto. Em casa, Ismail a culpava pelo próprio estresse:

fora ela quem havia decidido continuar os estudos enquanto criava dois filhos pequenos com apenas um ano de diferença. Nada tinha contra a ideia de que ela se especializasse, mas não ajudaria na cozinha, no cuidado com as crianças ou com os convidados — contanto que essas tarefas fossem cumpridas, ela podia estudar o quanto quisesse.

Sabe-se lá como, Huda conseguiu: aprendeu romeno, concluiu os estudos, educou as crianças, organizou jantares e chegou mesmo a dar à luz mais um menino, Ahmad, em 1991. Embora exausta e insatisfeita com o casamento, parecia uma mulher feliz e afortunada: uma médica bem-sucedida casada com um homem respeitado e mãe de três filhos.

Após os Acordos de Oslo, milhares de membros da OLP puderam voltar aos recém-estabelecidos bolsões de autonomia palestina em Gaza e na Cisjordânia. Huda, que jamais havia trabalhado para a OLP, só poderia fazê-lo na companhia de Ismail. Ele, no entanto, gostava de Bucareste, uma capital à beira-rio apelidada de Paris do Leste, bem como da vida de diplomata, e não desejava se mudar. Huda insistiu: conhecia Israel e, se não aproveitassem a oportunidade, depois não conseguiriam permissão para entrar na Palestina. No íntimo, porém, tinha outro motivo para desejar aquele retorno: apesar da situação delicada de seu casamento e da recusa do marido em ajudá-la, sonhava em ter um filho em solo palestino. Era sua chance de replantar uma semente na terra de onde sua família havia sido arrancada.

O casal se mudou em setembro de 1995, um ano antes de Israel suspender a entrada de funcionários da OLP. Huda deu à luz o quarto filho no ano seguinte, uma menina a quem chamaram Lujain, "prata", nome cuja inspiração veio do verso

Duas tragédias 113

inicial de uma de suas canções favoritas de Fairuz. Era o auge do que foi chamado de processo de paz. O primeiro-ministro de Israel, Yitzhak Rabin, havia acabado de assinar o segundo Acordo de Oslo, conhecido como Oslo II, que delineava os enclaves de soberania limitada palestina nos territórios ocupados. Para Huda, aquele acordo não valia de nada.

Rabin foi categórico ao afirmar que não haveria Estado palestino nem tampouco capital em Jerusalém; que mais assentamentos seriam anexados à cidade, e novos blocos de assentamentos construídos na Cisjordânia; e que Israel jamais retornaria às fronteiras que delimitavam o país antes da guerra de 1967, muito embora o atual território compreendesse 78% da Palestina histórica. Na Cisjordânia e em Gaza — os 22% restantes —, ou na parcela deles que Israel não havia colonizado, anexado ou reservado para controle militar permanente, os palestinos receberiam, nas palavras de Rabin, "menos que um Estado". Mesmo essas migalhas, porém, eram generosas demais para alguns israelenses: Rabin foi assassinado por um nacionalista ortodoxo pouco mais de um mês depois que Huda e Ismail se mudaram com os filhos para a Cisjordânia. Ao receber a notícia em sua casa em Gaza, Yasser Arafat chorou.

Os palestinos que haviam regressado aos territórios ocupados graças ao Acordo de Oslo eram conhecidos como repatriados. Huda achava o termo ridículo: depois de ser uma refugiada na Síria, uma exilada quando viveu brevemente com os pais no Golfo e uma imigrante na Romênia, era agora uma repatriada. Por mais que estivesse em território palestino, para que pátria poderia dizer que havia voltado? Com certeza não fora para nenhum lugar que ela, seu pai, seu tio ou sua avó conhecessem. Seu marido não pudera regressar à casa da família em Jabal Mukaber, situada na parte anexada de Jerusalém. Assim, os dois tinham fixado residência na vizinha Sawahre, fora dos limites do município. Sawahre e Jabal Mukaber já tinham sido um único vilarejo, mas, com o acordo de Oslo, os palestinos do leste de Sawahre passaram a precisar de autorização para visitar os parentes em Jabal Mukaber ou até mesmo enterrar seus mortos no cemitério. Algum tempo depois, o muro de separação dividiu ao meio o centro de Sawahre.

Huda se sentia deslocada ali. Os habitantes lhe pareciam rudes, como se vivessem em outra época. O dialeto deles era difícil de entender, e ela se sentia envergonhada por não compreender a fala de seus conterrâneos palestinos. Os vizinhos tampouco lhe causaram boa impressão: eram pessoas típicas das montanhas, que em nada se assemelhavam aos habitantes da Haifa litorânea e cosmopolita das histórias de sua avó. Nem mesmo a própria Haifa, quando Huda por fim teve a chance de visitá-la, guardava semelhanças com as descrições que ouvira na infância.

Como repatriada, Huda se sentia cada vez mais alheia à sociedade a seu redor. Os repatriados que haviam voltado com Arafat ocupavam os cargos mais importantes da nova *sulta*, em detrimento dos palestinos locais que tinham liderado a intifada. O retorno dos exilados só se tornara possível graças ao sacrifício desses locais, cuja vida, no entanto, apenas piorou com os Acordos de Oslo. Além de maiores restrições de deslocamento, o desemprego disparou quando Israel passou a substituir os trabalhadores palestinos por estrangeiros, recrutados sobretudo na Ásia. No ano seguinte à chegada de Huda, quase um terço dos palestinos estava desempregado. Quase todos os repatriados, por outro lado, tinham um emprego na rede de favores cada vez maior de Arafat.

Duas tragédias 115

As pessoas comuns passaram a se ressentir dos repatriados, responsabilizando-os pelos Acordos de Oslo, pela corrupção e pela opressão ferrenha das forças de segurança palestinas, figura-chave na perpetuação da ocupação israelense. Indivíduos próximos a Arafat embolsaram dezenas de milhões de dólares do dinheiro público, a maior parte desviada por meio de uma conta bancária em Tel Aviv, e alguns chegaram a lucrar com a construção de assentamentos. Arafat fazia graça da situação: certa vez, relatou a seu gabinete que havia acabado de receber um telefonema da mulher informando que a casa tinha sido invadida por um ladrão, ao que ele respondera que aquilo era impossível, pois todos os ladrões estavam diante dele naquele exato momento.

Brincadeiras à parte, Arafat sabia que estava ameaçado pela insatisfação geral com os Acordos de Oslo e com o regime autoritário que haviam criado. Quando vinte figuras públicas fizeram um abaixo-assinado contra "a corrupção, as mentiras e o despotismo" da *sulta*, mais da metade delas foi detida, interrogada ou condenada à prisão domiciliar. Outras foram espancadas ou levaram tiros nas pernas.

O que mais preocupava Huda era a cooperação da *sulta* com Israel no que dizia respeito à segurança interna do país. Ismail trabalhava no Ministério do Interior, que, com o auxílio de uma ampla rede de informantes, supervisionava o monitoramento e a detenção de palestinos que continuassem a resistir à ocupação israelense. Huda ficava horrorizada com a quantidade de cidadãos que estavam traindo uns aos outros — até mesmo entre seus comandados no ambulatório da UNRWA havia informantes que induziram visitas e interrogatórios de agentes da inteligência israelense. Huda, no entanto, recusava-se a mudar sua conduta ou se autocensurar, e manteve a postura desafiadora e politicamente engajada no trabalho. Para ela, o propósito do que fazia sempre havia sido não só humanitário, mas também nacionalista: tratar os refugiados significava fazer algo por seus compatriotas.

10.

Jerusalém ainda estava relativamente aberta quando Huda chegou a Sawahre. Como crianças menores de doze anos não precisavam da carteira de identidade azul para transpor a fronteira, ela pôde matricular os filhos num colégio da cidade. Pouco a pouco, no entanto, as restrições aumentaram, e os portões por vezes se fechavam da noite para o dia: em certa ocasião, quando os ônibus não puderam levar os alunos que moravam em Sawahre de volta para casa, Huda e metade dos pais do vilarejo passaram a tarde à procura dos filhos, que, depois de caminharem por horas, finalmente apareceram ao anoitecer. Após o episódio, Huda tirou imediatamente os filhos das escolas em Jerusalém.

Foi uma decisão fatídica. Até então, Hadi fazia jus ao nome: era um garoto tranquilo e que raramente se envolvia em confusões. Tudo mudou quando ele foi para uma nova escola em Abu Dis, cidade que abrigava a Universidade al-Quds e onde os confrontos com soldados israelenses eram frequentes. Durante a Segunda Intifada, em fins de 2003, Israel estendeu o muro de separação a Abu Dis, prejudicando o negócio de comerciantes cuja renda dependia dos clientes de Jerusalém. Lojas fecharam, o valor dos terrenos caiu para menos da metade e o preço dos aluguéis, em quase um terço. Aqueles cujas condições permitiam deixaram a cidade.

As tropas israelenses postavam-se quase todos os dias em frente ao colégio de Hadi. Para Huda, elas visavam provocar os estudantes com sua presença e, assim, levá-los a serem presos. Terminadas as aulas, os soldados os paravam, colocavam-nos em fila contra a parede, revistavam suas roupas e mochilas e, por vezes, os agrediam.

Em seu trabalho nos campos de refugiados da UNRWA espalhados pela Cisjordânia, Huda presenciava cenas que a faziam temer pelos filhos. Certa vez, viu um soldado atirar num adolescente que havia arremessado uma pedra contra um tanque e, ao tentar socorrê-lo, foi impedida pelo exército. Em casa, ouvindo no noticiário noturno os relatos de assassinatos e bloqueios de estradas na Cisjordânia, tinha dificuldade para dormir: sabia que Hadi estava na rua atirando pedras.

O estresse começou a se manifestar em seu corpo. O primeiro sintoma foram as dores de cabeça, que vinham se agravando. Um dia, no trabalho, sentiu que um líquido gelado passava por dentro da sua cabeça e, em seguida, foi acometida de visão duplicada e dificuldade para caminhar. Ao chegar em casa, deitou-se para descansar e acordou 24 horas depois. Huda compreendeu que havia entrado em coma, um sinal de que poderia ter uma hemorragia cerebral. Ao procurar tratamento, foi informada de que os hospitais palestinos na Cisjordânia e em Jerusalém Oriental não tinham a infraestrutura necessária para realizar a operação de que ela precisava. O tratamento em Israel, porém, era financeiramente inviável. Por fim, conseguiu obter de Arafat uma carta prometendo cobrir 90% dos 50 mil shekels que a cirurgia custaria e se internou no hospital Hadassah, em Jerusalém.

A cirurgia foi realizada com sucesso, mas o estresse que provavelmente havia causado a hemorragia só fez se inten-

Duas tragédias 119

sificar. Num domingo de maio de 2004, quando Hadi tinha quinze anos e meio, ele e um grupo de amigos foram alvejados pela polícia de fronteira israelense, uma gendarmaria que operava sob o comando do exército em Abu Dis e da polícia na Jerusalém Oriental anexada. Testemunhas oculares relataram à ONG de defesa dos direitos humanos B'Tselem e à agência de notícias AFP que os jovens não haviam cometido nenhuma hostilidade. Hadi disse à mãe que eles estavam conversando e tomando Coca-Cola quando os soldados abriram fogo como se não passasse de uma brincadeira. Uma das balas atingiu o amigo de Hadi sentado a seu lado, que morreu imediatamente.

Depois do episódio, Hadi passou a confrontar os soldados com mais determinação. Huda o via com os amigos na rua, reconhecendo-o apesar do lenço preto e branco que usava para cobrir o rosto. Para evitar que descobrissem que ele era seu filho e fossem à sua casa prendê-lo, mantinha distância. Apesar dos esforços, porém, não conseguiu protegê-lo. Menos de um ano depois da morte do amigo de Hadi, jipes e carros blindados israelenses cercaram sua casa. Os soldados se aproximaram por todos os lados e bateram à porta com violência. Huda sabia o motivo da visita.

Hadi tinha dezesseis anos. Huda queria adiar o inevitável e desfrutar de mais alguns segundos com o filho, de modo que ignorou as batidas e só abriu a porta quando os soldados começaram a chutá-la. Sob a mira de suas armas e com lágrimas escorrendo silenciosamente pela face, perguntou o que queriam.

"Queremos Hadi", disse um deles. Huda demandou que especificassem a acusação. "Seu filho sabe", responderam os soldados.

"Sou a mãe dele. Quero saber." Foi ignorada.

Ahmad, de apenas treze anos, acompanhou a mãe em direção ao quarto do irmão e lhe pediu que não chorasse, o que só tornaria as coisas mais difíceis para Hadi. Huda se esforçou para conter o medo, ciente de que qualquer tentativa de impedir que os soldados levassem seu filho poderia pôr a vida dele em risco: pôde vê-los matando-o ali mesmo, diante dela, e alegando legítima defesa. Queria abraçá-lo, mas sabia que o mínimo contato a faria desmoronar. Pediu que o deixassem vestir um casaco de inverno, pois fazia frio. Quando quis saber para onde o levariam, disseram que ela poderia visitá-lo na manhã seguinte no assentamento de Ma'ale Adumim, não muito longe dali. Huda não pôde fazer nada além de observar quando os soldados o algemaram, empurraram-no para o lado de fora da casa e o fizeram entrar num dos jipes. Sentiu como se seu coração tivesse ido junto.

Durante duas semanas, Huda visitou uma prisão após outra à procura de Hadi — de Ma'ale Adumim ao presídio de Ofer, de Moscobiya, em Jerusalém, a Gush Etzion —, valendo-se do visto de trabalho da unwra para passar pelos postos de controle e entrar nos assentamentos de acesso restrito a portadores de documentos de identidade verdes. Seus esforços, no entanto, foram vãos. Não conseguia comer, dormir nem sorrir, tampouco preparar os pratos de que Hadi gostava. Não tinha vontade de sair de casa ou travar conversas corriqueiras como se não estivesse em profundo sofrimento, como se seu filho não tivesse sido levado.

Huda contratou um advogado palestino portador de uma carteira de identidade azul, que lhe pediu 3 mil dólares pelo serviço. Ismail recusou-se a pagar, atribuindo a culpa pela prisão de

Duas tragédias   121

Hadi ao filho e à esposa. Por que ele estava atirando pedras nos soldados em vez de estudar? Por que ela não o havia impedido? Para Huda, foi a gota d'água: se Ismail não estava disposto a agir como um pai, então já não o queria mais em sua vida. Citando uma passagem do Alcorão em que Khader, um servo de Deus, rompe laços com Moisés, pediu o divórcio ao marido. "Caso se recuse a concedê-lo", advertiu, "direi a todos que você não é um nacionalista e que se recusa a apoiar o próprio filho." Ismail se assustou com a ameaça e não impôs obstáculos à separação.

Duas semanas depois, o advogado ligou para contar que Hadi estava detido numa prisão no bloco de assentamentos de Gush Etzion, ao sul de Belém, e que em breve seria submetido a uma audiência no tribunal militar do presídio de Ofer, situado a meio caminho entre Jerusalém e Ramallah. Disse também que ela tinha sorte: outros pais precisavam esperar três, quatro, por vezes cinco meses até que os filhos fossem julgados e pudessem vê-los.

Huda foi instruída a chegar cedo para passar pelo controle de segurança. Depois de horas aguardando, teve acesso à diminuta sala de audiências. Apenas o juiz, o promotor, Hadi, seu advogado e um intérprete estavam presentes, além de alguns soldados e seguranças. As chances de Hadi ser inocentado eram nulas: a taxa de condenação do tribunal militar era de 99,7%. Para jovens acusados de atirar pedras, era ainda mais alta: dos 835 casos levados a julgamento nos seis anos seguintes à prisão de Hadi, 834 resultaram em condenação, quase sempre com pena de prisão. Centenas deles tinham entre doze e quinze anos de idade.

Pouco antes do início da audiência, Huda soube que Hadi confessara ter atirado pedras e feito pichações em protesto contra a ocupação. Além disso, foi informada de que não poderia se comunicar ou ter qualquer contato físico com o menino — caso tentasse, o juiz a expulsaria. Quando foi trazido, Hadi tinha a perna acorrentada à de outro detento. A princípio, Huda conseguiu se forçar a manter silêncio, mas soltou um suspiro quando viu uma queimadura de tamanho considerável no rosto do filho. Aos prantos, pôs-se de pé e, por meio do intérprete, exigiu que a sessão fosse interrompida. Era médica, disse, e podia ver que o jovem tinha sido torturado.

O juiz das FDI ordenou que ela se calasse e voltasse a se sentar. Huda recusou-se, insistindo que Hadi levantasse a camisa e abaixasse as calças para que todos pudessem ver que sua confissão fora obtida sob tortura. O juiz consentiu. O corpo de Hadi estava coberto de hematomas, que pareciam infligidos por cassetetes. Huda, aos gritos, declarou que eram os soldados que o haviam torturado que deveriam ser julgados. Quando o juiz suspendeu a audiência, ela correu em direção a Hadi e, ignorando as advertências dos guardas, deu-lhe o abraço que havia reprimido na noite em que os soldados o levaram. Queria aquecê-lo antes que ele precisasse voltar à cela fria da prisão. O juiz vociferou: seria a última vez que ela encostaria um dedo no filho até que ele fosse libertado.

O advogado de Hadi, que havia aconselhado a família a aceitar qualquer acordo que fosse oferecido, apresentou-lhes uma proposta de dezenove meses de prisão, com redução para dezesseis em caso de pagamento de uma taxa de 3 mil shekels, o equivalente a pouco mais de mil dólares. A sentença era mais leve que a recebida por alguns dos amigos e colegas de classe de Hadi — cerca de vinte deles, com idades entre doze e dezesseis anos, também tinham sido presos. Os estudantes

Duas tragédias 123

que tinham carteiras de identidade azuis foram condenados a aproximadamente o dobro do tempo dos demais. O acordo incluía uma condição: Huda deveria se comprometer a não tomar medidas legais contra os soldados que haviam torturado Hadi. De todo modo, disse o advogado, não havia a menor chance de que fossem condenados, visto que ninguém ousaria testemunhar contra eles. Hadi aceitou o acordo.

O jovem foi transferido para o presídio de Naqab, onde Huda o visitava sempre que podia. Levava presentes não só para Hadi, mas também para os outros presos: eram adolescentes, muitos deles de famílias pobres, que não tinham as mesmas condições que seu salário na UNRWA lhe proporcionava. Na esperança de que a leitura ajudasse a manter o ânimo dos rapazes, levava muitos livros; certa vez, pediu para que os amigos de Hadi lhe dissessem o nome das meninas de que gostavam e trouxe grãos de arroz com suas iniciais inscritas; numa data comemorativa, presenteou-os com uma tapeçaria de um céu estrelado, que sugeriu que estendessem no teto da cela.

Para cada visita de quarenta minutos, Huda passava quase 24 horas viajando. Os familiares se sentavam de um lado de uma divisória de vidro e os detentos do outro. Alguns eram proibidos de receber a esposa, os pais ou os filhos maiores de quinze anos, e outros não podiam receber visita alguma. A conversa se dava através de um pequeno orifício, e as vozes chegavam ao outro lado quase inaudíveis. Apenas crianças pequenas podiam fazer contato físico: Huda via mães tentando convencer os filhos relutantes a abraçar os pais, que haviam se tornado estranhos. Todos choravam.

O ano e meio que Hadi passou na prisão foi o período mais difícil da vida de Huda, superando até mesmo o testemunho do derramamento de sangue em Túnis em 1985. O suplício abriu seus olhos a um universo oculto de sofrimento que envolvia quase todos os lares palestinos. Pouco mais de um ano após a libertação de Hadi, um relatório da ONU revelou que cerca de 700 mil palestinos haviam sido presos desde o início da ocupação, o que equivalia a cerca de 40% da população masculina. Os danos não se restringiam às famílias diretamente afetadas, condenadas a lamentar os anos e as infâncias perdidos: também eram vítimas todas as mães, pais e avós, que se sabiam ou viriam a se descobrir incapazes de proteger seus jovens.

II.

FAZIA QUASE VINTE MINUTOS que Huda e sua equipe haviam deparado com o ônibus acidentado. As chamas e a fumaça ainda saíam pelas janelas quebradas. O motorista de Huda, Abu Faraj, orientava o trânsito, mantendo um caminho aberto para a retirada das vítimas e instruindo os motoristas dos carros que se aproximavam a dar meia-volta. A multidão havia crescido tanto que Huda não conseguia mais ver o motorista e a professora que ela e Salem haviam retirado da parte dianteira do ônibus.

Sua atenção estava agora voltada para as crianças, a quem, com o auxílio de uma das enfermeiras da ONU, dedicava-se a transportar com todo o cuidado até os carros que haviam parado no local. Muitos dos motoristas tinham se voluntariado e aguardavam, prontos para levar as vítimas de queimaduras ao hospital acessível mais próximo — que, para a maioria, era o centro médico de Ramallah. Os hospitais de Jerusalém eram muito melhores, mas apenas quem tinha documentos de identidade azuis podia recorrer a eles. Essa minoria seguiu para o hospital Hadassah Monte Scopus, ao passo que os demais, portadores de documentos verdes, rumaram na direção oposta e precisaram enfrentar o trânsito a caminho de Ramallah.

Quase todas as crianças haviam sido retiradas do ônibus quando Salem, que a essa altura já tinha entrado e saído diversas vezes das chamas, viu que Ula, a professora e sua companheira de resgate, ficara presa sob um dos assentos dianteiros e tinha a perna queimando. Quando conseguiu alcançá-la, porém, já era tarde demais. Salem a removeu do ônibus e a deitou no asfalto. O sobrinho de Ula, Saadi, que assistia à cena na chuva, viu um homem usar o próprio casaco para cobrir o corpo.

Durante todo o resgate, Salem não havia sentido nada, nem mesmo quando alguém na multidão agarrou seu braço e deu-lhe um beliscão. Quando uma das enfermeiras de Huda gritou que seu casaco estava pegando fogo, Salem respondeu que não, e estava prestes a entrar de novo no ônibus quando ela se aproximou correndo e conteve as chamas. As poucas crianças que restavam dentro do veículo já estavam mortas. O último menino que ele retirou estava encolhido atrás do que havia sobrado de um assento e ainda trazia nas costas a mochila, que Salem teve de puxar para alçá-lo.

Ao deixar o ônibus pela última vez, ele começou a chorar, repetindo aos berros que deveria ter salvado mais crianças. De alguma forma, não havia queimado nem um fio de cabelo. Abu Faraj permaneceu imóvel, em choque, como se hipnotizado pelas chamas. Huda se voltou para a enfermeira a seu lado, que tinha o rosto coberto por uma camada de fuligem riscada pela chuva, e se deu conta de que o seu devia estar assim também.

Estavam encharcados e exaustos, e não havia mais nada que pudessem fazer. Quando uma ambulância palestina enfim apareceu, a maioria das crianças feridas já havia sido levada. Huda nem sequer notou a presença do veículo. O ônibus ainda estava em chamas, e a gritaria e o tumulto permaneciam. Nenhum bombeiro, policial ou soldado havia chegado.

Duas tragédias 127

Huda queria ir atrás das crianças. Depois de reunir os integrantes de sua equipe, voltou com eles para a van da UNRWA. Nidaa, a farmacêutica grávida, seguia sentada no interior do veículo, inconsolável. Abu Faraj foi deixando os funcionários em suas casas, enquanto Huda fez ligações e confirmou que a maioria das crianças estava em Ramallah. Em seguida, telefonou para o supervisor da UNRWA, que não compreendeu a magnitude do acidente e ordenou que a equipe desse meia-volta e se dirigisse a Khan al-Ahmar; do contrário, cortaria o salário de todos. Ela se negou a cumprir a ordem e disse que aplicasse a punição apenas a ela.

Depois de passar em casa e tomar uma chuveirada, Huda partiu para o hospital em companhia da assistente social do ambulatório. Lá, a notícia de que estivera no local do acidente logo se espalhou, e muitos dos parentes das vítimas a abordaram, perguntando se ela havia visto um menino com uma mochila do Homem-Aranha, uma menina com o cabelo preso com fitinhas amarelas e assim por diante. Sua resposta foi a mesma para todos: as crianças estavam cobertas de fuligem, de modo que não saberia dizer o que vestiam.

Huda percorreu os quartos conferindo o estado das crianças feridas e fazendo o possível para consolá-las. Desde que a equipe se retirara do local do acidente, havia algo que ela não conseguia tirar da cabeça: as crianças tinham permanecido quietas durante o resgate, ao menos num primeiro momento. Sentada junto à cama de uma das meninas, quis saber por que não tinha ouvido um grito sequer. "A gente estava assustado demais", disse a garota. "Quando vimos o fogo, achamos que tínhamos morrido. Pensamos que estávamos no inferno."

PARTE III

Ocorrência com grande número de vítimas

12.

Na véspera do acidente, Radwan Tawam estava sentado na sala de sua casa em Jaba quando o telefone tocou. Era seu tio Sami, dono de uma pequena empresa de ônibus em que ele trabalhava como motorista. Sami queria saber se ele poderia trabalhar na excursão do jardim de infância do colégio Nour al-Houda na manhã seguinte. Radwan era muito próximo do tio — mantinham uma relação que mais parecia de irmãos — e sempre procurava ajudá-lo, mas hesitou. De sua casa, situada num ponto alto da cidade, podia ouvir um vento feroz e avistar a aproximação de imensas nuvens negras. Uma tempestade se anunciava, e as estradas locais não eram propícias em tais condições climáticas.

Na manhã seguinte, Sami continuou a ligar e Radwan, a ignorar o telefone: não se deixaria convencer a dirigir com aquela chuva. Não muito tempo depois do último toque do aparelho, no entanto, parou diante de sua casa um ônibus detonado de 27 anos de idade, com capacidade para cinquenta passageiros. Sami desceu, passou pelas oliveiras e figueiras do quintal, sempre cobertas por uma camada de poeira que vinha das explosões de uma mina de calcário próxima, e bateu à porta. Mesmo contrariado, Radwan concordou em ir.

Lentamente, ele conduziu o ônibus pelas estreitas ruas que levavam à parte baixa de Jaba e das quais se podiam ver as terras que costumavam pertencer à família Tawam, confiscadas para a construção do assentamento de Adam. Durante a Segunda Intifada, Israel havia fechado o principal acesso à cidade, bloqueando-o com montes de terra que, desde então, haviam constituído uma barreira permanente. Para chegar a Anata, Radwan e Sami primeiro tiveram que seguir para a-Ram, na direção oposta, e só então fazer o retorno rumo ao posto de controle da estrada de Jaba.

Quando chegaram ao colégio, Sami disse que precisava cuidar de outros assuntos e desceu do ônibus. Radwan viu uma fila de crianças aguardando para embarcar em outro ônibus, também da frota de Sami. O veículo, no entanto, já estava cheio, de modo que o motorista instruiu uma parte das crianças a descer e embarcar no de Radwan. Debaixo de chuva e com os professores ocupando-se em orientar a entrada e saída de crianças agitadas e molhadas dos ônibus, ninguém pensou em revisar as listas de passageiros.

Os alunos, com suas mochilas desproporcionais ao tamanho de seus corpos, embarcaram desordenadamente no ônibus de Radwan. Quando partiram, com o muro de separação da cidade visível pelas janelas, ele pôs um desenho animado para passar na TV do veículo. Na altura do posto de controle de Jaba, a chuva engrossou, passando a cair em ruidosas torrentes. Como o velho e deteriorado ônibus era lento, Radwan manteve-se na faixa da direita, dando passagem aos outros carros enquanto avançava com cuidado pela subida da encosta. Às 8h45, menos de um minuto depois de a excursão passar pelo posto de controle, uma força descomunal tomou o ônibus. Radwan desmaiou.

Um vídeo gravado por uma testemunha mostra a cena do acidente nos minutos finais do resgate, pouco antes da chegada

Ocorrência com grande número de vítimas

de ambulâncias e bombeiros. Nas imagens, veem-se pessoas correndo em direção ao ônibus tombado, àquela altura reduzido a uma carcaça em chamas, enquanto o fogo arde em enormes labaredas e o céu é escurecido pela densa nuvem de fumaça negra que se perde acima dos penhascos rochosos. Ouve-se o urro desesperado de uma mulher. Alguém grita: "Há crianças lá dentro!". E depois: "Extintores! Extintores!". Vários homens trazem o equipamento de segurança de seus carros, enquanto outros acodem com garrafas de água, despejando inutilmente seu conteúdo sobre o fogo.

As chamas crescem. Um homem caminha em círculos com o rosto entre as mãos. Outro golpeia a própria cabeça. Um terceiro, com o extintor de incêndio esvaziado, afasta-se do ônibus e berra: "Cadê vocês? Santo Deus!". Em seguida, ergue o objeto acima da cabeça e o arremessa com toda a força contra o chão. Um pequeno cadáver jaz na estrada. "Cubram-no, cubram-no!", grita uma voz, e depois: "Onde estão as ambulâncias? Onde estão os judeus?".

Dois homens carregando uma criança correm em direção à multidão. "O menino está vivo! Rápido! Alguém precisa ressuscitá-lo!" Outra pessoa aponta para uma figura adulta no chão. "Arranjem um carro! Este homem está vivo!" Uma figura borrada sai correndo do ônibus trazendo nos braços uma menina de cabelos trançados com laços cor-de-rosa. Parece ilesa e numa espécie de transe, e não responde quando o homem a põe no chão e pergunta: "Precisa de alguma coisa, querida?". Uma a uma, mais crianças surgem na tela e são levadas aos carros próximos. Em meio à fumaça, ouve-se o choro lamentoso das pessoas.

NADER MORRAR FOI O PRIMEIRO PARAMÉDICO a chegar ao local. Recebera uma ligação da central às 8h54 comunicando que um ônibus havia tombado na estrada de Jaba. O autor da chamada não especificara se o ônibus estava vazio ou não. Nader conhecia o local do acidente: tinha ouvido as pessoas o chamarem de "estrada da morte". Presumiu que as ambulâncias israelenses chegariam antes, uma vez que a estrada ficava na Área C, a parte — equivalente a mais de metade — da Cisjordânia que, após os Acordos de Oslo, permaneceu sob controle absoluto de Israel: governada pelo exército, patrulhada pela polícia e sob a jurisdição dos serviços de emergência do país.

De onde estava, na sede do Crescente Vermelho Palestino em al-Bireh, Nader teria que atravessar o bairro murado de Kufr Aqab, que quando chovia forte por vezes se alagava a ponto de os carros ficarem submersos. Depois, passaria pelo posto de controle de Qalandia e enfrentaria o engarrafamento permanente da única pista que seguia para o leste, e portanto rumo ao local. Ao todo, cerca de sete quilômetros: naquelas condições climáticas, a viagem levaria algo em torno de meia hora.

Para sua surpresa, Nader chegou em dez minutos. Mais surpreendente ainda, porém, era o fato de que não havia nem sinal dos serviços de emergência, do exército ou da polícia de Israel no local. Àquela altura, a maioria das crianças feridas já havia sido transportada para o hospital em carros, mas Nader não sabia disso. Podia ver pessoas debruçadas no topo dos penhascos que davam para a estrada; elas agitavam os braços e gritavam. À sua esquerda, o ônibus escolar tombado, ainda em chamas. Corpos espalhados pelo asfalto. "Ocorrência com grande número de vítimas", informou à central antes de solicitar o envio de reforços.

Ocorrência com grande número de vítimas 135

Nader caminhava com certo desconforto. Tinha sido aluno da Universidade de Birzeit durante a Segunda Intifada, quando Israel fechou a principal via de acesso à instituição. Durante um protesto que reivindicava a reabertura, um soldado atirou em sua perna, causando a fratura do fêmur. A recuperação exigiu duas cirurgias e um ano de fisioterapia, e Nader viu--se obrigado a largar a faculdade. Inspirado pela equipe que o tratou, decidiu se tornar paramédico. Uma década depois, quando trabalhava para o Crescente Vermelho, foi mais uma vez baleado na perna pelas forças israelenses.

Assim que desceu da ambulância, Nader foi cercado por pessoas querendo que ele removesse os cadáveres. O fogo era tão intenso que não havia como se aproximar do ônibus. Dois adultos estavam deitados no asfalto, ambos com o que pareciam ser queimaduras de terceiro grau e com dificuldade para respirar. Um deles era uma professora; o outro, Radwan, o motorista, que sofrera múltiplas fraturas e graves queimaduras. Nader e o motorista da ambulância os colocaram imediatamente no veículo. A única opção era levá-los para Ramallah — se optassem por Jerusalém, poderiam desperdiçar um tempo valioso ou mesmo perder um dos pacientes enquanto aguardavam no posto de controle pela permissão para transportá-los em macas até uma ambulância israelense do outro lado da fronteira.

Para Nader, em situações de emergência os diferentes estatutos legais dos palestinos eram irrelevantes: só o que importava era se os pacientes eram palestinos ou judeus. Ele não poderia, sob hipótese alguma, levar um judeu para um hospital palestino. Já havia, no entanto, conduzido palestinos com cidadania israelense — até onde sabia, justamente o caso das duas pessoas que transportava agora — a hospitais da Cisjordânia.

Região da estrada de Jaba

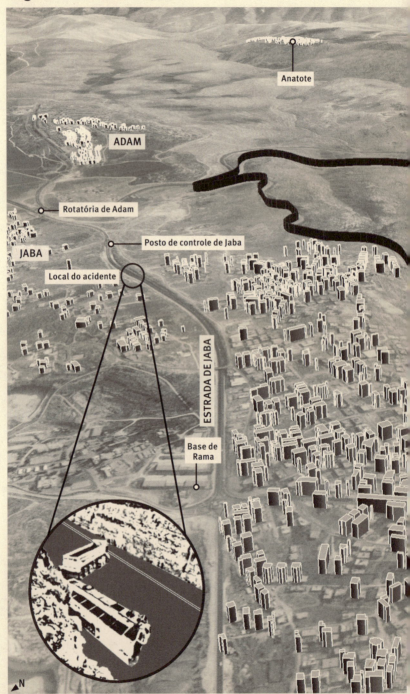

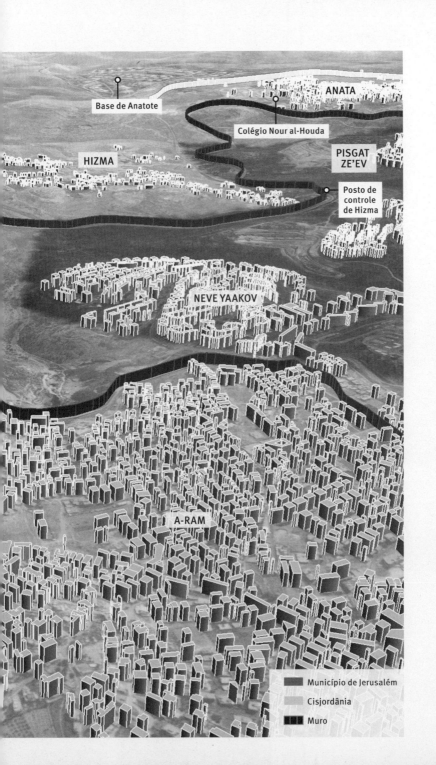

Enquanto a ambulância se dirigia a toda velocidade ao centro médico de Ramallah, passando pelo posto de controle de Qalandia com a sirene acionada, Nader prestava socorro a Radwan e à professora, administrando-lhes oxigênio e estancando as hemorragias ao mesmo tempo que se esforçava para manter a concentração sob os gritos dos dois.

ELDAD BENSHTEIN TINHA ACORDADO cedo em sua casa em Tekoa, um assentamento situado nos morros áridos e amarelados a sudeste de Belém. Precisava estar em Romema, bairro de Jerusalém, às sete em ponto, horário do início de seu turno no Magen David Adom, ou Mada, o serviço nacional de emergência médica de Israel. Encravado no sopé de Herodion — a montanha de cimo plano onde o rei Herodes, o Grande, construiu um palácio fortificado a quem deu o próprio nome —, o assentamento de Tekoa possuía espetaculares vistas panorâmicas da Cisjordânia. Entre os palestinos, o local era conhecido como Jabal Fureidis: Pequena Montanha do Paraíso.

Eldad não era natural de Tekoa, tampouco de Israel: proveniente de Moscou, viera com os pais, ambos médicos, quando tinha onze anos. Na Rússia, os dois haviam sido integrantes de equipes de ambulâncias. Eldad achava o trabalho de paramédico mais emocionante que o de médico e, aos dezesseis anos, começou a trabalhar como voluntário no Mada, anos antes de ser contratado. Tinha agora 33 anos e a aparência de um motociclista, com a cabeça raspada, cavanhaque e um brinco.

Sua ambulância estava a caminho de um chamado em Pisgat Ze'ev, o assentamento próximo a Anata, quando o opera-

Ocorrência com grande número de vítimas 139

dor da central de comando informou que deveriam mudar de rota e seguir para um acidente na estrada de Jaba. Eldad sabia apenas que o desastre envolvia um caminhão: nenhuma menção tinha sido feita a crianças ou a um ônibus escolar. A chuva era torrencial. Com a sirene ligada, a ambulância seguiu rumo ao posto de controle de Jaba, onde os soldados os deixaram passar. Ao chegar ao local do acidente, depararam primeiro com o enorme semirreboque atravessado na estrada, atrás do qual notaram a presença de fogo e fumaça. Enquanto o motorista contornava cautelosamente o caminhão, uma multidão de palestinos no topo dos dois rochedos que ladeavam a estrada gritava e gesticulava para que avançassem. Concluída a manobra, deram com o ônibus em chamas e perceberam que havia diversas crianças mortas estiradas no chão. Ao descer da ambulância, Eldad gritou em hebraico: "Há pessoas no ônibus? Há pessoas no ônibus?". Metade dos presentes parecia não entender, e os demais estavam aflitos demais para registrar a pergunta.

Eram 9h09 da manhã: 24 minutos haviam transcorrido desde a colisão. Eldad era o primeiro israelense a chegar ao local. Instantes depois, surgiu uma ambulância do exército vinda da direção oposta, da base militar de Rama, situada a cerca de um quilômetro e meio dali. Contudo, não havia nem sinal dos bombeiros. Eldad voltou à ambulância para avisar à central que se tratava de uma ocorrência com grande número de vítimas, mas ficou em dúvida se a mensagem tinha sido transmitida. Como seu celular estava sem sinal, pediu ao médico do exército que entrasse em contato com o Mada por meio do sistema de comunicação das FDI. O fogo estava fora de controle, e não havia como entrar no ônibus. Eldad debateu com o médico a triagem dos feridos, embora a cada segundo que passava estivesse mais certo de que, se ainda restavam passageiros no ônibus, estariam todos mortos quando os bombeiros chegassem.

Alguns minutos depois, viu e ouviu se aproximarem caminhões de bombeiros palestinos vindos da direção da base de Rama. Quando mais ambulâncias do Mada chegaram — a essa altura, 34 minutos após o acidente —, ele perguntou se alguém havia recebido suas mensagens pelo rádio. A resposta foi positiva, o que significava que mais ambulâncias estavam a caminho. Um dos motoristas, um senhor com longa experiência na profissão, recomendou que estacionassem em fila única, voltadas para Adam: desse modo, manteriam uma passagem livre para os demais veículos de emergência e estariam a postos para, tão logo tivessem os feridos a bordo, partir a toda velocidade rumo a Jerusalém.

Aterrorizado, Eldad aguardou na chuva enquanto os bombeiros palestinos combatiam as chamas — o que, embora tenha parecido uma eternidade, não levou mais que quinze minutos. Extinto o fogo, os bombeiros partiram para dentro do esqueleto do ônibus. Em seguida, um deles anunciou: "Nenhum corpo!". Eldad voltou a respirar.

DEPOIS DE RETIRAR A ÚLTIMA CRIANÇA do ônibus, Salem foi acometido por uma sensação de fraqueza e quase desmaiou. Não sabia o que se passava, mas tinha dificuldade para se mover. A chegada dos bombeiros palestinos pareceu reanimá-lo,

Ocorrência com grande número de vítimas

141

e ele se pôs a gritar: "Vocês estão uma hora atrasados! Vocês os mataram! Vocês mataram nossas crianças!". Repetiu a acusação a todos os paramédicos, bombeiros e policiais que encontrou pela frente, fossem palestinos ou israelenses.

Salem foi levado a uma ambulância israelense para ser socorrido. Antes, os paramédicos lhe administraram uma injeção de calmante. A princípio, não compreendeu onde estava, mas logo voltou a si e saiu correndo do veículo. Tampouco permitiu que o pusessem numa ambulância palestina. "Vocês mataram essas crianças!", bradou mais uma vez. Continuou gritando, para todos e para ninguém em especial, que as equipes de resgate palestinas e israelenses eram assassinas de criancinhas.

A essa altura, soldados israelenses haviam chegado ao local. Um deles se aproximou de Salem e, numa mistura de hebraico e árabe, exigiu que ele justificasse a acusação. Os palestinos ao menos tinham a desculpa do trânsito de Ramallah, disse Salem. Além do mais, não tinham permissão para manter carros de polícia ou caminhões de bombeiros nas cidades próximas ao local do acidente — não podiam nem mesmo circular pela estrada de Jaba sem a autorização de Israel. Ainda assim, tinham chegado primeiro. Os israelenses não tinham desculpa alguma.

Todos os clientes de Salem em sua oficina de conserto de pneus eram israelenses. Ele já estivera nos assentamentos a trabalho, e sabia que neles havia ambulâncias e caminhões de bombeiros. A delegacia de polícia da zona industrial de Sha'ar Binyamin ficava a pouco mais de dois quilômetros de distância. Havia um caminhão de bombeiros e uma ambulância em Tel Zion, o grande assentamento ultraortodoxo situado acima de Jaba. O corpo de bombeiros de Pisgat Ze'ev ficava a três quilômetros seguindo uma linha reta. Ele tinha visto ambulâncias

142   *Um dia na vida de Abed Salama*

estacionadas em Adam, a menos de dois quilômetros dali —
tão perto que do ônibus em chamas era possível enxergar a entrada para o assentamento. O posto de controle de Jaba, ainda
mais próximo, era logo adiante, perto o suficiente para que os
soldados sentissem o cheiro da fumaça. Lá havia um tanque
de água, e a instalação certamente contava com extintores de
incêndio. Por que os beduínos de Jaba tinham conseguido carregar seus tanques até o penhasco mas nem um único soldado
israelense havia aparecido? E quanto à base militar de Rama?
Onde estavam os soldados, os médicos, os jipes, os tanques de
água, os extintores de incêndio? Se o problema fossem duas
crianças palestinas atirando pedras na estrada o exército teria
aparecido num piscar de olhos. Quando os judeus estão em
perigo, Israel envia helicópteros. Quando, porém, um ônibus
cheio de crianças palestinas arde em chamas, eles só dão as
caras depois que todas já foram removidas do local? "Vocês
queriam que elas morressem!", concluiu Salem.

O soldado lhe deu um empurrão, e ele revidou o golpe. Em
questão de segundos, meia dúzia de soldados havia se aproxi-
mado e acertava-lhe golpes pelas costas. Ele foi ao chão, onde
se tornou alvo de socos e chutes. Quando os soldados se deram
por satisfeitos, um deles pegou seu celular e ligou para que a
esposa de Salem fosse buscá-lo. Depois de arriscar a vida para
resgatar as crianças, Salem passou dez dias no hospital de Ramallah, com lesões nos dois rins e hérnias de disco na coluna.

Por muitos meses, acordou no meio da noite aos berros,
implorando à esposa que cheirasse seus braços, que sentisse o
cheiro da morte em sua pele. Ao lavar as mãos, tinha certeza
de que podia sentir o odor dos corpos queimados. Sem mais
nem menos, desatava a chorar. A esposa o levou a uma clínica

Ocorrência com grande número de vítimas 143

psiquiátrica em Belém. Desde o dia do acidente, Salem vinha sofrendo lapsos de memória, que punha na conta da surra que levara dos soldados. Na verdade, era grato pelos surtos de amnésia: sem eles, já teria enlouquecido.

Quando percebeu que seu trabalho não seria necessário, Eldad Benshtein afastou-se o mais rápido que pôde do local do acidente. Antes de voltar a Jerusalém, parou a ambulância perto de Adam para fumar um cigarro e se acalmar. A cena que havia acabado de testemunhar — o cheiro de queimado, os corpos carbonizados, a multidão em desespero, a carcaça do ônibus — trouxera-lhe à memória os primeiros dias como voluntário, na década de 1990, e a série de atentados suicidas a ônibus que, em segredo, chamara de "temporada dos ônibus voadores".

Quando Eldad chegou à sede do Mada, foi encarregado de transferir uma das crianças do centro médico de Monte Scopus para outra unidade do hospital, situada em Ein Kerem. O pronto-socorro parecia uma zona de guerra. Famílias bloqueavam os corredores, segurando nos braços crianças feridas que haviam sido trazidas de carro e aguardavam atendimento. Ele deveria buscar uma garota do Campo de Shuafat chamada Tala Bahri. Eldad não teria como saber, mas Tala era considerada uma das meninas mais belas da escola, com grandes olhos castanho-claros, longos cabelos cacheados e um sorriso irresistível. Agora, estava irreconhecível: gravemente queimada, inconsciente, anestesiada e respirando com o auxílio de aparelhos.

No caminho para Ein Kerem, Eldad ouviu no rádio que as ambulâncias do Mada estavam se dirigindo a Qalandia para receber pacientes transferidos de ambulâncias palestinas, que não tinham permissão para transpor o posto de controle. A maioria eram crianças feridas trazidas do centro médico de Ramallah para receber um tratamento mais avançado em Jerusalém. Só então começou a compreender a dimensão da tragédia. Depois de deixar Tala na unidade de trauma do pronto-socorro, acessou um pequeno jardim interno do hospital e ali, a sós, chorou por Tala, pelas crianças mortas, pelos atentados suicidas de anos antes.

Quando voltava à ambulância, foi abordado por uma equipe de televisão que pediu para entrevistá-lo. Sua esposa assistia ao noticiário em casa, em Tekoa, e viu o marido surgir na tela, confuso e com dificuldade para encontrar as palavras. Jamais o tinha visto tão desorientado.

Eldad tinha deixado o local do acidente pouco antes da chegada de uma profusão de soldados, policiais, bombeiros e repórteres. Um dos últimos socorristas a aparecer foi Dubi Weissenstern, que estava acostumado a chegar tarde. Dubi era diretor do departamento de logística da Zaka, uma ong *haredi*, ou ultraortodoxa, que recolhia pessoas mortas para que fossem enterradas. Os voluntários, trajando macacões brancos de proteção, percorriam locais onde haviam ocorrido desastres à procura de vítimas ou restos mortais. Quase todos os voluntários da Zaka em Jerusalém eram *haredi*, determinados a cumprir os mandamentos da Halacha — a lei judaica — de honrar os mortos e enterrá-los intactos, tais como vieram ao mundo. Dubi era um dos doze funcionários remunerados da equipe.

Ocorrência com grande número de vítimas   145

Passara a infância em Jerusalém, onde estudara numa ieshiva, instituição dedicada ao ensino dos textos sagrados do judaísmo, em Mea Shearim, um dos mais antigos bairros judeus fora da Cidade Velha e lar das congregações do judaísmo mais fechadas, radicalmente antissionistas e predominantemente hassídicas. Seus moradores consideram o Estado de Israel secular e rejeitam sua criação, que qualificam como uma profanação da lei judaica. A família de Dubi não estava entre as mais ortodoxas, e ele cultivava uma aparência bastante moderna: usava as vestes tradicionais, compostas de calças pretas, camisa branca e quipá, mas mantinha a barba rala, penteava o cabelo louro à maneira de um homem de negócios e já fazia anos que cortara os longos cachos laterais.

Na adolescência, flertara com a possibilidade de ter uma vida diferente. Era um exemplo do que chamavam de *shabaabnik*, um jovem um pouco rebelde, que não seguia à risca os preceitos da Halacha. Nessa época, abandonou a ieshiva e não observava com rigor o sabá, tendo chegado mesmo a nutrir o sonho de trabalhar como piloto da força aérea israelense, o que implicaria tornar-se um pária entre os *haredim* e ser rejeitado pela família. Os pais determinaram que fizesse uma escolha: não podia manter um pé no mundo *haredi* e outro do lado de fora. Dubi fez a opção que esperavam, embora a decisão não tenha sido motivada pela fé. Não queria perder os pais.

Seu pai e seu irmão eram voluntários na Zaka, e Dubi seguiu os passos dos dois. Trabalhavam em estreita colaboração com a polícia israelense e muitas vezes eram os únicos além dos policiais a acessar a cena de um assassinato, testemunhando o trabalho de investigação dos detetives. Dubi recebera o estatuto de guarda civil da polícia e uma credencial de acesso a informações confidenciais. Começou a trabalhar no setor de logística em razão do medo de estar na presença de cadáveres, condição da qual sofria desde que seu melhor amigo havia se enforcado e ele encontrara o corpo. Na ocasião, tinha desmaiado e passado três dias sem conseguir dormir. Como diretor de logística, só comparecia ao local dos acidentes em casos com grande número de vítimas, nos quais orientava os voluntários e o uso de equipamentos.

O princípio fundamental do trabalho era o *k'vod hamet*, o respeito aos mortos. Cinco voluntários eram designados para recolher cada vítima, o suficiente para carregar as macas ou sacos sem arrastá-los pelo chão. Por vezes, apenas restos eram recuperados. Dubi estivera em cenas de atentados suicidas, nas quais a Zaka passava horas tentando recolher até o último vestígio humano. Nesses dias, via a si mesmo como um faxineiro.

Os atentados no mercado de Machane Yehuda, em Jerusalém, tinham sido especialmente difíceis. Os voluntários não conseguiam distinguir os homens-bomba das vítimas. Após um dos atentados suicidas, Dubi e seus voluntários estavam no necrotério de Abu Kabir para realizar a entrega dos restos mortais de quinze vítimas quando o patologista anunciou que dezesseis corações haviam sido recolhidos. Dubi tinha pesadelos em que sua mulher e seus filhos explodiam.

Chovia quando ele recebeu a chamada pelo rádio comunicando um acidente perto de Adam. Estava preparado para a neve, com botas de caminhada, um suéter azul-marinho e um casaco de inverno marrom. Embora não soubesse se as vítimas eram judias ou árabes, compreendeu que se tratava de uma colisão grave e que resultara na morte de crianças. Até que soubesse o número de vítimas e pudesse, com isso, determinar

Ocorrência com grande número de vítimas 147

o material necessário para o trabalho, Dubi não tinha pressa para chegar ao local. Assim, deixou a sede da Zaka, na entrada de Jerusalém, e parou no depósito, ao pé do assentamento de Ramat Shlomo, em que a ONG armazenava seus equipamentos, de onde retirou macas, bolsas, utensílios de limpeza e macacões brancos. Se, ao fim do serviço, um dos macacões estivesse manchado de sangue e alguma das vítimas fosse judia, a peça teria de ser enterrada junto com os mortos.

Quando chegou ao local, as pistas laterais estavam tomadas por uma fileira de veículos de emergência, jipes do exército e carros de polícia, mas o meio da estrada estava desobstruído. Dubi pôde ver o semirreboque, o ônibus incinerado, as mochilas das crianças. Mesmo com toda a carnificina que já havia testemunhado, aquele acidente era um dos piores. Dubi sabia que, quando visse os filhos saindo de casa a caminho da escola, seria impossível não pensar nas pequenas mochilas carbonizadas.

Bentzi Oiring, diretor da Zaka em Jerusalém, havia chegado antes de Dubi. Era um homem enorme, com uma barriga grande e uma barba grisalha e espessa de Papai Noel. Com os óculos, o quipá de feltro preto e o paletó preto sobre o tsitsit e a camisa branca, parecia vestido para um dia de aula numa ieshiva. Bentzi trabalhava na Zaka desde sua fundação, em 1989, e estimava ter comparecido à cena de 99% dos atentados a bomba ocorridos em Jerusalém. De modo muito mais convicto que Dubi, era antissionista: não veria problema algum em ser representado por um primeiro-ministro palestino, desde que não fosse perseguido e coagido a mudar seu estilo de vida, tal como os líderes sionistas seculares tentavam fazer.

Para Bentzi, poucas atividades eram tão desafiadoras quanto lidar com os mortos. A Zaka ficava com os corpos durante horas, por vezes dias, enquanto tratava com a polícia, os patologistas e os membros da Chevra Kadisha, que executavam o ritual de purificação dos cadáveres judeus antes do enterro. A parte mais difícil do trabalho era dar a notícia aos familiares. Pior que ver uma pessoa morta, pensava Bentzi, era ver uma família desmoronar diante dele. Aquelas pessoas nunca mais se esqueceriam de seu rosto, o rosto do anjo da morte. Certa vez, num bairro *haredi* de Jerusalém, um pai avistou Bentzi na rua e fugiu em disparada, atravessando as seis pistas de uma avenida.

Depois que Dubi retirou do carro as grandes caixas azuis contendo os equipamentos, ele, Bentzi e meia dúzia de voluntários vestiram luvas de látex e coletes amarelos com listras prateadas fluorescentes e o nome da Zaka. Dubi subiu num jipe do exército junto com um soldado a fim de ter uma visão de cima da multidão e orientar os companheiros. Bentzi e os demais funcionários da Zaka vasculharam o ônibus, o caminhão e o asfalto à procura de restos humanos, mas nada encontraram. Dubi encarregou-se de conferir uma segunda vez. Alguém sugeriu que poderia haver cadáveres presos sob a lateral do ônibus, de modo que aguardaram uma hora até que um guindaste chegasse e içasse o que havia restado do veículo.

Ao contrário de Bentzi, Dubi recusava-se a dar a notícia aos familiares das vítimas. Alegava que não era ator e não seria capaz de mentir sobre o estado em que seus entes queridos tinham sido encontrados. Era natural, pensava, que a morte de judeus o deixasse mais abalado que a de palestinos — qualquer judeu que afirmasse o contrário estaria mentindo. Contudo, mesmo as tragédias que lhe pareciam mais remotas jamais deixavam de afetá-lo. As crianças no ônibus faziam parte

Ocorrência com grande número de vítimas 149

do que Dubi chamava de um círculo distante de conexão, mas suas mochilas as haviam tornado mais próximas: ele podia se imaginar no lugar dos pais de Anata e do Campo de Shuafat. Toda morte é terrível, mesmo quando esperada, mesmo quando alguém está doente e tem chances iguais de se salvar ou falecer. Ir de zero a cem, no entanto, era algo bem diferente. Qualquer pai ficaria devastado.

O coronel Saar Tzur estava próximo ao local do acidente, perto do posto de controle de Qalandia, quando soube do ocorrido. Estrela em ascensão nas FDI, ele era o comandante da Brigada Binyamin, que cobria a região central da Cisjordânia, incluindo a grande Jerusalém. Conhecia bem a região, onde havia servido durante muitos anos, e atualmente estava baseado em Beit El, nos arredores de Ramallah. Quando alguém lhe perguntava há quanto tempo ocupava o posto de comandante, sua resposta era quatro anos, em vez de dois, uma vez que morava na base e mal dormia. Em dias normais, ia para a cama às cinco ou seis horas da manhã e acordava por volta das nove. Raramente via a mulher e os três filhos pequenos.

O posto de controle de Qalandia era um lugar que ele jamais esqueceria. Em 2004, havia chegado ao local em seu jipe ao mesmo tempo que um homem de Jenin enviado pelas Brigadas dos Mártires de al-Aqsa, do Fatah, com uma bomba. Ao ver um grupo de soldados e policiais de fronteira, o sujeito detonou à distância o dispositivo. Saar tinha acabado de descer do jipe quando a explosão ocorreu, fazendo com que ele e três policiais de fronteira voassem longe. Ele foi parar a nove metros de onde estava, e sua cabeça se chocou contra um carro; os

150   *Um dia na vida de Abed Salama*

policiais ficaram gravemente feridos. As únicas vítimas fatais da explosão foram dois transeuntes palestinos.

Desde que o muro de separação fora erguido, a maioria das mortes na região de Jerusalém-Ramallah era causada por acidentes de trânsito. Todas as semanas havia colisões com mortos ou feridos nas estradas do setor de Saar. Imediatamente, porém — a julgar pelo estrago causado nos veículos, pela consternação das pessoas, pelo horror que era a visão daquelas pequenas mochilas amontoadas na estrada —, Saar percebeu que o acidente de Jaba era mais grave que o habitual.

Ao se aproximar, deparou com uma acalorada discussão entre soldados e palestinos. Desconhecia o motivo da briga, mas os palestinos — agentes de segurança à paisana — não deveriam estar ali. O acidente havia ocorrido na Área C, a parte da Cisjordânia sob controle absoluto de Israel.

A discussão, que se iniciara por causa do espancamento de Salem, tinha se transformado num conflito de jurisdição. Os palestinos queriam que os soldados israelenses se retirassem, uma reivindicação inédita. Enquanto os dois lados batiam boca, um oficial de alto escalão chegou ao local: Ibrahim Salama, ministro do Interior palestino na região de Jerusalém. Saar o conhecia de nome, embora jamais tivessem se encontrado. Ibrahim era primo de primeiro grau de Abed, mas não fazia ideia de que o filho de Abed era uma das vítimas, tampouco que o ônibus havia saído de Anata.

O ministro tinha ficado sabendo do acidente por meio da visita de Abu Mohammad Bahri, avô de uma das crianças. Um senhor enorme usando um *kaffiyeh*, o lenço típico palestino, Abu Mohammad havia saído de carro do Campo de Shuafat a fim de renovar a carteira de identidade no Ministério do

Interior em a-Ram; no caminho, deparara com a colisão, sem saber ainda que sua neta, Tala Bahri, era uma das passageiras do ônibus e tinha ficado gravemente ferida. Estava agitado e falava de forma quase ininteligível, mas Ibrahim compreendeu que ele havia visto algo terrível nas proximidades do posto de controle de Jaba.

Quando alguns integrantes de sua equipe começaram a comentar o assunto, Ibrahim decidiu ver com os próprios olhos o que se passava, levando consigo seus assessores e uma equipe de segurança. Era uma das poucas autoridades da AP com permissão de Israel para entrar na Cisjordânia com escolta de guarda-costas armados. Tratava-se de uma necessidade: um dos rostos mais notórios da cooperação de segurança pública com Israel, o ministro havia feito muitos inimigos palestinos — até mesmo Abed acreditava que a colaboração do primo com os israelenses ultrapassava os limites do que seria aceitável. Ibrahim supervisionava o recrutamento de informantes e a prisão de militantes, e estava sempre em reunião com israelenses poderosos — de generais do exército ao ministro da Defesa —, nas quais exibia um domínio fluente do hebraico. Fora alvo de atentados a tiros em mais de uma ocasião.

Ibrahim tinha a barriga de um homem de meia-idade e o sorriso malicioso de um garoto. Ardiloso, e orgulhoso disso, gostava de se autodeclarar uma raposa: podia conduzir uma pessoa ao mar e de volta à terra sem que ela percebesse que estava molhada. Casara-se havia pouco com uma segunda esposa; a primeira morava com a mãe dele em Dahiyat a-Salaam, enquanto a nova dividia com ele uma casa em Ramallah, onde Ibrahim dormia cinco dias por semana. Gostava de dizer aos amigos do exército israelense que, no que dizia respeito às esposas, acreditava na política de retirada de Gaza de Ariel Sharon, conhecida como "desvinculação". Tendo arrancado a risada dos generais, emendava que havia tentado reunir as esposas numa comissão da verdade e da reconciliação, mas não tivera êxito.

Divididos em dois carros, Ibrahim e sua comitiva tiveram que tomar uma estrada de terra paralela à estrada de Jaba a fim de escapar do trânsito na rotatória de a-Ram. Durante o trajeto, o ministro ficou sabendo que o acidente envolvia um ônibus escolar palestino e que os pais estavam tentando desesperadamente localizar os filhos. Ao depararem com um bloqueio do exército, Ibrahim pediu ao motorista que parasse o carro e seguiu a pé. Quando terminava de descer a encosta rochosa que levava ao local do acidente, foi recebido por um velho amigo, Yossi Stern, chefe da Administração Civil de Israel — instituição que havia herdado os poderes do governo militar — no distrito de Ramallah. Yossi era responsável por conceder autorizações de trabalho e viagem a cidadãos palestinos, aprovar a construção de assentamentos e determinar a demolição de casas palestinas. Atuava também na coordenação da segurança pública junto à AP, atividade por meio da qual havia conhecido Ibrahim.

Ao lado de Yossi estava Saar, ambos com seus uniformes verdes. Saar trazia nas costas duas mochilas, e uma antena projetava-se de um de seus ombros. Enquanto caminhava ao encontro dos dois, Ibrahim pôde ver a confusão envolvendo soldados israelenses e policiais palestinos. Estava claro que a primeira coisa a fazer era acalmar os ânimos. Tendo ordenado aos policiais palestinos que se retirassem, voltou-se para Yossi. Sabia que os pedidos que estava prestes a fazer eram audacio-

Ocorrência com grande número de vítimas

sos, mas assim exigiam as circunstâncias: primeiro, conceder aos serviços de segurança da AP o controle do local, muito embora não tivessem permissão para estar ali; segundo, dispensar a necessidade de autorizações para os pais com documentos de identidade verdes, concedendo-lhes livre acesso a Jerusalém através dos postos de controle.

Ele concordou sem nem sequer consultar seu comandante. Era a primeira e única vez que Saar via o exército abrir mão do comando na Área C. Se as vítimas fossem judias, aquilo estaria fora de cogitação — e Ibrahim não teria nem chegado a fazer tal proposta. O exército ajudaria no que fosse necessário, disse Saar a Ibrahim antes de ordenar a retirada das tropas do local do acidente, confiando a jurisdição aos policiais à paisana e bombeiros palestinos. Mais tarde, juntou-se a eles a polícia da AP, que havia ficado retida no posto de controle de Beit El enquanto aguardava a permissão de Israel para deixar Ramallah.

ASHRAF QAYQAS, o motorista do semirreboque, foi levado ao hospital Hadassah Monte Scopus. Tinha sofrido apenas ferimentos leves, e a polícia pôde interrogá-lo no quarto do hospital naquele mesmo dia. Ashraf já havia residido em Anata — em frente à casa de Abed — e, antes de se tornar motorista, trabalhara com um amigo beduíno de Abed consertando e revendendo carros israelenses usados.

Naquela manhã, Ashraf havia saído de casa às seis horas para seu trabalho como motorista de uma fábrica de concreto em Atarot, uma zona industrial israelense em Jerusalém Oriental. Às seis e meia, conduzia o semirreboque vazio a uma mina de calcário próxima ao assentamento de Kokhav HaShahar, a cerca de 45 quilômetros de distância. Depois de retirar e levar à fábrica de Atarot um carregamento de agregado, voltou à jazida para repetir a operação.

Kokhav HaShahar foi estabelecido como um posto militar em 1975, sob um mandato do Partido Trabalhista, em terras confiscadas por ordem militar dos vilarejos de Deir Jarir e Kufr Malik, e cinco anos mais tarde transformado num assentamento civil. A mina de Kokhav HaShahar era uma das dez jazidas de propriedade israelense na Cisjordânia. No ano de 2010, 94% da produção desses depósitos foi transferida para Israel, o que representou um quarto do consumo de minerais do país. Os 6% restantes se destinaram aos assentamentos da Cisjordânia, à construção civil palestina e à Administração Civil.

Apenas sete semanas antes do acidente, a Suprema Corte de Israel havia se pronunciado a respeito da legalidade das minas israelenses nos assentamentos da Cisjordânia. A lei internacional proíbe que uma nação saqueie as riquezas de um território ocupado: a pilhagem é considerada crime de guerra. O tribunal, no entanto, decidiu por unanimidade que o Estado tinha permissão para explorar os recursos naturais da Cisjordânia. O argumento utilizado por sua presidente, Dorit Beinisch, considerada uma juíza liberal em Israel, foi que a ocupação era tão antiga que exigia o "ajuste da lei à realidade local".

Em seu quarto no hospital Hadassah, Ashraf declarou aos investigadores que não fazia ideia de como a colisão havia ocorrido. Não sabia dizer por que havia invadido a pista de sentido contrário ou o que o motivara a dirigir muito acima do limite de velocidade em condições climáticas para lá de adversas — o caminhão seguia a noventa quilômetros por hora numa via cujo limite era de cinquenta. A chuva caía com tanta força que ele mal conseguia enxergar alguns metros à frente: mesmo

Ocorrência com grande número de vítimas 155

acionados na velocidade máxima, os limpadores de para-brisa eram incapazes de desobstruir sua visão. Ao se aproximar do posto de controle de Jaba, ele tentara reduzir a velocidade. Não tinha visto o ônibus, acrescentou, pois estava de olho na pista para evitar buracos, que poderiam danificar o caminhão.

Na verdade, Ashraf havia sido extremamente negligente: durante uma violenta tempestade, guiara em alta velocidade numa estrada em declive e molhada uma máquina assassina de nove eixos e mais de trinta toneladas. Além disso, já havia cometido 25 infrações de trânsito, tinha experiência limitada na condução de veículos pesados — obtivera sua habilitação no ano anterior — e trabalhava para a empresa de concreto havia apenas um mês. A empresa, por sua vez, também fora negligente, ao não oferecer a Ashraf o treinamento adequado para o uso do complexo sistema de freios do caminhão, uma cabine Mercedes-Benz Actros com cinco eixos de última geração, conectada a um moderno reboque de quatro eixos.

Ashraf negou — mas, em depoimento posterior, admitiu — a possibilidade de que, ao entrar na rotatória de A-Ram, tivesse acionado o retardador, um dispositivo de frenagem, e esquecido de desligá-lo. O mecanismo, explicou, entrava em ação de maneira automática toda vez que o condutor tirava o pé do acelerador, reduzindo a velocidade do caminhão. O que Ashraf não mencionou é que o manual do veículo continha um aviso em vermelho e negrito desaconselhando o uso do retardador em caso de chuva, condição em que ele poderia fazer com que as rodas motrizes travassem e derrapassem.

Mais tarde, outro investigador da polícia fez uma última pergunta a Ashraf: "O senhor é um motorista profissional. Pode-se dirigir com o retardador acionado em caso de chuva?".

"Sim", respondeu ele. "Não há problema algum, basta ter cuidado."

Em seu relatório, a polícia concluiu que o excesso de velocidade, a falta de treinamento e a inexperiência de Ashraf com o sistema de desaceleração do caminhão tinham sido as causas do acidente. Um motorista experiente, atesta o documento, saberia que não se pode usar um retardador em estradas molhadas.

Ashraf seguia numa longa reta quando perdeu o controle. No momento em que o caminhão invadiu as duas pistas de sentido contrário, a carreta, atravessada na estrada de tal modo que a tomava quase de uma ponta a outra, chocou-se contra a lateral da cabine do veículo. O caminhão, agora em formato de L, continuou avançando em direção ao ônibus escolar, com a carreta oscilando desgovernada. O motorista do ônibus, embora tenha freado e quase parado no acostamento, não conseguiu tirá-lo da trajetória do caminhão, que colidiu com a dianteira do veículo, impelindo-o para trás, e continuou a girar no lugar. Instantes depois, a carreta se chocou contra o ônibus, fazendo-o tombar. O impacto causou um curto-circuito na caixa de fusíveis, provocando um incêndio que foi rapidamente alimentado pelos fortes ventos do dia.

NUM HOSPITAL NA REGIÃO CENTRAL de Israel, Radwan Tawam repousava em seu leito, grogue devido aos analgésicos. Não guardava nenhuma recordação da colisão, do fogo em suas pernas, de Salem e Huda retirando-o do ônibus pelo para-brisa estilhaçado, dos vinte minutos deitado no chão até a chegada de Nader Morrar nem da agonizante viagem de ambulância até o hospital de Ramallah. Não se lembrava de ter visto a

Ocorrência com grande número de vítimas

esposa aos prantos perto dos elevadores nem do momento em que o irmão dissera ao médico que não permitiria que amputassem as pernas de Radwan numa espelunca como aquela. Tampouco recordava que o irmão tinha recorrido a contatos a fim de transferi-lo para o hospital Tel Hashomer, perto de Tel Aviv, ou que seu primo, que era dentista, o acompanhara no trajeto, durante o qual Radwan havia repetido inúmeras vezes: "A culpa não foi minha, a culpa não foi minha".

Radwan se lembrava apenas de acordar de um coma de dois meses e descobrir que não tinha pernas. O susto provocou um derrame e um ataque cardíaco, de modo que os médicos induziram um segundo coma, dessa vez de um mês. Quando voltou a si, três meses após o acidente, Radwan havia perdido a capacidade de falar; ao ficar sabendo que seis crianças e uma professora haviam morrido, desfez-se em lágrimas. Depois de muitos meses de reabilitação, conseguiu recuperar a fala, ainda que com apenas um lado da boca e uma pronúncia arrastada. A parte mais difícil não foi a cadeira de rodas em si, mas a humilhante dependência. No início, recusou-se a usar fraldas, tentando sem sucesso ir ao banheiro por conta própria. Quando os médicos retiraram o gesso de seu braço, viram que ele havia sido aplicado de maneira incorreta no hospital em Ramallah, deixando uma grande protuberância em seu pulso. Ele não tinha dúvida de que só fora capaz de sobreviver graças à esposa, que dormiu no hospital por mais de um ano.

Toda sorte de vigaristas procurou Radwan, prometendo milhões em indenização pelo acidente. Ele e a esposa se sentiam desamparados ao lidar com advogados israelenses e documentos redigidos num idioma que não compreendiam. Um dos filhos de Radwan trabalhava na fábrica da SodaStream na zona industrial de Mishor Adumim, perto de Khan al-Ahmar. Seu gerente, que possuía um documento de identidade azul e falava hebraico, ofereceu-se para ajudar. Quando eles lhe confiaram um montante destinado à contratação de um advogado, no entanto, o sujeito desapareceu com o dinheiro. Radwan soube que ele havia se mudado para Beit Safafa, do outro lado do muro, mas, sem ter como ir a Jerusalém para procurá-lo, desistiu de reaver o dinheiro.

Sua vida profissional havia se encerrado, assim como a amizade com Sami, que desapareceu após o acidente. Radwan passaria o resto de seus dias confinado em sua casa em Jaba, a mulher levando-o de um cômodo a outro, as explosões da mina de calcário ecoando ao longe enquanto ele observava a poeira recobrir as figueiras e oliveiras do quintal.

PARTE IV

O muro

13.

PARA O CORONEL SAAR TSUR, o aspecto mais significativo do acidente de Jaba foi ter conhecido Ibrahim Salama. Eles continuaram amigos, desfrutando de uma relação de benefício mútuo. Se Ibrahim pedisse a Saar que desobstruísse uma estrada palestina bloqueada pelo exército com blocos de concreto ou montes de terra, Saar o atendia. Esse tipo de "medida de facilitação", como eram chamadas pelo exército, fazia uma enorme diferença na vida dos palestinos, permitindo que reduzissem drasticamente o tempo perdido no trânsito, acessassem suas lavouras e, de modo geral, se sentissem menos aprisionados. Além disso, quando Ibrahim dava a Saar os nomes de autoridades e empresários palestinos, Saar os adicionava à lista de VIPS autorizados a passar pelo posto de controle de Beit El, cujo acesso era restrito a um pequeno grupo de pessoas e economizava tempo. Ibrahim, por sua vez, ajudava Saar a reduzir o que o exército chamava de "atrito": a resistência palestina ao governo militar israelense.

Fazia meses que os jipes de Saar vinham sendo alvejados com pedras e coquetéis molotov num trecho da estrada de Jaba perto da base de Rama e de a-Ram. Saar não sabia o que fazer a respeito. A-Ram era uma terra sem lei, negligenciada por Israel e fora da jurisdição das forças de segurança da AP. Era cercada por instalações do exército, e o muro de separação cingia três lados do local. Sem ninguém para detê-los, os moradores usavam escadas e cordas para pular a construção e entrar em Jerusalém.

As medidas tomadas pelos soldados de Saar haviam resultado apenas em aumento da resistência. O coronel orientou suas tropas a atirar no joelho dos *shabaab* que lançassem pedras e coquetéis molotov, mas tinha certeza de que algum dia um de seus soldados erraria a mira e mataria um dos manifestantes, incendiando ainda mais os protestos em a-Ram. Oito dias depois do acidente na estrada de Jaba, o que ele temia aconteceu. Durante uma manifestação nos arredores de a-Ram numa sexta-feira à tarde, um jovem de 23 anos lançou fogos de artifício em direção às tropas das FDI, que responderam a tiros, matando-o. Em resposta, mais pedras passaram a alvejar os jipes militares de Saar.

Tão logo o comandante solicitou o auxílio de Ibrahim, o problema desapareceu e não voltou a se manifestar durante seu mandato. O amigo palestino sequer precisou pressionar muito: embora fosse desprezada pelos *shabaab*, a *sulta* era também temida — e por um bom motivo. A experiência mudou a visão de Saar a respeito da melhor maneira de executar seu trabalho: em situações em que no passado havia recorrido a expedientes militares, poderia ter muito mais sucesso caso trocasse favores com pessoas como Ibrahim.

Na visão de Saar, mais ainda que a cooperação com a AP, o que havia facilitado seu trabalho era o muro de separação. Tendo servido em diversas regiões controladas por Israel, a mais desafiadora em sua opinião era, de longe, a constituída pela Grande Jerusalém e por Ramallah — que compunham uma única malha urbana. Saar mal saberia dizer onde uma

O muro 163

cidade terminava e a outra começava. A região era densamente povoada e tinha comunidades judaicas e palestinas confinantes. Havia palestinos de todos os estatutos civis, desde cidadãos de Israel até aqueles que possuíam documentos de identidade azuis ou verdes. Havia ainda locais como o Campo de Shuafat e Dahiyat a-Salaam, que poderiam ser classificados como terras de ninguém: oficialmente anexados a Israel e, portanto, fora dos limites da jurisdição da AP, mas negligenciados pelos prestadores de serviços básicos israelenses, que raramente os acessavam — até mesmo o corpo de bombeiros só agia sob escolta do exército. Havia também o inverso: assentamentos que não tinham sido oficialmente anexados a Israel, mas que estavam perfeitamente conectados ao país, com acesso a todos os serviços de que seus vizinhos palestinos não dispunham.

Em razão de sua complexidade e da grande população palestina, a região era um dos alvos preferidos de ataques contra Israel. Em 2003, uma mulher planejou um atentado suicida num restaurante em Haifa após ter três parentes mortos pelo exército israelense. Depois de sair de Jenin, onde morava, e viajar duas horas para o sul, entrou em Jerusalém, fez um retorno e seguiu viagem por mais duas horas e meia rumo ao norte, até chegar a Haifa.

A polícia e o exército israelenses defendiam que ataques como esse comprovavam a necessidade de um muro de separação. Saar foi favorável à construção, sobretudo na grande Jerusalém. Costumava dizer que não havia comparação entre a primeira vez que serviu ali, em meados da década de 2000, quando grande parte do muro ainda estava sendo erguido, e a segunda, quando a obra já havia sido concluída no setor. De 2004 a 2006, três soldados israelenses e cinco civis foram mor-

164   *Um dia na vida de Abed Salama*

tos em ataques na região da grande Jerusalém e de Ramallah; de 2010 a 2012, não houve vítimas fatais.

QUANDO O ACIDENTE OCORREU, o muro de separação estava em seu décimo ano de construção e já constituía o maior projeto de infraestrutura da história de Israel. O custo havia chegado a quase 3 bilhões de dólares, mais que o dobro do que havia sido gasto na construção do aqueduto nacional. Seu arquiteto foi Dany Tirza, um coronel da reserva que chefiou durante treze anos o planejamento estratégico das FDI na Cisjordânia. Ele havia participado de quase todas as negociações territoriais com os palestinos, elaborando os mapas para a delimitação das regiões autônomas tanto por ocasião dos Acordos de Oslo como mais tarde, quando das propostas israelenses para um acordo final. Yasser Arafat o chamava de Abu Kharita, o "pai dos mapas"; Dany estava certo de que Arafat queria dizer Abu Kharta: o "pai dos embustes".

À época do acidente em Jaba, Dany tinha 53 anos e comandava o órgão dirigente de Kfar Adumim, assentamento construído num terreno confiscado de Anata e fundado em 1979, dez anos antes de Dany se mudar para lá. Ele se lembrava bem de como o lugar era estéril naqueles primórdios, com menos de cem famílias e sem uma árvore sequer. Com o tempo, havia se transformado num oásis verdejante, repleto de flores, palmeiras e casas com telhados vermelhos e piscinas, e abrigava mais de 3400 judeus israelenses, alguns deles colonos de segunda ou terceira geração. O assentamento se expandira a ponto de dar origem a outros dois, adjacentes, Allon e Nofei Prat — chamados, com uma piscadela, de "bairros" de Kfar

Adumim, uma forma de negar que Israel estivesse construindo novos assentamentos.

Dany se mudou para a Cisjordânia porque queria ser um pioneiro, colonizando, tal como seu avô, partes da Terra de Israel. Nascido na Galícia na virada do século, o avô de Dany fora membro do movimento juvenil marxista-sionista Hashomer Hatzair. Sua família *haredi* rejeitava o sionismo, e a maior parte dela morreu no Holocausto. Pelo resto da vida, ele diria a seus descendentes que a família havia morrido por se recusar a lhe dar ouvidos.

Não que o avô de Dany defendesse a Palestina como um porto seguro para os judeus: havia lugares melhores para onde fugir do ódio antissemita. A região era o destino de apenas uma pequena parcela dessa população, uma vanguarda de sionistas ideologicamente engajados. Os primeiros líderes rechaçavam a ideia de que houvessem escolhido a Palestina por desespero e não pelo ideal de fundar uma nova nação, um novo judaísmo, em seu berço histórico. "Emigramos não por razões negativas de fuga", escreveu David Ben-Gurion, nascido no reino da Polônia em 1886. "Para muitos de nós, o sentimento antissemita pouco teve a ver com nossa dedicação."

O avô de Dany chegou à Palestina em 1919, quando os judeus representavam menos de 10% da população. Ao desembarcar do navio, jurou nunca mais pisar em outra terra, promessa a que se manteve fiel. Apesar de não ser fluente em hebraico, jurou também nunca mais usar outro idioma. Como muitos pioneiros sionistas, era um antirreligioso ferrenho, e seu filho, o pai de Dany, não passou pelo ritual do bar mitsvá. Sua antipatia pela prática religiosa, no entanto, não implicava o desprezo pela Bíblia, que ele conhecia bem e que mesmo alguns dos mais seculares líderes sionistas adotavam como justificativa para o estabelecimento de um Estado judeu numa terra habitada por árabes. "Nosso direito à Palestina não provém do Mandato Britânico ou da Declaração de Balfour. É anterior a eles", declarou Ben-Gurion a uma Comissão Real Britânica. "Declaro, em nome dos judeus, que a Bíblia é o nosso Mandato."

Dany tornou-se praticante aos dezoito anos, depois de uma temporada em Lavi, um kibutz fundado por sionistas britânicos religiosos em terras antes pertencentes a Lubya, um vilarejo palestino próximo a Tiberíades e cuja população havia sido removida. Pouco depois, entrou para o exército, onde permaneceria por mais de trinta anos, adquirindo conhecimento territorial por meio do serviço e da residência em diversas regiões da Cisjordânia — antes de Kfar Adumim, viveu no assentamento de Ma'ale Hever, a leste de Hebron. Em fins de 1993, foi chamado ao gabinete do chefe do Estado-Maior das FDI, Ehud Barak, que precisava de alguém com seu conhecimento topográfico para tratar de assuntos de segurança na delegação que negociava os Acordos de Oslo.

Dany foi também nomeado diretor do que o exército chamou de Divisão Arco-Íris, a unidade de planejamento estratégico e espacial das FDI para a Judeia e Samaria — o nome bíblico da Cisjordânia —, posto no qual supervisionou a reconfiguração da região durante as negociações de Oslo. A perspectiva de uma força policial comandada pela OLP atuando em cidades da Cisjordânia era uma mudança radical para Israel. A fim de facilitar sua aceitação, Dany projetou uma nova rede de transportes destinada a separar os colonos judeus dos palestinos, com a construção de vias que lhes permitiriam passar ao largo das cidades e postos de controle palestinos e o estabele-

O muro   167

cimento do que o exército chamou de "estradas estéreis", às quais os árabes não teriam acesso.

Paralelamente, Dany desenvolveu uma rede de passagens subterrâneas e rotas tortuosas destinadas aos palestinos impedidos de acessar as rodovias que atravessavam suas terras. Essas vias receberam o nome benevolente de "malha da vida". No trato particular, as autoridades israelenses referiam-se a elas de maneira mais honesta: em uma conversa com o embaixador americano em Tel Aviv, que resumiria o diálogo num telegrama diplomático, o vice-ministro da Defesa de Israel chamou-as abertamente de "estradas do apartheid".

Se o principal tema dos Acordos de Oslo foi a segregação, seus símbolos eram as barreiras construídas por Dany: postos de controle, bloqueios de estradas, vias de uso exclusivo de cidadãos israelenses e, sobretudo, cercas e muros. Em 1994, ano de fundação da AP, Israel instalou uma cerca ao redor de Gaza, lançando as bases para a construção, anos mais tarde, do muro de separação na Cisjordânia.

Dany imaginou que supervisionaria uma transição tranquila para a autonomia palestina. Após os seis anos exaustivos da Primeira Intifada, pensava que os palestinos receberiam o que desejavam: o autogoverno, ao menos nos centros urbanos de Gaza e da Cisjordânia. No entanto, a violência dos oponentes aos Acordos de Oslo, tanto judeus como palestinos, subverteu suas expectativas. Poucos meses após a cerimônia de assinatura do tratado no gramado da Casa Branca, um massacre terrível provocou o que Dany chamou de "um grande *balagan*", um caos, tornando seu trabalho ainda mais urgente e complexo.

Em fevereiro de 1994, Baruch Goldstein, um colono religioso nascido no Brooklyn, assassinou 29 fiéis palestinos em

Hebron. Goldstein escolheu uma data significativa para levar a cabo o atentado: o Purim, feriado de comemoração da história bíblica em que os judeus da Pérsia frustram uma conspiração para dizimá-los e, em seguida, matam "todos os inimigos com o golpe da espada, com carnificina e destruição". Naquele ano, o Purim caiu na terceira sexta-feira do Ramadã. Goldstein, morador de Kiryat Arba, nas proximidades de Hebron, e capitão da reserva das FDI, vestiu o uniforme do exército, empunhou o fuzil e entrou na Mesquita Ibrahimi durante a oração do amanhecer. Munido de fones de ouvido com cancelamento de ruído, disparou III tiros contra as fileiras de palestinos ajoelhados em oração. A matança durou dois minutos, até que Goldstein foi subjugado e espancado até a morte pela multidão. Seu túmulo, num parque municipal de Kiryat Arba, tornou-se um santuário e local de peregrinação. A inscrição diz: DEU A ALMA PELO POVO DE ISRAEL, À SUA TORÁ E À SUA TERRA: MÃOS LIMPAS E CORAÇÃO PURO.

Em resposta, o exército intensificou sua campanha pela separação, em especial na região onde o ataque havia ocorrido. Hebron era uma cidade de 120 mil palestinos com 450 colonos judeus em seu centro, permanentemente protegidos por três batalhões do exército e pela polícia israelense. Embora representassem menos de 0,5% da população, a presença dos colonos restringia a liberdade de todos os demais habitantes da cidade: após o massacre de Goldstein, eles continuaram a circular livremente, ao passo que as vítimas — os palestinos — foram submetidas a toques de recolher diurnos e noturnos, a invasões domiciliares, à instalação de novos postos de controle, à proibição de circular pelas estradas estéreis e ao fechamento de um mercado central e de diversas mesquitas.

O muro 169

As consequências do derramamento de sangue do Purim não se restringiram a Hebron, incluindo o primeiro atentado suicida a um ônibus, reivindicado pelo Hamas como retaliação. Muitos ataques semelhantes se seguiram naquele ano e nos seguintes, e a arquitetura da segregação ganhou força. Ironicamente, aqueles que mais se opuseram aos Acordos de Oslo — terroristas judeus e palestinos — foram também os que mais contribuíram para o processo de segmentação que constituía seu cerne.

Dany via seu trabalho como o equilíbrio de dois objetivos conflitantes: proporcionar segurança aos cidadãos israelenses e, ao mesmo tempo, garantir que a nova infraestrutura — e a expansão dos assentamentos que ela favorecia — não inviabilizasse a possibilidade de chegar a um acordo negociado. Apesar do aumento da violência e da contradição inerente a sua missão, Dany ainda acreditava que a paz estava no horizonte. À época, estava construindo uma casa em Kfar Adumim: não via nenhum conflito entre a função de negociador e a construção de uma casa num território que os palestinos reivindicavam para seu futuro Estado. De fato, a exemplo da maioria dos israelenses, Dany presumia que, qualquer que fosse o acordo final, Israel manteria Kfar Adumim — parte do bloco de assentamentos de Ma'ale Adumim —, muito embora sua extremidade leste, o "bairro" de Allon, quase atingisse metade da largura da Cisjordânia. Dany dizia a si mesmo que os palestinos o aceitariam: "Melhorar de vida é uma questão que não depende de quanta terra se recebe, e sim do que se faz com ela", dizia.

Os mapas mais importantes dos Acordos de Oslo, entre eles o que dividiu a Cisjordânia em três áreas — A, B e C —, foram assinados por Dany. Elaborados em 1995, designavam diferentes níveis de soberania palestina: na Área A, as zonas urbanas, a AP tinha maior grau de autonomia, com jurisdição sobre a segurança interna; a Área B era composta de cidades e vilarejos de médio porte, nos quais Israel desejava se manter à frente da segurança porém achava mais conveniente deixar os palestinos conduzirem os próprios assuntos municipais; e a Área C, sob administração israelense, consistia em todo o resto: áreas não urbanizadas dentro, ao redor e entre cidades palestinas; zonas rurais; parques nacionais; bases militares, campos de tiro, assentamentos, estradas e parques industriais israelenses. A Área C não apenas compreendia a maior parte da Cisjordânia — nos mapas originais de Dany, 73% da região — como era a única contínua, um oceano de domínio israelense a envolver as 165 ilhas pertencentes às áreas A e B. Graças ao projeto de Dany, o que antes era um território palestino pontilhado de assentamentos israelenses havia sido transformado em seu negativo fotográfico: uma Cisjordânia israelense cingindo dezenas de pequenos enclaves de soberania limitada palestina. "Vocês transformaram nossa autonomia numa prisão para nós", declarou o principal negociador palestino, Abu Ala.

Ciente de que a delegação palestina faria objeções aos mapas, que limitavam a Área A a apenas 3% da Cisjordânia, Israel esperou até os últimos instantes das negociações de Oslo II para mostrá-los. Arafat explodiu: "Isso são cantões! Vocês querem que eu aceite cantões! Vocês querem me destruir!". Em seguida, retirou-se furioso. Os israelenses tentaram acalmá-lo oferecendo uma pequena expansão da Área B. Três dias depois, quando o major-general Ilan Biran, chefe do Comando Central das FDI, descreveu como a polícia palestina precisaria da per-

A Cisjordânia e o muro

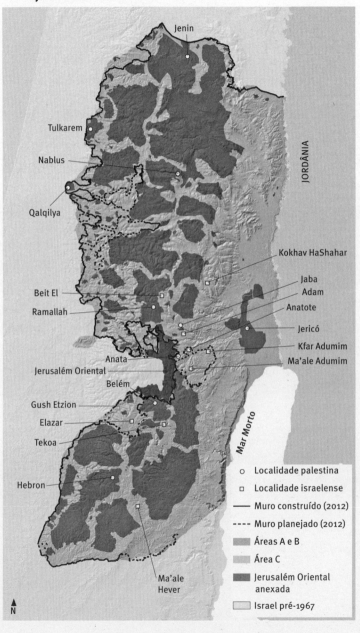

missão de Israel para circular fora da Área A, Arafat teve um novo acesso de fúria: "O que vocês estão pensando? Que meus policiais serão subordinados a vocês? Que humilharão minhas forças de segurança? Que pediremos sua permissão para ir a um vilarejo palestino na Área B lidar com um roubo ou uma briga familiar? Isso não é um acordo. Não serei humilhado por vocês! Não sou seu escravo!".

No fim, Israel conseguiu o que queria: Arafat aceitou o que disse que rejeitaria. As terras palestinas foram encolhidas, os assentamentos judaicos se expandiram e o sistema de Oslo, que deveria ser temporário, se consolidou. Israel, contudo, não obteve a paz que Dany esperava: poucos anos mais tarde, o país se viu diante de uma violenta revolta.

14.

Ao fim de março de 2002, o mês mais sangrento da Segunda Intifada, Dany foi encarregado de construir o muro de separação completo. Negava-se a chamar a revolta por esse nome, que considerava lisonjeiro: preferia o termo "Ataque Terrorista Palestino". Durante os 31 dias de março, mais de 120 israelenses e o dobro de palestinos foram mortos. Perto do fim do mês, um homem-bomba do Hamas oriundo de Tulkarem atacou uma celebração da Páscoa judaica no Park Hotel em Netanya, matando trinta pessoas — a explosão com maior número de mortos em toda a história do Estado de Israel. "Enquanto houver ocupação, haverá resistência", declarou um líder político do Hamas. "Portanto, dizemos claramente: a ocupação precisa ser interrompida, e só então haverá mudança."

Fazia um ano e meio que Dany havia sido encarregado pelo Comando Central das FDI de conceber um plano para dar um fim aos atentados e, mais especificamente, impedir que cidadãos palestinos entrassem nas cidades israelenses. A princípio, buscou soluções temporárias, acreditando que após alguns meses a intifada perderia força e os dois lados retomariam as negociações. Estava certo com relação à retomada do diálogo, mas não a respeito do levante: nem as negociações nem as respostas do exército foram capazes de contê-lo. A primeira medida de Dany foi limitar os pontos de acesso às áreas judaicas, canalizando todo o tráfego palestino na Cisjordânia para as estradas principais através do fechamento de vias de acesso, saídas e estradas secundárias com cercas, portões, grades, blocos de cimento e montes de terra. O exército, por sua vez, quadruplicou o número de postos de controle na Cisjordânia, parando todos os carros palestinos que entrassem em Israel, em seus assentamentos ou na Jerusalém Oriental anexada.

Os postos de controle, no entanto, eram como portões no deserto: era muito fácil contorná-los a pé. O exército, então, decidiu prender e executar os comandantes da intifada. Como perito em matéria de mapas da entidade, Dany providenciava ao governo israelense fotos aéreas da casa dos militantes palestinos para a aprovação dos planos de ataque. Em poucos meses, mais de uma centena dos principais combatentes palestinos havia sido detida, mas não demorou para que novos líderes tomassem seu lugar. Em seguida, o exército voltou as atenções para as fábricas de explosivos: mais de trezentas foram fechadas. Os artefatos, porém, não precisavam ser produzidos em massa: podia-se fabricá-los numa banheira ou numa pia de cozinha.

Enquanto isso, a violência só fez se agravar. Dany tinha medo de mandar a filha para o colégio em Jerusalém. Bombas explodiam por toda parte: ônibus, cafés, mercados, casas noturnas e calçadões de pedestres. Nenhum lugar parecia seguro. Com o país em chamas, havia uma enorme pressão por novas medidas do governo. Ambos os lados do espectro político exigiam a segregação dos palestinos. Dany concluiu que a única solução viável era construir mais cercas e muros, e elaborou junto aos colegas um plano de expansão dos muros erguidos na Cisjordânia à época dos Acordos de Oslo.

O muro 175

Após o atentado da Páscoa, o primeiro-ministro Ariel Sharon decidiu atender à recomendação de Dany: duas semanas depois, o plano foi aprovado pelo governo. O principal debate não girava em torno da necessidade de construir o muro, e sim de onde deveriam partir. A direita temia e a esquerda esperava que a barreira — fosse qual fosse a forma que ela viesse a tomar — servisse não como uma solução temporária de segurança, e sim como uma demarcação permanente. Israel não possuía fronteiras internacionalmente reconhecidas com Gaza ou com a Cisjordânia. Nem mesmo a linha de armistício de 1949 — conhecida como Linha Verde, devido à cor com que foi traçada nos mapas da época — havia sido aprovada como uma fronteira permanente. Após a Guerra dos Seis Dias, Israel proibiu sua impressão em mapas oficiais.

O tamanho da parcela da Cisjordânia a ser talhada pelo muro tornou-se uma das questões mais polêmicas na sociedade israelense. O órgão central dos assentamentos, conhecido como Conselho Yesha, fez campanha para que a estrutura fosse erguida em torno das ilhas de autonomia palestina designadas como Área A. A esquerda sionista — e os Estados Unidos — pleiteava algo que se parecesse menos com uma série de gaiolas ao redor das cidades palestinas e mais com uma fronteira que abarcasse os principais blocos de assentamentos, mas que de resto seguisse de maneira aproximada o desenho da Linha Verde.

Ariel Sharon queria evitar a impressão de que se estivesse traçando uma fronteira definitiva. Haveria protestos dos Estados Unidos e da comunidade internacional caso o muro parecesse um pretexto para a apropriação de terras: nos planos iniciais, 90% de seu traçado afastava-se da Linha Verde, de modo que 16% do território da Cisjordânia seriam confiscados por Israel. Isso não incluía algumas áreas do vale do Jordão — localidade que constituía mais de 20% da região — que, segundo algumas das plantas iniciais, deveriam ser cercadas por outro muro. O primeiro-ministro, por outro lado, temia que os colonos reclamassem que o traçado seguia demasiado à risca a Linha Verde, o que representaria uma capitulação à extorsão terrorista. Contra isso, preveniu-se por meio de um estratagema: instruiu Dany a erguer uma série de pilares em toda a extensão da Cisjordânia, posicionados a mais de um quilômetro de distância da Linha Verde, dando a entender que o muro poderia ser erguido ali e que o traçado atual era apenas uma entre diversas fronteiras possíveis.

Entre os integrantes do governo de Sharon, as opiniões divergentes a respeito da localização ideal do muro eram quase tantas quanto o número de ministros. Os partidários da anexação total defendiam que o único traçado fosse ao longo da fronteira com a Jordânia, de modo que o muro abrangesse toda a Cisjordânia. Para outros, o objetivo principal deveria ser insular o maior número possível de colonos, afastando-os do convívio com os palestinos. O chefe do Estado-Maior das FDI, Shaul Mofaz, endossava a ideia do Conselho Yesha de construir muros ao redor das principais cidades palestinas. Dany, por sua vez, acreditava que Israel sofreria fortes represálias ao confinar tantas pessoas em guetos fechados, além de considerar o plano falho: terroristas poderiam muito bem vir dos vilarejos situados do lado de fora das barreiras. Outros ministros defendiam ainda que o muro fosse traçado a oeste da Linha Verde, em território israelense, o que faria com que boa parte dos cidadãos palestinos do país ficassem do lado da Cisjordânia.

O muro 177

A justificativa para a exclusão desses concidadãos era que muitos deles haviam apoiado a intifada e, portanto, eram leais à nação palestina, e não ao Estado de Israel.

Dany trabalhou no projeto dia e noite, reunindo uma equipe de mais de vinte especialistas: engenheiros, arqueólogos, ecologistas, cientistas ambientais e funcionários da Administração Civil com perícia em água, eletricidade, educação e registro de terras. Eles foram a campo para examinar cada centímetro dos mais de setecentos quilômetros do traçado proposto. Como a AP se recusou a colaborar com o projeto, Dany conversou diretamente com os agricultores e proprietários de terras palestinos cujas cidades e meios de subsistência seriam destruídos pela obra.

Como a barreira seguiria um trajeto serpenteante ao redor dos assentamentos israelenses e das comunidades palestinas, mudando drasticamente de direção em alguns pontos e, em outros, criando enclaves palestinos totalmente fechados, seu traçado tinha mais que o dobro do comprimento da Linha Verde, abrangendo 80% dos colonos e formando uma imensa cicatriz no terreno da região. Na maior parte da Cisjordânia, era composta de cercas, trincheiras, arame farpado, câmeras, censores, vias de acesso destinadas a veículos militares e torres de vigilância. Contudo, ao longo de mais de sessenta quilômetros, e sobretudo em zonas urbanas como Jerusalém, Belém, Tulkarem e Qalqilya, a divisão seria demarcada por um muro de concreto de oito metros de altura.

15.

ASSIM COMO DANY, Ibrahim Salama acreditava que um acordo entre Israel e Palestina estava próximo. Quando o Acordo de Oslo foi anunciado, em 1993, estava entre seus mais fervorosos apoiadores. Acreditava que a cooperação com Israel levaria à criação de um Estado palestino, que ele considerava não só possível como quase inevitável, e por uma razão simples: era do interesse de Israel. Foi o que ele ouviu centenas de vezes dos amigos das FDI.

Ibrahim chegara a essa conclusão depois de anos de sofrimento. Em 1983, quando tinha dezoito anos e estava prestes a se formar no colégio Rashidiya, nas proximidades da Cidade Velha de Jerusalém, havia se filiado ao Fatah. Na ocasião, pegara um ônibus para a ponte Allenby e, lá chegando, outro até o centro de recrutamento do Fatah na Jordânia, na esperança de se juntar ao que restara dos defensores da liberdade da OLP no Líbano. Para seu azar, o diretor do centro era amigo de seu irmão e telefonou para ele, que disse que a partida de Ibrahim para lutar em Beirute causaria a morte de sua mãe. O jovem foi mandando de volta para casa, mas não sem antes receber das mãos do recrutador uma carta que deveria entregar a um líder clandestino do Fatah na Cisjordânia.

Ibrahim viu a missão como uma tábua de salvação para seu futuro na organização. Dobrou a carta repetidas vezes e em-

O muro

brulhou o quadradinho de papel que ela virou num pedaço de plástico, que selou com o auxílio de um isqueiro. Em seguida, engoliu o pequeno pacote e pôs-se a caminho de casa; quando atravessava a ponte Allenby, porém, foi preso e levado para o presídio de Moscobiya. Os israelenses, no entanto, não dispunham de informações incriminatórias a seu respeito, e Ibrahim foi liberado após uma semana de interrogatórios. Nesse ínterim, a carta havia saído duas vezes; em ambas as ocasiões, ele a retirou do vaso sanitário, lavou-a na pia e a engoliu de novo.

Quando a Primeira Intifada eclodiu, Ibrahim tinha subido nas fileiras do Fatah, liderando o conselho estudantil da Universidade de Hebron em sua primeira vitória contra a chapa islamista. Filiara-se ao comitê regional da organização em Jerusalém e era membro da Liderança Nacional Unificada (LNU), que comandava a rebelião. Foi preso por Israel ainda no início da intifada, acusado de atirar um coquetel molotov contra um ônibus israelense em Shuafat, atuar no recrutamento do Fatah, formar células militares e participar da LNU. Foi condenado a dez anos de prisão e passou mais de um ano em confinamento solitário no presídio de Be'er Sheva.

Sua cela era minúscula, pouco maior que uma cama, e a única abertura era uma pequena janela na porta, por onde as refeições eram entregues. Enquanto cumpria pena, 7 mil palestinos detidos em prisões nos quatro cantos de Israel e dos territórios ocupados iniciaram uma greve de fome coletiva em protesto contra as más condições e o uso do confinamento solitário como punição. Em Be'er Sheva, Ibrahim liderou a greve, que foi um sucesso histórico: o serviço penitenciário israelense consentiu em fechar uma das alas de confinamento solitário, acabar com as revistas íntimas e aumentar a duração das visitas familiares, além de permitir que os detentos cozinhassem em suas celas.

O isolamento havia submetido Ibrahim a um grande estresse psicológico. Embora nunca tivesse orado, ele recorreu a Deus: em sua minúscula cela, tentou rezar em pé, sentado, deitado de um lado e do outro, mas nada ajudou. Foi então que começou a questionar suas antigas crenças e concluiu que não havia solução militar para o conflito. Poucos meses após a assinatura do Acordo de Oslo, foi libertado antes do previsto, tendo cumprido seis anos e dois dias de prisão. No cárcere, havia sido encarregado de investigar os colaboradores de Israel; agora, passaria a monitorar aqueles que resistiam à prisão: assim que foi solto, ingressou num dos recém-formados ramos de inteligência da *sulta*, a Organização de Segurança Preventiva.

Alguns anos depois, Ibrahim foi transferido para o Departamento de Assuntos de Refugiados da OLP. Foi assim que travou contato com Ron Pundak, um analista de políticas israelense de temperamento dócil e que estava entre os responsáveis pelas primeiras negociações secretas que resultariam no Acordo de Oslo. Ron trabalhava num *think tank*, a Fundação de Cooperação Econômica, cujo princípio basilar, segundo definição própria, era que "o cumprimento da solução de dois Estados é fundamental para que Israel continue a ser um Estado democrático e judeu". Embora a colonização da Cisjordânia fosse o principal projeto nacional do país havia décadas, apoiado por todos os governos — de centro-esquerda ou de direita — que passaram pelo poder no período, os companheiros de Ibrahim nas FDI sustentavam que a política era uma aberração, patrocinada por um pequeno grupo de fanáticos religiosos que não representavam o Estado. Ibrahim concordava com eles.

16.

EM MUITOS ASPECTOS, Adam era um assentamento típico: situava-se no alto de um morro, reivindicava uma conexão histórica com um local bíblico, ocupava terras palestinas confiscadas, fora construído numa brecha entre vilarejos palestinos, estabelecera-se com o apoio do governo israelense e da Organização Sionista Mundial — financiada com dinheiro público — e oferecia moradias mais acessíveis que as disponíveis do outro lado da Linha Verde: casas espaçosas com quintais e vistas bucólicas. Havia um aspecto, porém, que o distinguia de seus pares: Adam havia sido estabelecido por judeus mizrahim, imigrantes pobres do Oriente Médio e do norte da África.

O fundador do assentamento, Beber Vanunu, de 59 anos, havia sido criado num conjunto habitacional de Jerusalém repleto de imigrantes recém-chegados de países árabes, sobretudo marroquinos, que formavam a maior comunidade mizrahim de Israel. Nascera em Casablanca em 1952, dois anos antes de sua família se mudar para Israel. O Marrocos não queria que os judeus emigrassem — o governo havia tentado, inclusive, impor restrições a sua saída —, mas os pais de Beber, movidos por sua convicção sionista, partiram mesmo assim.

Ao chegar, porém, o casal sofreu uma profunda decepção. Israel enviava os judeus mizrahim para *ma'abarot*, acampamentos temporários abarrotados e onde tinham que dormir em barracas. Os terrenos eram cercados e vigiados pela polícia, que impedia a saída dos imigrantes. O local não oferecia água encanada, condições básicas de saneamento nem professores para as crianças. A elite asquenaze israelense tratava com desprezo os mizrahim. Onze dos doze ministros do primeiro governo do país eram imigrantes asquenazes. Numa reunião do gabinete, o primeiro-ministro David Ben-Gurion propôs a construção de banheiros externos para os mizrahim: "Essa gente não sabe como usar um banheiro dentro de casa com a devida higiene", afirmou. As taxas de desemprego e de mortalidade infantil eram altas nesse segmento da população, assim como a incidência de tuberculose e poliomielite. Milhares de crianças morreram.

Os pais de mais de mil crianças mizrahim acusaram o governo de registrar falsamente a morte de seus filhos recém-nascidos e entregá-los em segredo a casais asquenazes que desejavam adotar um bebê. Eles não tinham sido autorizados em nenhum momento a ver o corpo, o local de sepultamento ou a certidão de óbito dos filhos. A família de Beber lhe dizia que sua irmã mais nova havia sido roubada aos cinco meses de idade. Décadas mais tarde, o Ministério da Saúde confirmou num relatório interno algumas das acusações: os funcionários do governo haviam justificado a fraude com o argumento de que os mizrahim eram "atrasados" e que os sequestros, portanto, eram levados a cabo tendo em conta "o interesse das crianças".

Embora Ben-Gurion desprezasse os "judeus primitivos" dos países árabes, os mizrahim eram considerados necessários para o sucesso do projeto sionista. "Se não tivéssemos trazido 700 mil judeus sem nem pensar duas vezes, 700 mil árabes ine-

O muro

vitavelmente teriam retornado", declarou o primeiro-ministro. "Barramos o regresso dessas pessoas." Depois de deixar os acampamentos, alguns dos parentes de Beber mudaram-se para casas de onde palestinos haviam sido expulsos.

Beber se ressentiria pelo resto da vida da pobreza de sua juventude. À época, teve que dividir com nove familiares um único quarto num cortiço de Jerusalém. Quando chegava em casa à noite, precisava passar por cima dos irmãos para alcançar a própria cama. Seu pai, que sabia vários idiomas, foi preterido na disputa por um cargo no governo em favor de um imigrante polonês recém-chegado que sequer falava hebraico. A mãe, que sabia ler e escrever em francês, trabalhava como faxineira numa clínica em Jerusalém.

O bairro onde Beber cresceu tinha altos índices de criminalidade e consumo de drogas. Quando, mais tarde, ele se envolveu num projeto de revitalização da região, deu-se conta de que grandes empreiteiras estavam obtendo lucros exorbitantes com a reforma. Em vez de empregar moradores locais, essas empresas preferiam trazer trabalhadores palestinos mal remunerados da Cisjordânia. Beber alertou as empreiteiras de que não eram bem-vindas. Houve protestos, mas os empresários entenderam o que aconteceria com seus equipamentos caso ignorassem o aviso. Os moradores locais foram contratados para efetuar o trabalho. A criminalidade e o consumo de drogas diminuíram, e Beber viu alegria pela primeira vez no rosto de alguns de seus vizinhos.

Na década de 1970, havia sido membro dos Panteras Negras, um movimento de empoderamento mizrahim inspirado no grupo afro-americano de mesmo nome. Os fundadores eram todos descendentes de marroquinos. Quando pequeno, Beber via o Estado distribuir terras aos asquenazes para o estabelecimento de kibutzim, enriquecendo seus membros, e sabia que jamais receberia uma oportunidade semelhante. Seu pai costumava dizer que ele não seria eleito primeiro-ministro nem se fosse a última pessoa que restasse no país: os judeus mizrahim só conseguiam algo se o conquistassem por conta própria. Em fins de 1982, Beber resolveu construir um vilarejo para sua gente, tal como os asquenazes faziam. Em busca de inspiração para estabelecer sua própria comunidade, foi conhecer Anatote, um novo assentamento nos arredores de Jerusalém, fingindo que estava interessado em morar lá.

Beber observou e aprendeu. No verão seguinte, ele e algumas das famílias do bairro armaram barracas de campanha na estrada para Jericó, perto do parque nacional da Pousada do Bom Samaritano, onde um dia um cã otomano havia se hospedado. O exército, que também desejava a posse daquela terra, ofereceu a Beber e seus amigos um terreno do outro lado da estrada, no município de Anata, para onde soldados da base de Beit El levaram trailers, tanques de água, fogareiros a gás e um gerador. O projeto, no entanto, durou pouco: o morro em que o grupo havia se estabelecido ficava dentro dos limites do assentamento de Kfar Adumim, cujos colonos asquenazes desejavam reservar para as próximas gerações.

Beber, então, voltou a atenção para um terreno situado no vilarejo de Jaba. O ministro Yuval Ne'eman, ex-físico teórico e diretor do Comitê de Assentamentos do governo, recomendou-lhe que escolhesse outro local, próximo a Nablus ou Ramallah. Israel não precisava de mais um assentamento nos arredores de Jerusalém Oriental, onde já havia uma forte presença judaica: a prioridade era adentrar as regiões mais remo-

O muro   185

tas da Cisjordânia, usando a estratégia militar de estabelecer um posto avançado em território inimigo para, em seguida, controlar toda a extensão de terra situada no meio do caminho. Os novos assentamentos, assim, eram construídos a grandes distâncias dos blocos já estabelecidos, de modo a permitir o povoamento das regiões intermediárias.

Contudo, a estratégia não interessava a Beber, que queria viver perto de Jerusalém. Além disso, discordava da visão de Ne'eman: não se come uma laranja de uma vez só, e sim de gomo em gomo. Com um mapa aberto diante de si, disse não ao físico premiado. "Não sou da universidade nem cursei o ensino médio. Venho de um bairro pobre e quero construir aqui", declarou, indicando Jaba no mapa.

Conseguiu o que desejava. O governo anunciou um novo assentamento situado em Jaba e chamado Geva Binyamin, nome derivado da cidade bíblica de Geva. Beber queria chamá--lo Adam, em homenagem a Yekutiel Adam, um chefe adjunto do Estado-Maior das FDI que havia morrido no Líbano e cuja família era do Daguestão, no Cáucaso. O governo não concordou. As autoridades prestigiavam os asquenazes mais insignificantes com nomes de ruas, pensou Beber, mas recusavam-se a nomear um assentamento em homenagem ao oficial israelense de maior patente já morto em combate — porque, afinal, ele era mizrahim. Vias que não acabavam mais recebiam nomes como Berkovich, Meirovich, Moskovich, Bernstein, Feinstein, Weinstein, Ginzburg, Goldberg e Grinberg, mas não se permitia um Adam sequer. Foi ele, porém, quem riu por último: o país inteiro adotou o nome não oficial do assentamento.

Beber tornou-se chefe do conselho de Adam. Julgava ter boas relações com os palestinos locais, muito embora o assentamento tivesse sido construído num terreno pertencente a Jaba. A fim de realizar a expansão do núcleo de povoamento para o leste, contratou moradores do vilarejo como operários e trabalhadores domésticos. Gostava de se vangloriar do fato de que os locais se referiam a ele como *mukhtar*. Assim, quando avistou a fumaça do acidente envolvendo o ônibus escolar, visível de Adam, dirigiu-se às pressas ao portão de entrada do assentamento e pediu ao guarda que o levasse ao local. Àquela altura, as ambulâncias e os caminhões de bombeiros já haviam concluído seu trabalho.

Na condição de uma das figuras mais proeminentes de Adam, Beber queria deixar claro que a comunidade não se regozijava com o sofrimento dos vizinhos palestinos, e tampouco tinha responsabilidade pelo acidente. Quando voltou ao assentamento, instigou os habitantes a confeccionar uma enorme faixa manifestando as condolências da comunidade de Adam às famílias das crianças, a qual foi afixada nas imediações do posto de controle de Jaba, sobre uma das estradas de uso exclusivo dos colonos.

17.

IBRAHIM NÃO CONHECIA PESSOALMENTE nenhum colono até ser apresentado a um deles pela ECF, a ONG de Ron Pundak, após a eclosão da Segunda Intifada. A organização queria ajudar o exército a conter a revolta, e um de seus funcionários, um general da reserva das FDI, pôs-se a intermediar um acordo de não agressão entre um vilarejo palestino e um assentamento próximo. Em virtude de seus laços estreitos com o establishment israelense, Ibrahim foi encarregado de representar Anata nas negociações com o assentamento de Anatote.

O representante de Anatote era um oficial da reserva chamado Adi Shpeter, um homem secular de quarenta e poucos anos nascido na Romênia. Ele não simpatizava com a equipe da ECF, cuja atitude no trato com os colonos via como condescendente. Adi havia se mudado de Jerusalém para Anatote pouco após a fundação do assentamento, no início da década de 1980. À época, o local não passava de um terreno árido e montanhoso com quase nenhuma infraestrutura. A esposa de Adi achava que ele tinha enlouquecido. As paisagens, no entanto, eram belíssimas, com um pôr do sol violáceo de tirar o fôlego e vistas panorâmicas das montanhas desérticas que se estendiam até onde os olhos alcançavam em direção à Jordânia. Embora apoiador de longa data do partido de direita Likud, Adi não atribuía nenhum significado político ou ideológico ao fato de morar em Anatote — ao menos não a princípio. Contudo, quando a Primeira Intifada começou, ele percebeu que estava na linha de frente do conflito: os *shabaab* de Anata atiravam pedras e coquetéis molotov contra os carros de Anatote que trafegavam na estrada entre as duas cidades, e ele passou a temer diariamente a volta do trabalho para casa. A violência diminuiu com os Acordos de Oslo e tornou a se agravar durante a Segunda Intifada, uma década depois. Adi andava armado dia e noite.

Em tempos normais, alguns colonos de Anatote faziam compras em Anata, entre eles um policial de alta patente que falava árabe. Outros vilarejos palestinos próximos também eram frequentados por judeus. Os pais da primeira esposa de Ibrahim eram donos de uma mercearia em Hizma e atendiam regularmente colonos de Adam, Anatote e Pisgat Ze'ev. Alguns eram fregueses tão assíduos que compravam fiado, de modo que o estabelecimento mantinha contas para clientes com nomes como Moshe, Yair e Avraham.

No entanto, a Segunda Intifada não foi um período normal. Nem mesmo num vilarejo tranquilo como Anata os colonos estavam livres do perigo. Ibrahim volta e meia recebia uma ligação da Administração Civil de Israel informando-lhe que um cidadão israelense havia entrado em Anata, situações em que tinha de se dirigir às pressas ao local para impedir que os *shabaab* apedrejassem seu carro. Certa vez, numa sexta-feira de protesto na estrada entre Anata e Anatote, ele se infiltrou na multidão e declarou que quebraria a mão de quem atirasse pedras. Em outra ocasião, chegou a dar dinheiro a alguns dos ativistas para que voltassem para casa. Ibrahim sabia que presumiam que ele agia sob ordens da AP.

O muro 189

Por meio da ECF, ele e Adi concordaram em tentar reduzir as hostilidades entre suas comunidades. Ibrahim estava orgulhoso da colaboração, que acreditava ter o poder de salvar vidas de ambos os lados — apenas com as próprias mãos, ele já havia resgatado pelo menos oito israelenses que entraram em Anata por acidente. Dizia, porém, que sua verdadeira motivação era proteger seu vilarejo. Se um colono ou um soldado se ferissem, as FDI invadiriam Anata no mesmo dia, o que provavelmente resultaria na morte de algum dos locais. Ibrahim dizia a si mesmo que o que o movia era um senso de responsabilidade por seu povo e a crença de que os palestinos só teriam a perder com um confronto militar, campo em que Israel era muito mais poderoso.

Adi, por sua vez, tratava de conter os membros de sua comunidade. Anatote era repleta de judeus seculares e de direita, alguns dos quais trabalhavam nas forças de segurança ou na Administração Civil. Muitos deles queriam sair às ruas armados e enfrentar os *shabaab* responsáveis pelos apedrejamentos e coquetéis molotov. Certa vez, alvejaram as caixas-d'água instaladas no terraço das casas de Anata. Adi pedia que aguardassem algumas horas até que a multidão se dispersasse, afirmando que os manifestantes não passavam de jovens que precisavam extravasar. Ajudava também a coordenar pequenas ações humanitárias da população de Anatote, como a doação de alimentos enlatados e leite em pó, que eram enviados por meio de Ibrahim.

Os dois tornaram-se bons amigos. Ibrahim levava a família para visitar Adi e a esposa Naama, que trabalhava como porta-voz da Universidade Hebraica. Seus filhos brincavam juntos, e suas mulheres também tinham uma boa relação. Ibrahim chamava Adi de irmão. Por algum motivo, apesar dos anos passados na prisão, das terras confiscadas de sua família e da privação de suas liberdades básicas, Ibrahim não parecia guardar rancor dos israelenses nem dar importância ao fato de que pessoas como Abed condenavam seus laços de amizade com eles. Em dado momento da Segunda Intifada, Adi foi convocado para a reserva e enviado para participar do cerco das FDI ao quartel-general de Arafat em Ramallah. Por coincidência, Ibrahim dirigia-se à cidade quando foi parado por um veículo militar perto de Jaba e, ao descer de seu carro, viu que a figura de uniforme verde era Adi. Para o espanto de todos ao redor — soldados, habitantes locais, colonos e motoristas palestinos —, Ibrahim estendeu os braços e envolveu Adi num forte abraço.

18.

Para Dany, o trecho mais complicado e politicamente delicado do muro era sem dúvida aquele que passaria pelo centro e pelos arredores de Jerusalém. A cidade, que possuía uma numerosa população palestina, representava como nenhuma outra o grande dilema de Israel: como incluir o menor número possível de palestinos no lado israelense sem ceder um centímetro sequer de território?

Havia três traçados possíveis para o muro em Jerusalém. O primeiro era uma fronteira puramente demográfica, que separaria os assentamentos judaicos da maioria dos bairros palestinos. A opção não era viável em termos políticos, pois seria vista como cessão de uma porção demasiado generosa de Jerusalém Oriental a um futuro Estado palestino. Os palestinos tampouco ficariam satisfeitos, uma vez que seriam separados de suas famílias, empregos, escolas, hospitais, igrejas e mesquitas.

A segunda opção era seguir os limites municipais declarados unilateralmente por Israel, erguendo um muro ao redor de todos os vilarejos e bairros de Jerusalém Oriental anexados em 1967. O problema dessa alternativa era que havia grandes áreas urbanas de ambos os lados da fronteira. Construir um muro para separar locais como Anata e Dahiyat a-Salaam implicaria demolir edifícios e dividir bairros ao meio. Além disso, havia cerca de 30 mil palestinos com documentos de identidade verdes morando no Campo de Shuafat, em Dahiyat a-Salaam e nos bairros vizinhos, todos dentro dos limites municipais de Jerusalém. Se o traçado do muro incluísse esses moradores, Israel seria obrigado a emitir documentos azuis para eles ou expulsá-los. Ambas as opções representariam um desastre de relações públicas e poderiam levar a um derramamento de sangue.

A alternativa derradeira foi a que Dany escolheu: seguir a fronteira municipal o mais à risca possível, sem, no entanto, incluir certas regiões anexadas de grande densidade populacional, como Kufr Aqab e todo o enclave do Campo de Shuafat e dos bairros vizinhos de Ras Khamis, Ras Shehadeh e Dahiyat a-Salaam. A remoção de facto desses bairros do município de Jerusalém também servia ao propósito demográfico israelense de manter o maior número possível de palestinos fora da cidade.

Foi assim que dezenas de milhares de habitantes viram-se subitamente separados do restante da cidade por um muro. Embora continuasse responsável por esses novos guetos, a prefeitura ignorou-os. A polícia israelense impedia que os serviços de emergência os acessassem sem a escolta do exército. Em 2006, uma ambulância do centro de Jerusalém foi enviada ao posto de controle de Shuafat para socorrer um homem que havia sofrido um ataque cardíaco do outro lado do muro. Como a polícia de fronteira se recusou a deixar o veículo passar até que um carro de escolta do exército chegasse, os paramédicos resolveram retirar os equipamentos da van e correr até a casa do paciente. Só duas horas depois, porém, conseguiram chegar ao hospital Hadassah Monte Scopus, situado nas vizi-

O muro 193

nhanças do campo de refugiados; àquela altura, o paciente já havia morrido.

Depois da construção do muro, Dany buscou uma solução para esses bairros negligenciados. Considerou propor que o próprio muro se tornasse a nova fronteira municipal, o que significaria que Jerusalém deixaria de ser formalmente responsável por tudo que estivesse além de seus limites. Contudo, o que aconteceria com os portadores de identidades azuis desses bairros, mais de um quarto da população palestina de Jerusalém? Dany temia que qualquer plano envolvendo a retirada de seus direitos de residência levaria um grande número de pessoas a se mudar para o lado de Jerusalém antes que a política fosse implementada. Se havia algo que o governo queria evitar era atrair mais palestinos para o coração da cidade.

Ainda assim, Dany apresentou a ideia ao prefeito de Jerusalém, Nir Barkat, que endossou o redesenho das fronteiras municipais. Membros da direita, contudo, acusaram a proposta de ser uma renúncia à soberania judaica na Terra de Israel, e o prefeito voltou atrás na decisão. Os enclaves do Campo de Shuafat e de Kufr Aqab seguiram abandonados.

19.

Quando Ibrahim assumiu o gabinete do Ministério do Interior em a-Ram, o muro havia transformado a vida dos palestinos que viviam de ambos os lados, incluindo sua própria família. Os mais de 100 mil habitantes do Campo de Shuafat e de Kufr Aqab, que antes recebiam serviços de Jerusalém, ficaram sem ambulâncias, caminhões de bombeiros e policiais. Não havia um único caixa eletrônico no Campo de Shuafat e nos bairros adjacentes. Só o exército e a polícia de fronteira de Israel acessavam essas regiões com regularidade, em geral em veículos blindados, portando fuzis de assalto e trajando capacetes e coletes à prova de balas.

Esses enclaves converteram-se em refúgios para fugitivos da lei. Famílias criminosas de palestinos de 48 mudaram-se para Dahiyat a-Salaam. Os assassinatos não eram resolvidos. Um ex-comandante da polícia de Jerusalém afirmou a respeito das delegacias situadas do outro lado do muro: "Não precisamos delas. [...] A polícia israelense não entra lá". Em certa ocasião, uma gangue armada invadiu uma escola em Kufr Aqab e manteve os funcionários como reféns durante horas. Apesar das súplicas das famílias, a polícia israelense não atendeu ao chamado.

O caos se espalhou por comunidades vizinhas como a-Ram e Anata, que, a exemplo do município de Jerusalém, estavam

O muro 195

fora dos limites da jurisdição das forças de segurança da AP. Ibrahim não podia enviar a polícia ou os caminhões de bombeiros palestinos a esses locais sem a permissão de Israel. Para prender um criminoso, precisava esperar ao menos três dias pela aprovação israelense, e para assuntos urgentes, como brigas, no mínimo algumas horas.

Os problemas nessas regiões agravaram-se com o rápido crescimento populacional. Os palestinos com documentos de identidade azuis que não podiam arcar com o aluguel no lado de Jerusalém mudaram-se para os bairros superpovoados situados do outro lado — era a única maneira de conservar o documento. Para acomodar o fluxo de pessoas, edifícios precários foram erguidos, e a infraestrutura começou a entrar em colapso. As quedas de energia eram frequentes. O descaso com esses locais era tamanho que Israel nem sequer sabia ao certo quantos eram os seus habitantes.

Foi quando uma economia clandestina começou a se desenvolver nas cercanias do muro. Israelenses vendiam produtos vencidos para comerciantes do outro lado, ao passo que produtos palestinos baratos e que não atendiam às normas sanitárias e ambientais seguiam a trajetória inversa. Drogas eram passadas por pequenos orifícios abertos no muro, e resíduos tóxicos produzidos em Israel eram despejados em áreas palestinas. Milhares de carros velhos e sem registro foram vendidos a palestinos do outro lado do muro, onde nem a AP nem Israel verificavam o licenciamento.

No Campo de Shuafat e nos arredores, muitos pais viram-se obrigados a retirar os filhos de escolas em Jerusalém, com medo de expô-los ao contato diário com soldados no posto de controle. Do lado do muro em que estavam havia apenas um colégio público, abrigado no que costumava ser um curral de cabras. A carência de salas de aula — faltavam mais de 2 mil em Jerusalém Oriental — era tão grave que os alunos eram obrigados a estudar em turnos. Em consequência disso, havia crianças de nove anos matriculadas nos colégios municipais que ainda não haviam aprendido a ler, e mais de um terço dos estudantes palestinos em Jerusalém não chegava a concluir o ensino médio.

Havia escolas da UNRWA no Campo de Shuafat, mas elas também eram de péssima qualidade. Parte dos adolescentes consumia drogas. A mais popular era conhecida como "nice": maconha, tabaco ou outras ervas misturados a produtos químicos — pesticidas, acetona, éter, veneno de rato — que causavam uma sensação de euforia. A droga acabava por servir como porta de entrada para a heroína, que era vendida abertamente nas ruas do campo de refugiados. Os viciados eram cada vez mais jovens, assim como os adolescentes hospitalizados por overdose.

Os pais cuja condição financeira o permitia matriculavam os filhos em colégios particulares, que em sua maioria não eram regulamentados. Em fevereiro de 2012, um desses colégios, o Nour al-Houda, contratou uma empresa de ônibus para levar a turma do jardim de infância a um espaço de recreação infantil em Kufr Aqab. A empresa enviou um ônibus fabricado em 1985 e registrado ilegalmente para circular nas estradas esburacadas, congestionadas e sem iluminação adequada, presença policial ou divisória entre as pistas de sentido oposto.

PARTE V

Três funerais

20.

Ao chegar ao hospital em Ramallah, Abed abriu caminho em meio ao frenesi de pais aos gritos, crianças em macas, médicos, enfermeiras, policiais, fotógrafos e autoridades palestinas. Deu o nome de Milad na recepção e foi informado de que nada sobre seu filho constava no sistema. Pôs-se então a percorrer os quartos do hospital, onde viu muitos dos colegas de classe de Milad e suas famílias. Ficou feliz pelos pais que haviam encontrado os filhos, embora estivessem tão comovidos que mal notassem sua presença. Perguntou se tinham visto Milad, mas nada ouviu além de negativas.

De volta à recepção, Abed disse que havia verificado todos os quartos e não encontrara o menino em nenhum. "Seu filho estava no segundo ônibus", alguém gritou. "O que não se envolveu no acidente. Eles seguiram para a-Ram." Era a primeira vez que Abed ouvia falar de um segundo ônibus. Telefonou para o amigo Ziad Barq, cujo filho estudava na mesma turma de Milad, e pediu-lhe que verificasse com a esposa, Mufida, a professora que havia ajudado no dia do pagamento da excursão. Mufida retornou imediatamente a ligação. "Milad estava no segundo ônibus. Ele está bem."

Mal podendo crer na milagrosa notícia, Abed deixou o saguão e ficou parado por alguns instantes diante da entrada do hospital, deixando-se molhar pela chuva. Logo, no entanto, um dos pais se aproximou e disse que, na verdade, Milad havia sido transferido de Ramallah para a unidade de Ein Kerem do hospital. Como sua identidade verde o impedia de ir até lá, Abed telefonou para um primo em Dahiyat a-Salaam que possuía o documento azul. Cerca de uma hora depois, o primo ligou de volta: algumas das crianças feridas haviam sido internadas, mas Milad não estava entre elas. Então, Abed ouviu dizer que o segundo ônibus estava voltando a Anata e telefonou a um dos irmãos pedindo que fosse até lá. Passados alguns minutos, o irmão retornou a ligação: "Milad não está aqui".

As famílias passavam adiante uma profusão de notícias e rumores, que foram chegando a Abed em diferentes momentos do dia: Milad estava na base militar nos arredores de a-Ram; tinha sido internado num hospital em Israel; o exército estava permitindo que os pais de alunos do Nour al-Houda com documentos de identidade verdes entrassem em Jerusalém. Para Abed, era como ser submetido alternadamente a banhos quentes e gelados. Quente, frio, quente, frio, quente de novo, frio de novo. Optou por permanecer em Ramallah, nas imediações do pronto-socorro, recusando-se a responder aos repórteres que o importunavam. Seu irmão mais novo, Bashir, que trabalhava como editor de vídeo para a rede de TV Al Jazeera, chegou acompanhado de um sobrinho para lhe fazer companhia enquanto aguardava notícias. O celular não parava de tocar: na maioria das vezes, eram jornalistas e emissoras de rádio. Abed estava nervoso demais para falar com eles, de modo que preferiu entregar o aparelho a Bashir, pedindo-lhe que só o devolvesse se Haifa ligasse.

Quando isso finalmente ocorreu, contudo, ficaram sabendo que a mãe de Milad tampouco tinha notícias. Estava aguar-

Três funerais 201

dando em casa com Adam e as quatro filhas de Abed. A mais velha, Lulu, de dezesseis anos, tinha sido a primeira a voltar aquela manhã. Costumava pôr Milad para dormir quase todas as noites, e era quase como uma mãe para o menino. Não raro era também ela quem o acordava e o ajudava a se vestir para o colégio, mas, como se tratava de uma ocasião especial, Haifa tinha se encarregado disso aquele dia, e Lulu saíra de casa sem ver o irmão.

Ela estava em aula, na escola para meninas de Anata — situada a uma curta caminhada de distância da casa dos Salama —, quando inesperadamente a professora orientou as alunas a voltar para casa, sem oferecer nenhuma explicação. Ao deixar a sala de aula, Lulu entreouviu outra professora dizer que tinha havido um acidente. Em casa, soube que as vítimas eram os alunos do jardim de infância do Nour al-Houda, mas Haifa garantiu que Milad estava a salvo. As notícias trazidas pelos vizinhos e anunciadas na televisão foram aumentando a tensão de Lulu, que pedia insistentemente a Haifa que telefonasse para Abed. Visitas não paravam de bater à porta — professores, colegas de classe, outros pais — e de trazer informações contraditórias. Alguém afirmou ter visto Milad entrar no segundo ônibus. Outra pessoa, porém, o tinha visto no primeiro. Houve ainda quem alegasse que o irmão de Lulu nem mesmo havia embarcado na excursão.

Adam chegou de volta do Nour al-Houda pouco depois de Lulu: sua turma tinha sido dispensada durante o recreio da manhã. A princípio havia comemorado, até que viu os professores aos prantos e soube por um amigo que o ônibus de Milad tinha sofrido um acidente. O cunhado de Haifa, que levava e buscava os meninos no colégio, tinha deixado Adam em casa de carro. Ao entrar, ele se deu conta de que havia esquecido em cima da cama o almoço que deveria levar para a escola. Depois de comer seu *ka'ek* com falafel, deitou-se e dormiu pelo resto do dia, como se seu cérebro quisesse protegê-lo da preocupação. Horas depois, quando acordou, deparou com as quatro irmãs banhadas em lágrimas, agarradas às roupas de Milad para sentir seu cheiro.

ABED ESTAVA TÃO NERVOSO que mal percebia o que se passava à sua volta. O presidente e o primeiro-ministro palestinos haviam comparecido ao hospital, ambos acompanhados de suas numerosas comitivas. Um primo seu, Abu Jihad, passara a seu lado na entrada do pronto-socorro: tanto o irmão como o cunhado dele tinham filhos na excursão. Os três se dirigiram às pressas à estrada de Jaba, mas, ao chegarem, o fogo já tinha sido extinto e as crianças encaminhadas a hospitais. O trânsito para sair do local do acidente estava tão lento que deixaram o carro no acostamento e seguiram a pé para Ramallah. No posto de controle de Qalandia, tinham arranjado uma carona até o hospital.

Os médicos, enfermeiros e recepcionistas estavam sobrecarregados, cercados por pais e familiares que os enchiam de perguntas. Abu Jihad entreouviu que alguns dos mortos estavam no necrotério do hospital. Por fim, foi direcionado a um mural que continha listas escritas à mão com os nomes das crianças internadas e o número de seus quartos. Mohammad Bakr e Zeyna, seus sobrinhos, constavam num dos papéis, e Abu Jihad dirigiu-se às pressas ao quarto indicado. Ao abrir a porta, deparou com o sobrinho segurando a mão da prima.

Zeyna estava coberta de fuligem da cabeça aos pés. Tinha o crânio fraturado e uma das mãos quebrada. Mohammad Bakr contou que estava numa das fileiras da frente do ônibus quando o acidente ocorreu, mas foi imediatamente para a parte de trás, onde encontrou Zeyna presa sob um pedaço de metal e a ajudou. Abu Jihad correu ao saguão para chamar o irmão, o pai de Zeyna, que estava sentado desconsolado no chão, certo de que havia perdido a filha.

Os dois estavam ao lado da cama de Zeyna quando Abu Mazen, o presidente palestino, entrou no quarto, seguido por equipes de filmagem e fotógrafos. Aos 76 anos, exibia uma cabeleira branca e fazia lembrar a figura de um avô. Indo de quarto em quarto, trocava algumas palavras com cada um dos feridos. Terminada a conversa, as câmeras filmavam um assistente entregando à vítima uma enorme sacola contendo um brinquedo. Algumas das crianças, ao chegarem em casa, descobriram que o presente, um PlayStation, não funcionava.

No quarto de Zeyna, o presidente voltou-se para Abu Jihad. "Como estão as coisas em Anata?" Abu Jihad talvez fosse o único Salama que desprezasse a Autoridade Palestina mais que Abed. Líder local da Jihad Islâmica, via a AP como uma fonte de perseguição. "Toda Anata é *zift*", replicou, palavra que significa tanto "asfalto" como "porcaria". "À exceção das ruas, que não são pavimentadas." Abu Mazen riu. Abu Jihad, então, reclamou da dramática carência de serviços da cidade: não havia sequer um banco ou um pronto-socorro. "Ninguém se importa com a gente", concluiu. O presidente Abu Mazen garantiu que cuidaria do problema e encaminhou-se para uma sessão de fotos junto à entrada do hospital, onde também doou sangue.

Ao final da tarde, a maioria dos pais já havia localizado os filhos. Faltavam muito poucos, entre eles Abed, que ainda não sabia que seis corpos jaziam numa sala a poucos metros de onde ele aguardava notícias. Um deles era o de Ula Joulani, a professora. Os outros cinco eram de crianças, três das quais haviam sofrido queimaduras demasiado severas para serem identificadas — o que não era o caso das duas restantes, uma menina e um menino. Embora se sentisse inútil no hospital e quisesse procurar o filho em a-Ram e Anata, Abed tinha a forte sensação de que Milad estava por perto. Algo lhe dizia para não sair dali.

Os pais que haviam encontrado os filhos começaram a ir embora, e então Abed foi informado pela equipe do hospital a respeito dos cadáveres na sala ao lado. Sua reação foi querer entrar e vê-los imediatamente, mas seu sobrinho lhe implorou que não fizesse isso. Foi quando um médico que procurava por pais para identificar os dois corpos reconhecíveis perguntou a Abed a cor do cabelo do filho. "Louro", respondeu ele. "Aguarde aqui. Esse menino tem cabelo preto", explicou o médico, antes de se voltar para um pai postado ao lado de Abed. Seu filho era moreno, e ele foi autorizado a entrar. Instantes depois, surgiu da sala gritando e golpeando a própria cabeça.

Nesse momento, Abed defrontou-se com a possibilidade muito real de que o corpo de Milad estivesse ali, carbonizado e irreconhecível. Outro médico colheu uma amostra de seu sangue para submetê-la a um teste de DNA e solicitou-lhe que pedisse à mulher e ao filho para comparecerem ao hospital a fim de passar pelo mesmo procedimento. Abed telefonou para Haifa, que, levando Adam junto, saiu imediatamente.

Três funerais 205

Aguardando-os sob as luzes fluorescentes do corredor, Abed, aos prantos, ajoelhou-se no piso de linóleo e rezou.

Ele não disse a Haifa e ao filho por que a presença deles no hospital era necessária. Ao chegar, Haifa tinha no rosto uma expressão de espanto. Adam parecia desnorteado. Abed pensou em como seu filho de nove anos parecia indefeso naquele momento, novo demais para estar vivendo aquilo. Todos seguiram o médico até uma sala contígua ao corredor onde momentos antes Abed havia se entregado a orações. Adam chorava; quando o médico perguntou se o motivo era a picada da agulha, ele fez que não com a cabeça.

Colhidas as amostras de sangue para os testes de DNA, não restava o que fazer a não ser aguardar. Bashir os levou para casa, que estava cheia de mulheres — parentes, vizinhas e amigas. Haifa mal falava. A esposa de Bashir, Ruba al-Najjar, percebeu que ela não estava chorando e ofereceu um cigarro. Aconselhou-a a agir como bem entendesse: se tivesse vontade de chorar, deveria fazê-lo; se não tivesse, tampouco era motivo para se censurar. Haifa disse que ela não precisava se preocupar.

Ruba conhecia aquele tipo de silêncio. Quando tinha dezesseis anos, seu irmão ficou temporariamente paralítico depois de ser espancado durante um interrogatório. Quando soube da notícia, Ruba saiu à rua para apunhalar um soldado. Na Cidade Velha, perto de uma das entradas da mesquita al-Aqsa, atacou e feriu um guarda de fronteira. Acabou detida e condenada a três anos de prisão, pena que cumpria quando o pai morreu num acidente. Na ocasião, teve direito a passar um dia em casa acompanhada por guardas. Embora o motivo da visita não lhe tivesse sido revelado, ela soube que só podia se tratar de morte na família.

No trajeto de volta à prisão, vendo que Ruba trazia nas mãos uma fotografia do pai, os soldados puseram-se a cantar em hebraico: "Eu aaamo o meu pa-ai! Eu aaamo o meu pa-ai!". Em tom de celebração, repetiram a frase inúmeras vezes. Ruba decidiu fazer o que fosse preciso para que eles não a vissem chorar. "Sou uma pedra", disse a si mesma. Quando chegou à prisão, havia perdido a capacidade de falar. As companheiras de cárcere tentaram ajudar, aplicando-lhe beliscões e arranhões na tentativa de fazê-la gritar. Depois de alguns dias de silêncio e um forte puxão de orelha, Ruba gritou de dor e irrompeu em lágrimas, recuperando a fala.

Fumando com Haifa, Ruba se deu conta de que quase vinte anos já haviam transcorrido desde o episódio. Ainda chorava quando relembrava a crueldade dos soldados e a força de vontade que precisara reunir para dissimular a própria dor. Não queria que Haifa também perdesse a capacidade de falar.

ABED FOI SE ENCONTRAR COM alguns conhecidos no Clube Juvenil de Anata, onde permaneceu até por volta da meia-noite. Quando chegou em casa, a sala continuava cheia de mulheres, que conversavam em voz baixa e ouviam recitações do Alcorão no rádio. Embora soubesse que as chances de Milad voltar para casa diminuíam a cada instante, Abed ainda tinha esperança de que o menino estivesse vivo. Havia mais pais com filhos desaparecidos do que corpos naquela sala; alguns tinham acabado de localizar as crianças, quinze horas depois do acidente. Talvez Milad estivesse mesmo na base militar israelense. Ou, quem sabe, em outro hospital. Uma das pessoas que haviam se voluntariado para transportar as crianças em seus carros po-

Três funerais

dia ter levado Milad para a casa dela em a-Ram ou Jerusalém, onde a família estaria lhe dando algo para comer agora mesmo enquanto tentava entrar em contato com os pais.

Abed foi até o quarto, onde Haifa estava sentada na cama conversando com a irmã. Em dias normais, Milad estaria dormindo ali, entre o pai e a mãe. Ao ver a cama vazia, não aguentou: correu para o banheiro, fechou a porta e chorou copiosamente. Era a primeira vez que ficava sozinho desde que havia recebido a notícia do acidente naquela manhã. Haifa ouviu o choro e entrou no banheiro para acudir o marido, tomando-o nos braços. Aos soluços, Abed pensou que o certo seria o contrário: ele é que deveria estar consolando Haifa. Ela, no entanto, continuava sem derramar uma única lágrima.

21.

NANSY QAWASME ERA UMA DAS MÃES mais jovens do colégio Nour al-Houda: tinha apenas 23 anos. Havia se casado aos dezessete, quando cursava o último ano do ensino médio. Depois de passar os primeiros anos de vida em Hebron, a cidade natal de seu pai, mudara-se aos oito para o bairro de Jerusalém onde sua mãe havia nascido, a-Tur, no Monte das Oliveiras. Seu pai possuía uma carteira de identidade da Cisjordânia e sua mãe, uma de Jerusalém, de cor azul. Como era pequena quando a família se mudou para a-Tur, Nansy também havia recebido o documento azul.

Seu marido, Azzam Dweik, tinha 29 anos quando se casaram. Trabalhava no conserto de sistemas de ar-condicionado de ônibus na zona industrial de Talpiot, em Jerusalém Ocidental. Como era o costume, o casamento tinha sido arranjado, depois que Azzam ouviu falar de Nansy e pediu aos pais que conversassem com os dela; Nansy pouco participou da decisão. Todos a seu redor agiam como se fosse uma catástrofe fazer dezoito anos e continuar solteira. Pouco depois do anúncio do noivado, ela declarou aos pais que não desejava consumar o casamento. Azzam não era o par com quem havia sonhado. Sua família, porém, respondeu que era tarde demais: os dois não apenas estavam comprometidos como também formal-

Três funerais 209

mente casados segundo a lei islâmica; caso pedisse o divórcio, suas chances de voltar a se casar diminuiriam drasticamente.

Antes de pedir a mão de Nansy, Azzam havia comprado um apartamento no segundo andar de um dos prédios altos e não fiscalizados de Ras Shehadeh, perto do Campo de Shuafat e de Dahiyat a-Salaam. O imóvel situava-se dentro dos limites municipais de Jerusalém, mas era consideravelmente mais barato que outras opções, uma vez que Ras Shehadeh acabava de ser separada do restante da cidade pelo muro.

Nansy estava acostumada a andar com liberdade e sem medo pelas ruas de a-Tur. Já Ras Shehadeh era um gueto varrido pelo crime e tomado pelas drogas, repleto de histórias de sequestro, assassinato e estupro. Pré-adolescentes dirigiam sem habilitação pelas vias desprovidas de policiamento. As ruas esburacadas de terra batida eram ladeadas por montes de lixo, aos quais os moradores ateavam fogo durante a noite. Nansy estava isolada da família e não se sentia segura ao andar sozinha na rua ou quando ia e voltava do colégio, que ficava do outro lado do muro. Era agora uma estudante de ensino médio grávida e extenuada pela própria rotina. Todas as manhãs, pegava um táxi compartilhado até o posto de controle de Shuafat — onde muitas vezes era obrigada a esperar meia hora — e, de lá, um ônibus para o Portão de Damasco, de onde seguia a pé até o colégio. Não raro, chegava atrasada e tinha de explicar aos professores que havia se mudado para Ras Shehadeh.

Seu primeiro filho, Salaah, nasceu seis meses após a festa de formatura. Sua filha, Sadine, veio dois anos depois. Salaah era considerado excepcionalmente inteligente. Aos dois anos de idade já havia memorizado muito mais palavras em inglês e árabe que os colegas, e Nansy achava que ele tinha a mente de um menino de dez ou onze anos. Chegada a hora de escolher um jardim de infância, portanto, decidiu matriculá-lo no Nour al-Houda, o melhor da região. Além disso, não havia alternativa aceitável: ela não queria que Salaah tivesse de passar diariamente pelo posto de controle, e a única escola pública do seu lado do muro era a que ficava no antigo curral de cabras. Muitos outros pais que queriam evitar o posto de controle viam-se na mesma situação e acabavam gastando mais de mil dólares por ano em instituições particulares como o Nour al-Houda.

Nansy vivia preocupada com a segurança de Salaah. Temia, quando o deixava sozinho, que se perdesse, levasse um tombo ou sofresse algum tipo de acidente. Talvez o receio se explicasse por ela ser tão jovem, ou pelo fato de que era seu primeiro filho: jamais sentiu a mesma preocupação com Sadine. Quarenta dias antes do acidente, Salaah havia declarado à mãe que estava prestes a morrer. "Vou para o céu e Sadine será filha única", dissera, ao que Nansy respondeu que ele era muito novo e tinha uma vida inteira pela frente. No entanto, Salaah passara a repetir aquilo quase diariamente, afligindo-a a tal ponto que ela havia começado a levar os dois filhos para dormir em sua cama, alegando que queria protegê-los do frio do inverno.

Salaah tinha completado cinco anos em dezembro. O aniversário foi celebrado em casa e na casa da avó, mas ele também queria comemorar na escola. O festejo com os colegas, porém, acabou adiado repetidas vezes devido a coincidências com o aniversário de outros alunos da turma. Assim, ficou decidido que a comemoração seria dia 16 de fevereiro, uma quinta-feira, até que o passeio da turma foi remarcado para a data. Nansy consolou o filho dizendo que fariam a festa poucos

Três funerais

dias depois. "Não vai dar tempo! Não vai dar tempo!", protestou Salaah. "Ou fazemos antes ou não vai ter festa." Ela acabou cedendo, e a comemoração foi agendada para a semana anterior à excursão. Salaah pediu à avó que viesse de a-Tur, e ela o levou para comprar um segundo presente de aniversário. Depois de olhar todos os brinquedos da loja, ele escolheu uma mochila vermelha e azul com seu super-herói preferido, o Homem-Aranha.

Os pais precisavam assinar uma autorização para o passeio da turma ao Kids Land. Assustado com o tempo tempestuoso da sexta-feira anterior, Azzam recusou-se a conceder a permissão. Banhado em lágrimas, Salaah implorou, dizendo que não podia deixar de participar do evento com os amigos. Tamanha foi sua insistência que, na manhã de terça, a apenas dois dias da excursão, Nansy assinou o documento. Naquela tarde, na casa da avó, Salaah lanchou pães folha de zaatar, que pedira a ela para preparar antes do passeio. "Por que antes? Posso fazer depois", a avó falou. "Não", insistiu ele, "precisa ser antes." À noite, Nansy lhe deu banho, vestiu-o com seu pijama do Homem-Aranha e penteou seus fartos cabelos pretos. Quando estava prestes a se deitar, Salaah deu um abraço na mãe e disse mais uma vez que ia para o céu e que ela ficaria "só com uma filha". Nansy se sentiu enlouquecida. "Por que você está fazendo isso comigo?", perguntou.

Na noite seguinte, na véspera da excursão, o pai de Salaah chegou tarde em casa. O filho tinha ligado inúmeras vezes do celular de Nansy lhe pedindo que voltasse logo, pois queria sair para comprar o lanche do dia seguinte. Por volta das nove, Azzam o levou ao mercadinho da esquina e comprou um leite achocolatado, um pacote de batatas fritas e doces sortidos. Em casa, Salaah guardou as guloseimas na recém--adquirida mochila do Homem-Aranha, à qual fez questão de dormir abraçado.

O dia seguinte amanheceu frio e tempestuoso. Azzam já havia saído para o trabalho. Nansy, parada diante da janela, perguntava-se como seria capaz de acordar o filho e enviá-lo ao passeio com aquele tempo. Tirá-lo da cama costumava ser um desafio: Salaah gostava de ficar enrolado nas cobertas até o último instante possível. Naquela manhã, porém, pulou da cama e, com medo de se atrasar, sequer permitiu que Nansy lhe pusesse uma ceroula por baixo da calça cinza do uniforme. Ela o obrigou a vestir um casaco, envolveu seu pescoço com um cachecol e o levou para a rua. Enquanto aguardavam o ônibus, Nansy se sentiu dividida. A tempestade parecia um castigo divino, mas, ao mesmo tempo, Salaah estava tão contente... Antes de ele embarcar, Nansy lhe deu cinco shekels para gastar no Kids Land. "Mamãe", disse ele, "amo muito você."

Nansy voltou ao apartamento para cuidar das tarefas domésticas. A cada poucos minutos, perguntava-se por que tinha permitido que Salaah saísse de casa se já havia impedido os filhos de ir para a rua em dias muito menos chuvosos. Quando Sadine acordou, por volta das dez, Nansy já havia terminado de arrumar da casa. Ouviu-se uma batida na porta. Ao abrir, ela deparou com duas vizinhas de prédio — uma mãe e uma avó de alunos do Nour al-Houda — aos prantos e gritos. "Houve um acidente", disse uma delas, "e o ônibus está em chamas." Nansy ficou paralisada na soleira.

Sadine puxou a mão da mãe, e Nansy a pegou no colo antes de seguir uma das vizinhas até o apartamento dela. Todas as três se puseram a fazer ligações. Nansy telefonou para Azzam,

Três funerais 213

que ainda não tinha ficado sabendo da notícia. Estava do outro lado do muro e disse que iria de carro até o Hadassah Monte Scopus. A televisão estava ligada, mas Nansy não queria assistir. Tinha certeza de que, se fosse até o colégio, encontraria Salaah com um ferimento leve, na pior das hipóteses a mão quebrada. Azzam ainda não havia ligado do hospital, e Nansy resolveu sair com Sadine.

Antes de entrar no carro, recebeu um telefonema da mãe e contou que havia ocorrido um acidente. "Não tenha medo", disse a mãe, "você vai encontrá-lo são e salvo." Em sua casa em a-Tur, ela ligou a televisão no noticiário e, vendo as imagens do ônibus, pôs-se a estapear o próprio rosto. Um vizinho bateu à porta e perguntou o que estava acontecendo. "Meu neto", gritou ela. "Meu neto está naquele ônibus."

Nansy pôs Sadine em seu Toyota azul e, debaixo de chuva, partiu para o colégio. As ruas estavam inundadas e cheias de lama, e uma das rodas acabou presa num buraco. Aos prantos e com Sadine nos braços, Nansy deixou o carro ali e correu de volta para o prédio. Nesse momento, um de seus irmãos, Fadi, ligou e disse que iria ao seu encontro o mais rápido possível. Nesse ínterim, as vizinhas tinham ficado sabendo que ambas as suas meninas estavam bem. Em seguida, Azzam telefonou do Hadassah, e outro irmão de Nansy, Osama, que trabalhava para a onu em Ramallah, ligou do hospital de lá. Os dois queriam saber que roupas Salaah estava vestindo. Nansy não compreendeu a relevância da informação.

Fadi chegou e levou Nansy e Sadine até o colégio, que estava vazio: todas as turmas haviam sido liberadas, a diretora tampouco se encontrava e os pais que haviam encontrado os filhos já deviam estar em casa. Cada vez mais temerosos,

Nansy, Sadine e Fadi rumaram para a prefeitura de Anata, onde depararam com uma multidão de familiares aflitos exigindo notícias. Um funcionário da prefeitura munido de um megafone tentava tranquilizá-los: "Seus filhos ficarão bem". Alguns minutos depois, acrescentou: "As crianças estão a caminho. Seus filhos estão voltando ao colégio". Uma professora leu em voz alta a relação dos alunos que estavam no ônibus, mas a lista continha erros, incluindo crianças que nem sequer tinham ido ao colégio naquele dia. Nansy chorava, repetindo incansavelmente: "Onde o Salaah está?".

Depois de pararem no hospital Makassed para procurá-lo, Nansy e sua família voltaram para o apartamento de seus pais em a-Tur. Azzam e Osama ligaram de novo: não haviam localizado Salaah em nenhum dos outros hospitais, mas fizeram mais perguntas sobre suas roupas. Osama examinou os corpos carbonizados no necrotério do hospital de Ramallah, uma visão que gostaria de esquecer. Embora não tivesse certeza, não achava que Salaah estivesse entre eles. Em seguida, telefonou para diversos motoristas de ambulância, repetindo as informações fornecidas por Nansy a respeito das roupas e da mochila do Homem-Aranha. Nansy lembrava que o filho estava usando uma cueca azul e roxa com estampa de ursinhos. Um dos motoristas do Mada disse que um menino com aquela peça de roupa tinha sido transferido junto com outras duas crianças para a unidade de Ein Kerem do Hadassah. Já era noite quando Osama obteve essa informação.

Ao receberem a notícia, Nansy e seus familiares entraram no carro e partiram rumo ao hospital; Osama, que estava em Ramallah, foi ao encontro deles. Já eram mais de nove horas quando chegaram. Ao entrar no saguão, Nansy viu pratica-

Três funerais

mente todas as pessoas que conhecia. Não tinha ideia do que faziam ali, a não ser que tivessem todos recebido a notícia da morte de seu filho. Calculou que havia centenas de pessoas. Uma das primeiras que avistou foi Azzam, que, no entanto, a ignorou, assim como os pais e familiares dele. Durante a espera por notícias, eles mantiveram distância e, nas poucas vezes em que olharam para Nansy, foi com um ódio implacável.

Por fim, a mãe de Nansy aproximou-se de Azzam. "Vá falar com sua esposa", disse, "ofereça algum consolo."

"Não, não quero ficar perto dela", ele respondeu. "Foi ela quem mandou Salaah para a excursão."

Área metropolitana de Jerusalém

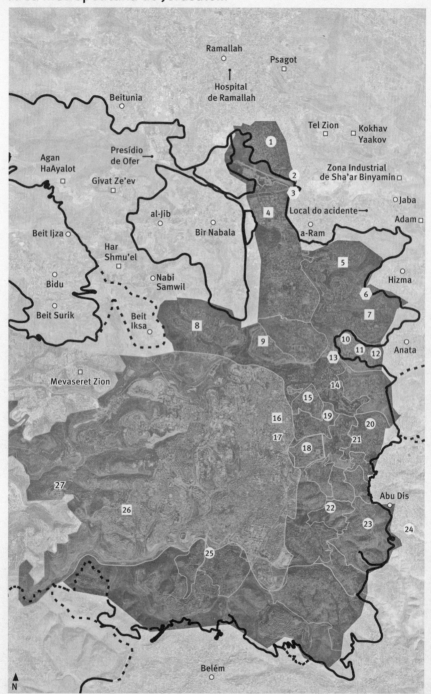

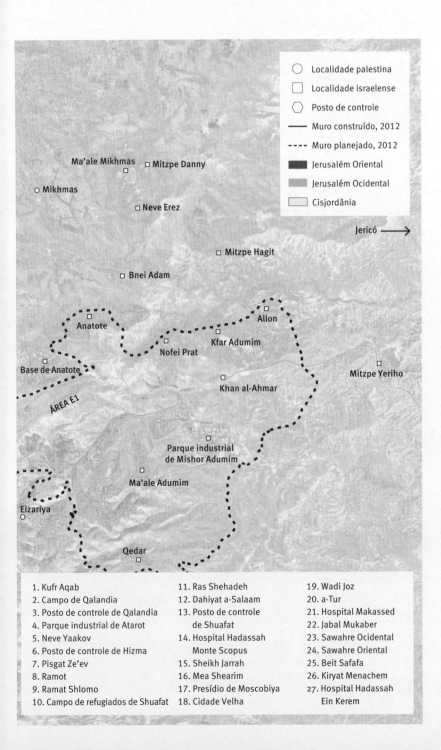

22.

O HADASSAH EIN KEREM ERA O MAIOR hospital de Jerusalém com uma unidade especializada em queimaduras. Livnat Wieder costumava comandar uma equipe de assistentes sociais no departamento de oncologia adulta, mas naquela manhã foi designada para auxiliar na recepção das famílias palestinas, em sua maioria de Jerusalém Oriental, que não paravam de chegar. Sentia-se despreparada: muitas daquelas pessoas não falavam hebraico, ao passo que ela não dominava o árabe. Tampouco estava acostumada a lidar com crianças ou traumas. Totalmente diferente, seu trabalho com pacientes de câncer consistia em cuidados paliativos de longo prazo, por meio dos quais ela estabelecia relações de amizade com as famílias.

Antes mesmo que os feridos chegassem, o hospital ativou o protocolo para ocorrências com grande número de vítimas, elaborado durante a Segunda Intifada. Três núcleos foram estabelecidos: uma central de informações, responsável por atender os telefonemas de parentes e veículos de imprensa; uma central de triagem; e um núcleo de apoio às famílias, composto de assistentes sociais. A central de informações recebeu centenas de ligações, muitas de pais com documentos de identidade verdes que solicitavam permissão para entrar em Jerusalém antes que os postos de controle fossem abertos. A equipe do Hadassah entrou em contato com Dalia Basa,

Três funerais 219

da Administração Civil, responsável por lidar com pacientes palestinos, e pediu ajuda com o transporte e as autorizações. Livnat foi temporariamente transferida para o núcleo de apoio às famílias, onde disponibilizavam mesas e cadeiras e ofereciam chá, café, água e biscoitos. Todos os parentes eram encaminhados ao setor; a princípio, cada família recebeu o auxílio de um assistente social, mas, diante das centenas de pessoas que continuavam a chegar, Livnat e o restante da equipe se viram sobrecarregados.

A central contava com apenas três funcionários que falavam árabe. Um deles era Huda Ibrahim, uma palestina de 48 nascida em Abu Ghosh, a oeste de Jerusalém, que não havia se casado e trabalhava com crianças no setor de onco-hematologia. Livnat a considerava a melhor assistente social em todo o país: ela demonstrava uma empatia profunda que simplesmente não se podia ensinar. Livnat, que havia treinado dezenas de colegas, chegara à conclusão de que as habilidades essenciais ao exercício da profissão eram inatas: os aprendizes ou as tinham ou não. Nem mesmo os melhores entre eles, porém, eram como Huda: ela sabia como estar verdadeiramente presente na companhia dos pacientes e, ao mesmo tempo, antever todas as suas necessidades.

Livnat morava no assentamento de Elazar, fundado por judeus americanos, e vestia-se segundo o estilo ortodoxo moderno, cobrindo os cabelos com uma boina. Admirava o véu trajado por Huda, que a fazia lembrar sua própria comunidade. Os demais assistentes sociais do hospital chamavam Huda de Yehudit Avraham, uma versão hebraica de seu nome — era, julgavam, uma forma elogiosa e acolhedora de tratá-la.

Livnat trabalhava com outro palestino de 48, Khalil Khoury, um enfermeiro veterano de Haifa. Para ele, o hospital era um dos únicos estabelecimentos em Israel onde os trabalhadores palestinos pareciam estar — ao menos até certo ponto — em igualdade de condições com os colegas judeus. Embora houvesse muito racismo no hospital — o Hadassah segregava pacientes árabes e judias em sua maternidade, se uma mãe judia o solicitasse —, Khalil sentia-se bem tratado pelo restante da equipe. Certa vez, quando uma paciente o insultou dizendo que ele deveria voltar para Gaza, seu supervisor judeu replicou que, se a presença dele a incomodava, ela deveria escolher outro hospital. Quando Ariel Sharon sofreu um derrame em 2005, Khalil ajudou a cuidar do primeiro-ministro e escreveu sobre a experiência no *American Journal of Nursing*, embora tenha observado que "a presença de árabes na equipe encarregada do tratamento [do primeiro-ministro] foi considerada excepcional". Como palestino de 48, Khalil estava sujeito a maus-tratos de ambos os lados. Funcionários da AP autorizados a entrar em Israel o criticavam por pagar impostos ao Estado israelense e trabalhar para uma instituição sionista. "Meus pais permaneceram nas terras que vocês abandonaram", respondia Khalil. "E agora aqui estão vocês em busca de tratamento!"

Khalil e Huda ajudaram Livnat a fazer uma lista das crianças desaparecidas, uma vez que a fornecida pelo colégio continha erros. Com os dois colegas encarregando-se da tradução, Livnat percorreu o salão coletando informações — nomes, características físicas, roupas, fotografias — e inserindo-as num banco de dados nacional, por meio do qual podia verificar se as crianças desaparecidas haviam sido levadas para outro hospital.

Três funerais 221

Quase todas as vítimas, no entanto, estavam no centro médico de Ramallah, que não era vinculado ao banco de dados.

O saguão estava um verdadeiro caos, que acabou por se espalhar até o núcleo de auxílio aos familiares. Em acidentes como aquele, os parentes costumavam ser encaminhados aos quartos das vítimas. Dessa vez, contudo, quase não havia crianças internadas, apenas centenas de familiares, que se viram obrigados a se aglomerar em dois espaços exíguos. Livnat já tinha constatado que havia muito mais homens que mulheres aguardando quando ficou sabendo que, entre as famílias da Cisjordânia, era mais comum que os homens possuíssem autorizações de trabalho que lhes permitissem entrar em Jerusalém. Pensando em seus seis filhos — o caçula tinha mais ou menos a idade dos alunos do Nour al-Houda —, Livnat sentiu pena das mães que não puderam sequer procurar pelos filhos.

MAIS TARDE, Livnat foi encarregada de identificar três crianças que haviam sido transferidas da unidade de Monte Scopus do hospital. A primeira, um menino chamado Fadl, havia queimado a orelha e um dos lados do rosto; seus pais logo foram identificados e levados até ele. O estado de Fadl era muito melhor que o das outras duas crianças: Tala Bahri, que Eldad Benshtein tinha trazido em sua ambulância, e um segundo menino, ainda vivo, porém queimado demais para ser identificado.

Livnat não conseguiu associá-lo a um nome ou a uma família. As horas passavam e ninguém aparecia para buscá-lo. Então, quando seu turno chegava ao fim, duas mães chegaram à procura dos filhos. Ambas tinham ficado sabendo que havia um menino internado ali que ainda não fora identificado. Àquela altura dos acontecimentos, havia pouquíssimas crianças na mesma situação, de modo que as mulheres sabiam que, se não o encontrassem ali, seria provável que o menino que procuravam estivesse morto. Livnat recordou a história bíblica do julgamento de Salomão, em que duas mulheres recorrem ao rei reivindicando o mesmo bebê e alegando que um segundo, morto, pertence à outra.

Haya al-Hindi foi a primeira a chegar. Abdullah, seu filho, era um dos melhores amigos de Tala Bahri. Os dois sentavam-se lado a lado na sala de aula e sempre se escolhiam como parceiros para as atividades. Como as duas famílias moravam perto uma da outra na rua principal do Campo de Shuafat, Tala e Abdullah também costumavam pegar juntos o ônibus para o colégio. Haya vivia desde pequena no Campo de Shuafat; sua família havia sido expulsa de Jimzu, um vilarejo próximo a Ramle, em 1948. Ela e o marido, Hafez, moravam no sexto andar de um prédio da UNRWA no centro do campo. Ambos tinham carteiras de identidade azuis. Hafez atravessava o posto de controle todos os dias para trabalhar na farmácia do hospital Shaare Zedek, em Jerusalém Ocidental.

Naquela manhã, Haya havia ajudado os dois filhos, Abdullah e Ahmad, a se aprontar para o passeio. Chegada a hora de ir, Abdullah não queria sair do sofá, de onde ficou a encará-la com um olhar que a deixou perturbada. Na portaria do prédio, encontraram um primo mais velho dos meninos, que se ofereceu para acompanhá-los enquanto aguardavam o ônibus na chuva. A dupla embarcou às sete e meia. Pouco mais de uma hora depois, Haya, assaltada por um mau pressentimento, interrompeu pela metade o café da manhã. Em seguida, o telefone tocou. Era

Três funerais   223

Hafez, que queria saber se os meninos tinham ido ao passeio da turma. Haya ligou para a professora de Abdullah, Ula Joulani, que não atendeu, mesmo depois de várias tentativas. Quando, pouco depois, viu a notícia do acidente, Haya vestiu uma *abaya* e partiu às pressas para o posto de controle de Shuafat.

O caminho até o hospital de Ramallah, situado a menos de quinze quilômetros de distância, levou quase duas horas. O trânsito estava parado, e o trajeto obrigava Haya a passar por dois postos de controle. Na recepção do hospital, um homem munido de uma lista de nomes confirmou que Ahmad e Abdullah estavam internados ali. Haya procurou de quarto em quarto, ainda alheia à gravidade do acidente, ao fato de que o ônibus havia tombado e pegado fogo. Por fim, encontrou Ahmad, sentado nu sobre a cama de um dos quartos. O ar estava gelado, e do lado de fora ainda chovia. Haya procurou um lençol para cobri-lo, mas não encontrou nenhum. "Por que meu filho está nu?", quis saber quando um médico apareceu. "Porque as crianças estão todas queimadas", explicou o homem.

Ahmad tinha hematomas nas costas, mas, de resto, estava incólume. Explicou que um homem o havia retirado do ônibus através de uma janela. Rememorando o momento do acidente, contou que, ao embarcarem, Abdullah propôs que se sentassem juntos nos assentos atrás do motorista. Ele, no entanto, preferiu ir para o fundo do ônibus. Logo após atravessarem o posto de controle, disse, houve um terremoto e o ônibus virou. Todas as crianças e as professoras foram lançadas de seus assentos e acabaram amontoadas na lateral do ônibus. Em seguida, tudo começou a pegar fogo e o ar se encheu de cinzas, que algumas crianças pensaram ser flocos de neve. Foi quando um homem entrou no ônibus e começou a retirar as crianças. Desde então, Ahmad não tinha mais visto Abdullah.

Haya percorreu o restante dos quartos, mas não encontrou o outro filho. Pouco depois, foi informada pelos irmãos de Hafez que havia um garoto no hospital Hadassah de Ein Kerem que poderia ser Abdullah. Acompanhada por eles, partiu rumo ao local, mas ficou presa no trânsito nos arredores do posto de controle de Qalandia e só conseguiu chegar ao Ein Kerem muito depois do marido. Ao descer do carro, viu o que pareciam ser centenas de membros do clã dos Hindi, uma das maiores famílias do Campo de Shuafat.

Haya foi conduzida a uma sala onde a aguardava Huda Ibrahim, que lhe explicou que um menino em estado grave estava internado no hospital e que seria preciso fazer um teste de DNA. Em seguida, uma enfermeira colheu uma amostra de sua saliva e uma policial lhe mostrou as roupas do menino, algumas muito queimadas. Aquelas não eram as roupas de seu filho, declarou. A policial lhe pediu que olhasse de novo. Haya repetiu que estava segura de que aquelas roupas não pertenciam a Abdullah. Ainda assim, a policial insistiu: testemunhas haviam afirmado o contrário. "Você está em choque", acrescentou.

Haya se irritou e questionou a maneira como estava sendo tratada. Huda interveio, tentando acalmá-la: "Está certo, o menino no quarto ao lado não é seu filho. Sinta-se livre para ir à procura dele". A família, no entanto, resolveu esperar o resultado do teste de DNA, de modo a eliminar qualquer dúvida. Antes disso, porém, os irmãos de Hafez foram autorizados a ver a criança a fim de confirmar que não era Abdullah. Saíram aos prantos do quarto, mas disseram que, ao contrário do sobrinho, o garoto tinha uma verruga no pescoço: Abdullah seguia desaparecido. Já era noite.

Nansy Qawasme e sua mãe foram conduzidas a uma sala, onde Livnat e Huda lhes falaram sobre o menino que ainda não havia sido identificado, pediram autorização para colher amostras de seu DNA e mostraram-lhes as roupas queimadas. A maioria fora reduzida a um bloco duro e enegrecido, mas era possível distinguir a borda de um casaco. Nansy reconheceu o agasalho de Salaah. Em seguida, viu a cueca de ursinho, que de alguma forma havia permanecido intacta. Soube, então, que Salaah havia se queimado, embora ainda não fizesse ideia da gravidade das feridas.

Nansy e a mãe voltaram para o corredor, onde se sentaram ao lado de outra mãe enquanto aguardavam o resultado do teste. Era Haya, que, ao ver que Nansy chorava, tentou consolá-la: "Encontrei um dos meus meninos. Encontrarei o outro, e você o seu". Aos soluços, Nansy explicou que acabara de ver as roupas do filho.

Pouco depois, uma enfermeira informou à família que o quarto estava liberado para que eles entrassem. Azzam e seu pai foram os primeiros. Quando voltaram, a mãe de Nansy observou atentamente seus semblantes, mas nenhum dos dois demonstrou nenhuma reação. Aquilo alimentou suas esperanças: talvez o estado de Salaah não fosse tão grave, afinal. Osama, o próximo a entrar, não demorou a ser retirado, chorando e gritando. Já no corredor, o irmão de Nansy vomitou, desmaiou e, quando voltou a si, pegou uma cadeira e com ela golpeou repetidas vezes a porta e as janelas do quarto. Os funcionários do hospital pensaram que fosse o pai da criança. Osama ajoelhou-se aos pés da mãe, chorando e beijando suas mãos. *"Inshallah khair, inshallah khair."* Se Deus quiser, vai dar tudo certo. O outro irmão de Nansy, Faisal, após conferir o estado do sobrinho deu um soco na porta do quarto que acabou por fraturar sua mão.

Faisal e Osama imploraram à mãe que não deixasse Nansy entrar. "Você perderá sua filha para sempre", disse Osama. Uma das assistentes sociais chamou a mãe de Nansy à parte e disse que restara muito pouco do que conheciam de Salaah. Se não fosse pela verruga, não teria sido possível identificá-lo. Ainda assim, Nansy queria ver o filho.

Era melhor esperar até que fosse operado e tivesse a pele reconstituída, disseram-lhe: havia um longo e árduo caminho pela frente, e o mais indicado naquele momento era voltar para casa e descansar. Quando a família se levantava para deixar o hospital, Nansy viu um médico sair do quarto de Salaah e o abordou, perguntando como estava seu filho. O médico apontou para o céu: seu futuro estava agora nas mãos de Deus.

HAYA DEIXOU O EIN KEREM DEPOIS das dez da noite. Não havia por que continuar ali: todas as crianças haviam sido identificadas, muito embora a família de Tala Bahri ainda não tivesse comparecido ao local. O pai de Tala começara sua busca ainda pela manhã, indo de carro do Campo de Shuafat até o engarrafamento no posto de controle de Hizma, onde abandonou o veículo e seguiu correndo até o local do acidente. Mais tarde, enquanto sua irmã procurava em Ramallah, ele havia conseguido uma carona para o hospital Rafidia, em Nablus, e depois

Três funerais 227

outra para Ein Kerem. Já anoitecera havia horas quando ele finalmente identificou o casaco amarelo de Tala numa fotografia pregada à parede na central de auxílio aos familiares das vítimas.

Embora não houvesse notícias, Haya decidiu voltar ao hospital de Ramallah junto com Hafez e o restante da família. Durante o trajeto, começou a se dar conta de que as chances de que Abdullah estivesse morto eram enormes: mais de treze horas haviam se passado desde o acidente, e a família tinha procurado em todos os hospitais de Jerusalém. Até onde ela sabia, as únicas crianças que ainda não haviam sido identificadas estavam no necrotério do Ramallah. Foi para lá que se dirigiu tão logo chegou ao hospital, pedindo ao homem na porta que a deixasse entrar. "O que a senhora quer ver?", perguntou o guarda. "Carvão?"

Haya desmaiou. Acordou numa cama com um cateter intravenoso gotejando sangue em seu braço. Amaldiçoou o hospital, o guarda e a equipe inútil. Sentia uma forte dor de cabeça, como se seu corpo estivesse absorvendo notícias que sua mente se recusava a aceitar. As enfermeiras a transferiram para uma cadeira de rodas, e Hafez a conduziu pelo corredor rumo ao quarto de Ahmad, que teria de passar a noite sob observação. Ainda no corredor, porém, Haya levou as mãos à cabeça, que latejava de dor, e soltou um longo gemido. Sua mãe disse a Hafez que a levasse para casa: havia muitas outras pessoas que podiam passar a noite com Ahmad.

Já era madrugada quando Haya e Hafez chegaram ao apartamento onde moravam, que estava repleto de vizinhos e familiares. Ligaram para o hospital, mas o resultado do teste de DNA ainda não havia saído. Haya passou a noite em claro, vigiando a rua: havia rumores de que algumas das crianças haviam sido acolhidas por beduínos de Jaba, de modo que alguém poderia tentar trazer Abdullah a qualquer momento. Antes do amanhecer, fez a primeira oração do dia, trocou de roupa e rezou duas vezes mais. Um dos irmãos de Hafez entrou na cozinha e a encontrou aos prantos no chão. Numa tentativa de acalmá-la, disse que Abdullah estava vivo, que o haviam encontrado. Ela começou a chorar ainda mais. Instantes depois, o alto-falante da mesquita anunciou que Abdullah al-Hindi estava morto.

23.

Na manhã seguinte ao acidente, Abed e Haifa, ainda à espera de notícias, sentaram-se na cozinha da casa da mãe de Abed. Ela sofria de Alzheimer e não se lembrava do acidente ou do fato de que Milad estava desaparecido. O resultado dos testes de DNA ainda não havia sido divulgado. Ibrahim se juntou a eles e telefonou para seus contatos na AP em busca de novidades. Tinha pedido a uma amiga judia que morava perto do Hadassah de Ein Kerem para conferir se Milad dera entrada lá. Quando ela ligou de volta, Ibrahim estava com Abed. "Os pais poderiam descrever algum traço físico marcante?", perguntou ela, que tinha ouvido falar que havia um menino com uma verruga na parte da frente do pescoço. Milad tinha uma pinta, disse Haifa, mas na nuca. O cabelo do garoto também era diferente: preto, em vez de louro. "Não é meu filho", disse Abed.

Desde cedo, uma profusão de visitantes havia manifestado seu apoio aos Salama. No meio da manhã, bateu à porta do apartamento uma delegação que viera fazer o mesmo em nome de Ashraf Qayqas, o motorista do semirreboque. Embora Ashraf tivesse crescido na mesma rua de Abed, os Qaycas não eram de Anata, e sim de Arrabe, um vilarejo do norte próximo a Jenin e de onde haviam saído em 1967. Era incomum que uma família atravessasse meia Cisjordânia para viver em uma cidadezinha tão fechada como Anata. Em geral, era o tipo de coisa que se fazia caso se estivesse fugindo de algum problema. O pai e os filhos de Ashraf tinham carteiras de identidade azuis de Jerusalém, o que era suspeito, uma vez que não provinham da cidade e tampouco as haviam adquirido pelo casamento. Era praticamente impossível para uma família de Jenin obter o documento.

Os moradores de Anata suspeitavam que eles fossem colaboracionistas, o que significaria que estavam sob a proteção das forças de segurança de Israel. Na prisão, o irmão de Abed e seu primo Abu Jihad haviam conhecido detentos provenientes de Arrabe que diziam que o pai de Ashraf havia fugido do vilarejo após ter sido flagrado delatando uma célula do Fatah aos israelenses. Os Salama, contudo, jamais haviam mencionado o assunto com os Qayqas, e as duas famílias mantinham relações amistosas. A família de Ashraf se mudara de novo após os Acordos de Oslo, para Dahiyat a-Salaam, onde podia manter suas identidades azuis, e o próprio Ashraf casou-se e mudou-se para Beit Safafa, um bairro situado no lado de Jerusalém do muro. Abed acabara de saber que era ele o motorista do caminhão. Nas horas que haviam transcorrido desde o acidente, não tinha perguntado a ninguém. Na verdade, não se importava. Não sabia nenhum detalhe a respeito da colisão, tampouco quem havia sido o culpado. Agora, a delegação dos Qayqas vinha solicitar aos Salama uma *atwa* — na tradição das leis tribais, uma trégua temporária. Abed, no entanto, não desejava punir ninguém. Nunca fora vingativo.

Adam, certa vez, fugindo de algumas crianças que tentavam roubar seus brinquedos, havia corrido para a rua diante da casa da família e entrado na frente de um táxi, que não teve tempo

Três funerais 231

de frear. Foi arremessado longe e bateu com a cabeça no chão. Apesar de alguns ferimentos, não quebrou nenhum osso. Os parentes de Abed queriam agredir o taxista, mas ele interveio. O homem, que não era de Anata, pediu profusas desculpas e escreveu seu número de telefone num pedaço de papel. Abed disse que não era necessário. "A culpa foi minha", afirmou. "O filho é meu e eu devia estar de olho nele."

Abed não queria se preocupar com Ashraf. Tudo o que desejava era encontrar Milad. Assim, não hesitou em conceder a *atwa*.

Já era meio-dia e mais nenhuma criança havia sido encontrada. As esperanças de que Milad aparecesse na porta de casa minguavam. À tarde, Abed se encontrou com Bashir no hospital de Ramallah para aguardar os resultados do DNA, deixando Haifa em casa com Adam, as meninas e um numeroso grupo de visitantes. Ibrahim, então, ligou e disse que conseguira os resultados por meio de contatos: uma das crianças no necrotério era Milad.

Chovia e, embora fosse início da tarde, o céu já estava escuro. Os amigos, familiares e vizinhos dos Salama começaram a se reunir em Anata para receber o corpo. Adam estava do lado de fora da casa, sem saber da notícia, até que a ouviu de um primo. "Seu mentiroso", disse. Momentos depois, os alto-falantes da mesquita confirmaram: Milad Salama estava morto.

Abed não queria deixar o hospital sem ver o filho, mas Bashir o impediu. Disse que então acompanharia o corpo até a mesquita, mas Bashir novamente o deteve, temendo que ficar sozinho na ambulância com Milad pudesse ser demais para Abed. Os dois, portanto, foram juntos de carro, seguindo a ambulância. Bashir considerou misericordioso que Abed não visse o corpo do filho antes de enterrá-lo.

Caso se tratasse de uma morte normal, Milad teria sido levado para casa a fim de ser lavado e purificado pelos homens da família. Sua mão esquerda teria sido posicionada sobre o abdome, enquanto Abed e seus irmãos o balançariam para a frente e para trás até que qualquer resíduo de matéria fecal fosse expelido. Em seguida, lavariam o corpo três, cinco ou qualquer outra quantidade ímpar de vezes. Abed e os irmãos, então, realizariam a ablução das mãos e dos pés de Milad, preencheriam todos os seus orifícios com algodão e, depois de aspergi-lo com essência de cânfora e espalhar pó de hena sobre ele, cobririam o corpo com uma mortalha branca. Nada disso, porém, poderia ser feito naquelas circunstâncias.

O corpo de Milad estava queimado demais para ser submetido aos rituais. De todo modo, a *sulta*, que havia anunciado três dias de luto nacional, declarou os mortos mártires, o que implicava que deveriam ser enterrados vestidos — embora Abed em nada se importasse com os pronunciamentos da *sulta*. O corpo de Milad, envolto numa mortalha branca e coberto por uma manta marrom ainda no hospital, foi levado direto à mesquita, para que fosse respeitada a tradição de sepultar os mortos sem demora.

Quando chegaram a Anata, Abed viu o que pareciam ser milhares de pessoas dirigindo-se ao funeral: não apenas as grandes famílias da cidade, mas gente de toda a Cisjordânia. As mulheres haviam se reunido na casa de Abed e em outras residências, ao passo que os homens enchiam as ruas

Três funerais

que levavam à mesquita. O corpo de Milad foi retirado da ambulância e acomodado numa caixa verde. A multidão recitou a oração pelos mortos, seguida por outra dedicada especialmente aos pais que choram a perda de um filho. Em seguida, um novo pronunciamento ecoou nos alto-falantes: Milad Salama seria enterrado.

A multidão percorreu a curta distância da mesquita até a encosta onde se encravava o cemitério, nas proximidades da casa de Abed. Do alto do morro, podia-se ver a paisagem completa do acidente: logo após o muro, as casas e jardins de Pisgat Ze'ev; mais adiante, o Comando Central das FDI em Neve Yaakov; em seguida, o muro delimitando a fronteira entre Neve Yaakov e a-Ram; e, depois de a-Ram, a estrada de Jaba, o vilarejo que dava nome à estrada e o assentamento de Adam.

O funeral e o enterro foram tão rápidos que Abed não teve um instante sequer a sós com o filho. A multidão era tão grande, e havia tantos amigos e familiares a puxá-lo, segurá-lo e abraçá-lo, que ele não conseguiu em momento algum se aproximar do túmulo. Seu velho amigo Osama Rajabi — o que havia cursado a universidade na União Soviética — permaneceu a seu lado o tempo todo. Na parte mais alta do cemitério, o primo de Abed havia construído um jazigo para a família. O teto era um retângulo de lajes de pedra rosada, posicionado perpendicularmente à encosta, com uma fileira de quatro pequenas lápides que abriam para covas ainda vazias. Milad seria enterrado na sepultura mais a leste.

O irmão de Abed, Wa'el, carregou o corpo envolto na mortalha até o jazigo. Em conformidade com a lei islâmica, Milad foi deposto de lado no túmulo, voltado para Meca. Suas pernas estavam enrijecidas na posição em que se encontravam quando

234 — Um dia na vida de Abed Salama

ele morreu, com os joelhos dobrados, e foi assim que Wa'el o deixou.

Após o enterro, Abed foi arrastado pela multidão para o Clube Juvenil de Anata, enquanto Haifa e as mulheres da cidade permaneciam nas casas. No clube, onde políticos e figuras proeminentes fizeram discursos, Abed recebeu o telefonema de um homem que se identificou como Noah e disse ser o comandante do Shabak, o serviço de inteligência de Israel, em Anata. Oferecia suas condolências, gesto que Abed agradeceu.

NA NOITE SEGUINTE, foi a vez de a inteligência palestina telefonar. Um grupo de pais e familiares enfurecidos havia se reunido em frente ao Nour al-Houda e ameaçava atear fogo ao colégio. Será que ele poderia ir até o local e conversar com eles? O oficial da inteligência soubera que ele não culpava o colégio pelo acidente. Resolveu ligar pois, além de ser uma figura respeitada em Anata, Abed tinha a autoridade moral de um pai afetado pela tragédia. As forças da AP não tinham permissão para entrar em Anata e, mesmo que tentassem, não chegariam a tempo. Abed concordou.

A aglomeração em frente ao colégio não era tão grande; seu primo Abu Jihad e os irmãos dele pareciam liderar os protestos. Os manifestantes estavam furiosos com o fato de a escola não ter cancelado a excursão apesar do violento temporal e, como se não bastasse, ter contratado um ônibus fabricado havia 27 anos e que, ao que parecia, já se envolvera em diversos acidentes. Nenhum representante havia entrado em contato para se desculpar, ninguém visitou os hospitais ou telefonou para saber do estado de saúde das crianças feridas.

Três funerais 235

Abed ouviu o que os manifestantes tinham a dizer, e só então se pronunciou. Ele havia perdido mais que qualquer um deles. No entanto, ainda acreditava que o Nour al-Houda era um bom colégio, o melhor de Anata. Tratava-se de uma instituição importante para a cidade, não apenas para as crianças, mas para toda a comunidade. Dezenas de moradores de Anata trabalhavam ali. A irmã de Haifa, inclusive, era uma das professoras. Ele não planejava tirar Adam do colégio. "E se Milad voltasse para mim", disse, "eu ainda o mandaria para o Nour al-Houda." Abu Jihad e os demais foram para casa.

Na manhã do segundo dia da *azza*, o período de três dias de luto e cerimônia aberta, Ghazl visitou a casa de Abed. A *azza* das mulheres estava ocorrendo na sala de estar. O local de luto dos homens, um salão no Clube Juvenil de Anata, só abriria mais tarde, depois da oração do meio-dia.

Era a primeira vez que Ghazl e Abed se encontravam desde a situação no escritório dela no Ministério da Educação, mais de quinze anos antes. Ghazl agora trabalhava em sua alma mater, a escola para meninas de Anata, onde lecionava ciências e literatura no ensino médio. Dava aulas para as duas filhas mais velhas de Abed, Lulu e Fufu, que a adoravam. Acompanhada de outras mulheres do colégio, fora prestar suas condolências.

Abed, que não esperava pela presença de Ghazl, levantou-se e ameaçou se retirar quando a viu, mas Haifa o impediu. Enquanto Ghazl e as professoras dirigiam palavras de pêsames a Haifa e a suas irmãs, ele permaneceu sentado. Os dois estavam no mesmo local onde, décadas antes, ela tinha devolvido a ele o colar perdido. Embora não tenham trocado palavras, o rancor, insignificante diante do sofrimento de Abed naquele momento, havia desaparecido.

Depois da *azza*, Haifa fechou-se em si mesma. Jamais falava sobre o acidente e raramente mencionava Milad ou pronunciava seu nome. Por precaução, a maioria das pessoas tratava de fazer o mesmo em sua presença, mas não Abed, que se recusava a não tocar no assunto e falava sobre o filho sempre que podia. Nessas ocasiões, Haifa se retirava em silêncio, encontrando algo para fazer em outro cômodo. Preocupado, Abed perguntava-se quando a esposa finalmente extravasaria a dor. Talvez nunca.

24.

Tudo o que Nansy queria de Azzam era um abraço, algum gesto de consolo. Depois de deixarem o hospital, os dois foram juntos para a casa dos pais dela em a-Tur, onde Sadine os aguardava. Lá, Azzam continuou a agir de maneira fria. À noite, Nansy não conseguiu dormir. Aquele tinha sido o dia mais longo de sua vida e, ainda assim, parecia recusar-se a acabar. A única certeza que ela tinha era de que a mochila do Homem-Aranha de Salaah não parava de aparecer em fotos e vídeos do acidente veiculados no noticiário e nas redes sociais. Com o olhar fixo no teto, ela tentava recriar mentalmente o ocorrido: em que lugar do ônibus estava Salaah, qual amigo havia se sentado ao seu lado, se ele havia comido o doce, o que fizera no momento da colisão, se tinha gritado por ela.

Na manhã seguinte, Nansy quis ir de novo ao hospital. "Ir aonde?", exclamou Azzam. "Não há rosto, não há nariz, não há nada." Será que aquele homem era incapaz de sentir o que quer que fosse? Como era possível que exibisse tamanha indiferença ao deixar o quarto do filho? Os irmãos de Nansy haviam desmaiado, berrado, quebrado a mão. No Hadassah, a mãe de Azzam continuou a ignorar Nansy, encarando-a como se fosse uma inimiga. O pai dele, por sua vez, disse que ela deveria entrar no quarto e ver o menino. "Já que permitiu que ele fosse ao passeio, deveria ver o resultado."

Nansy então pediu mais uma vez que a deixassem entrar. Seus irmãos suplicaram novamente à mãe que a impedisse. Osama tomou seu rosto nas mãos e a olhou nos olhos. "Não deixe sua filha fazer isso. Ela vai enlouquecer, e você a perderá. Prometa que não permitirá que isso aconteça se eu for ao banheiro." Assim como no dia anterior, Nansy perguntou à equipe por novidades quanto ao estado do menino, ao que o mesmo médico respondeu com o mesmo gesto do dia anterior, indicando o céu com o dedo. Disseram-lhe que Salaah estava sedado e não sentia dor. Por fim, ela voltou para ficar com Sadine em casa.

Nansy passou os dois dias seguintes indo e voltando do hospital. Não havia novidades, e ela continuava a não entrar no quarto do filho. Seus sogros queriam saber por que ela se recusava a vê-lo; sua família, por sua vez, insistia que ela não o fizesse. Em a-Tur, os vizinhos de seus pais lhe diziam que Salaah ficaria bem. Presenteavam-na com travessas de comida, que ela mal tocava. Estava fraca, pálida, exausta.

Na noite do terceiro dia, Nansy sonhou com Salaah. Ele usava seu casaco vermelho preferido, que não havia levado para o passeio, e brincava com as cinco crianças mortas. Naquela mesma noite, a mãe de Nansy também teve um sonho com o neto, no qual ele disse: "Tata, vou encontrar meus amigos". Em seguida, caminhou em direção a Ula e às cinco crianças. A tia de Nansy, por sua vez, sonhou que o profeta Ibrahim recitava o Alcorão para as crianças mortas e, em seguida, lhes dizia que logo teriam a companhia de mais um amigo.

Nansy se sentia esgotada. Naquele dia, sua família pedira que descansasse, e ela havia concordado em não ir ao hospital. A mãe lhe disse para orar pelo que fosse melhor para

Três funerais 239

Salaah, mesmo que aquilo significasse a morte. Antes do entardecer, Nansy sentiu uma pontada no peito, como se alguém tivesse apertado seu coração. Seu primeiro pensamento foi que a alma de Salaah estava deixando o corpo. Vestiu-se e disse à família que precisava ver o filho imediatamente. Dessa vez, entraria no quarto e o veria com os próprios olhos. Impaciente para sair, pôs-se a aguardar na escada e, em seguida, sentada no carro. Quando descia do apartamento, sua mãe recebeu um telefonema da irmã de Azzam, que deu a notícia. Salaah havia morrido.

Sem dizer nada à filha, a mãe de Nansy entrou no carro. Ficaram esperando que o pai dela terminasse a oração do pôr do sol na mesquita vizinha ao edifício. Ao deixar o templo, ele atendeu o celular e congelou. Nansy percebeu que havia algo errado, mas ele também omitiu a verdade, explicando que não poderiam ir ao hospital porque Salaah havia contraído uma infecção bacteriana. Era comum que aquilo acontecesse com vítimas de queimaduras, acrescentou, que ficavam mais vulneráveis sem a proteção da pele. Os três então voltaram para casa.

Não demorou para que os vizinhos começassem a visitá-los, e Nansy percebeu que havia algo diferente na maneira como se portavam. Por fim, ouviu alguém dizer o que já intuía. A confirmação não suscitou uma reação exasperada, e sim um sentimento de remorso: deveria ter ignorado os conselhos da família e entrado no quarto de Salaah na UTI. Além da culpa por ter assinado a autorização para o passeio, sentia agora um arrependimento profundo por não ter se despedido dele.

Na sala de visitas, os vizinhos comentaram que havia um brilho em torno do rosto de Nansy e juraram que jamais haviam visto algo semelhante. O sol tinha acabado de se pôr, e a luz do aposento parecia exibir uma qualidade diferente. A mãe de Nansy, contudo, não viu brilho algum nos olhos da filha, apenas angústia.

AZZAM ENTERROU SALAAH no mesmo cemitério em que Abdullah al-Hindi havia sido sepultado, em Baab al-Asbaat, próximo ao muro da Cidade Velha. Durante os três dias de luto que se seguiram ao funeral, Nansy foi à casa da família de Azzam em Wadi Joz para receber condolências. Os sogros continuavam a evitá-la, e as poucas palavras que lhe dirigiam pareciam destinadas a aumentar seu sofrimento. "Você é a mãe. Por que não foi se despedir dele?" O sogro também reclamou do fato de que ela estava usando o mesmo casaco que vestia no dia do acidente, e que, além de tudo, não era preto.

Nansy não conseguia voltar ao apartamento de Ras Shehadeh, repleto de desenhos, brinquedos e roupas de Salaah. Cada centímetro do local guardava uma lembrança de seu filho. Assim, preferiu permanecer em a-Tur com os pais. As pessoas de seu bairro, do colégio e de Anata perguntavam quando ela voltaria ao outro lado do muro para que pudessem dar os pêsames; seus documentos de identidade verdes as impediam de visitá-la. Nansy detestava a ideia de regressar àquele gueto murado.

Também estava preocupada com a filha. Desde o dia do acidente, Sadine vinha arrancando os cabelos e arranhando o próprio rosto. Além disso, fazia mais de um mês que não falava. Um dia, Azzam anunciou que queria levar Nansy e Sadine numa viagem a Ramallah. Era um de seus primeiros gestos de humanidade desde o acidente, e Nansy sentiu um

Três funerais

fio de esperança. Ele havia estado distante e cruel nos últimos tempos. E violento: poucos dias depois do funeral, Azzam a violara sexualmente.

Apesar de tudo, Nansy estava disposta a perdoá-lo. Sentia pena do marido. Mesmo que não demonstrasse, ele também estava desolado. Os três, portanto, partiram rumo a Ramallah. Em determinado momento, quando passavam pela estrada de Jaba, Azzam parou o carro no acostamento e informou que aquele era o local onde havia ocorrido o acidente. Nansy irrompeu em lágrimas, profundamente magoada pelo rancor do marido. Sadine estava no banco de trás, vendo a mãe chorar. Nansy queria se enfiar num buraco e morrer. Se Azzam lhe tivesse dado comprimidos ou uma faca e recomendado que se matasse, ela teria feito isso ali mesmo. Sua intenção não tinha sido entristecê-la, disse ele mais tarde: pensou que ela gostaria de ver o local.

Ao fim dos tradicionais quarenta dias de luto, Nansy soube que estava grávida. Amigos e familiares atribuíram um significado divino à data auspiciosa. Deus havia levado seu filho e agora estava lhe dando outro, ainda melhor. Como as pessoas podem ser estúpidas, pensou Nansy: desde quando filhos podiam ser classificados?

A gravidez agravou ainda mais o casamento. Nansy achava que a família de Azzam sentia prazer em maltratá-la. "Você o matou", sua sogra havia declarado em mais de uma ocasião. No sexto mês de gravidez, Nansy sentia-se fraca e exausta, e passava a maior parte do tempo na cama revivendo as lembranças do filho. Quando soube que estava grávida de um menino, quis chamá-lo de Salaah. No entanto, teve sonhos que pareciam desaconselhar a decisão. No primeiro, um xeique lhe entregava um bebê que ele próprio chamava de Mohammad. No segundo, Salaah oferecia a Nansy um macacão azul e dizia que era um presente para seu irmão Mohammad. O menino, portanto, foi nomeado Mohammad, e nasceu no aniversário de quatro anos de Sadine, pouco mais de nove meses após a morte de Salaah.

Pouco depois, Nansy engravidou de novo, muito embora não estivesse tentando — a rigor, vinha usando métodos contraceptivos. Agora Azzam queria o divórcio, mas antes exigiu que ela renunciasse à sua parte da indenização pela morte de Salaah. Os portadores de documentos azuis haviam recebido dinheiro do Karnit, um fundo do governo israelense destinado a vítimas de acidentes de trânsito. A lei determinava o pagamento de uma indenização a quem sofresse atropelamentos ou colisões provocados por veículos de propriedade de um cidadão israelense, a despeito do local do acidente — contanto, porém, que fossem israelenses ou turistas. Portadores de identidades verdes, como Abed e Haifa, não tinham direito a nem um centavo.

Azzam e Nansy haviam recebido pouco mais de 200 mil dólares. Ele queria que a esposa abrisse mão não apenas da sua parcela da indenização, mas também de todo o resto: os bens comuns do casal, a pensão alimentícia a que teria direito e o *mahr*, seu dote em ouro.

Quando Nansy negou o pedido, Azzam a agrediu. Ele pagou um advogado para redigir um acordo de separação, que a cada poucos dias mostrava a ela. Cada vez que ela se recusava a assinar, ele a agredia de novo. Em mais de uma ocasião, as sequelas foram tão graves que Nansy foi parar no hospital, e numa das vezes passou perto de sofrer um aborto espontâneo.

Três funerais 243

Não foi o suficiente para deter Azzam. "Não está cansada?", ele perguntava. "É só assinar os papéis e estará livre para se mandar." Depois, tentou convencê-la de que ela estava ficando louca e ameaçou interná-la num hospício. Costumava colocar os brinquedos das crianças em lugares estranhos e pôr a culpa nela. Desconfiada de que ele a estivesse drogando, Nansy parou de tomar o café que Azzam preparava. Ele também lhe disse que sua irmã tinha fotos de Salaah no hospital — o que era verdade — e que a obrigaria a olhá-las caso continuasse a resistir.

Nansy inventava justificativas para tolerar o comportamento do marido, atribuindo-o ao abalo emocional provocado pela perda do filho. Contudo, baixou um aplicativo de gravação de telefonemas no celular dele, e o que ouviu foi a irmã e o pai de Azzam incentivando-o a agredi-la e fazer o que fosse preciso para se livrar dela. Numa das gravações, o pai propunha contratar alguém para assassiná-la. Nansy começou a temer pela própria vida.

Em março de 2014, deu à luz outra filha. Naquele verão, quando o bebê tinha quatro meses de idade, Nansy pediu dinheiro ao pai para comprar presentes para as crianças, pois a celebração do Eid al-Fitr se aproximava. Quando voltou para casa com sacolas de roupas novas, Azzam ficou furioso e lhe aplicou uma surra brutal. Dessa vez, Nansy ligou para o irmão Osama e pediu que fosse buscá-la. Vestindo apenas uma camisola, levou consigo os três filhos e deixou Azzam.

Ela se mudou para a casa dos pais em a-Tur, do outro lado do muro, mas sua situação continuou precária. O governo israelense havia programado a demolição do edifício de cinco andares em que viviam. A permissão para construir na Jerusalém Oriental anexada era sistematicamente negada aos palestinos — apenas o equivalente a 13% da área total dos bairros palestinos estava disponível para construção, e a maioria desses lotes abrigava projetos em andamento. Grande parte da população, portanto, via-se obrigada a escolher entre construir ilegalmente ou se mudar. Os pais de Nansy, como muitos outros, pagavam todos os meses centenas de dólares em multas à prefeitura na esperança de evitar a demolição.

Depois do divórcio, Nansy ainda esperava que Azzam agisse como um pai para seus filhos. No entanto, ele raramente pedia para vê-los, e ela e os pais acabaram por criá-los sozinhos. O acidente tinha arruinado sua vida e destruído sua família, mas ela não se sentia especial por isso: cada uma à sua maneira, todas as famílias haviam sido destruídas.

Epílogo

UMA EQUIPE DE TELEVISÃO BATEU À PORTA de Abed um mês depois do acidente. Gravavam uma reportagem para o noticiário de fim de semana do Canal 10, uma das principais emissoras de Israel. O título da matéria, que iria ao ar num sábado à noite em fins de março, era "Um menino árabe morreu, ha ha ha ha". O repórter, Arik Weiss, era considerado de esquerda: quando apresentava o noticiário noturno, alguns políticos de direita recusaram-se a conceder entrevistas.

O gancho da reportagem não era propriamente o acidente, mas a reação de alguns jovens israelenses que haviam comemorado a morte das crianças palestinas. Arik ficara perplexo com a enxurrada de publicações no Facebook e em outras plataformas virtuais celebrando a tragédia: "Hahahaha, dez mortos, hahahaha, bom dia"; "É só um ônibus cheio de palestinos. Nada demais. Pena que não morreram mais"; "Ótimo! Menos terroristas!!!!"; "Notícias excelentes para começar a manhã"; "Meu dia acaba de ficar suaaaaaaaaaaave".

Mais até que o conteúdo das postagens, o que espantou Arik foi o fato de que muitos dos autores usavam seu nome verdadeiro. Como concluiu na narração em off, escreveram "sem se esconder atrás de um teclado anônimo, sem constrangimento". E muitas das publicações eram de autoria de alunos dos ensinos fundamental e médio. Arik achava esse fato desconcertante:

246   *Um dia na vida de Abed Salama*

tratava-se de adolescentes que estavam vivendo um período de relativa tranquilidade, muitos deles novos demais para se lembrar da violência da década de 1990 e da Segunda Intifada, e que, no entanto, pareciam ser mais racistas que as gerações anteriores. O jornalista queria entender por que os jovens israelenses sentiam mais ódio que seus antepassados, e acreditava que a reportagem poria um espelho diante da sociedade israelense.

Num colégio na cidade costeira de Hadera, a meio caminho entre Haifa e Tel Aviv, Arik entrevistou alguns dos rapazes que haviam publicado comentários usando os próprios nomes. Trecho da reportagem o mostra lendo em voz alta para um deles: "Essas crianças palestinas podiam ser os ataques terroristas do futuro. Não me venham com o papo-furado de que somos todos seres humanos. Eles não são gente, são putas, e merecem morrer". A câmera dá um zoom no rosto do jovem, que parece mundano, tem um porte atlético e veste uma camiseta da Hollister sob o moletom aberto.

"Você escreveu isso…", começa a perguntar Arik.

"… de coração", diz o adolescente.

Os dois estão diante de uma quadra esportiva, onde meninos mais novos disputam uma partida de basquete. O repórter pergunta se o jovem realmente acredita no que escreveu. "Estamos falando de crianças de quatro a cinco anos, certo?"

"Crianças pequenas, e daí?"

Na tomada seguinte, o garoto, agora cercado por um grupo de amigos, pergunta a um deles: "Seja sincero: você fica sabendo de um acidente com um monte de crianças palestinas mortas. Como você se sente, fisicamente? Feliz, empolgado?".

"*Walla*", responde o amigo. "Sinceramente? Em êxtase."

Epílogo

Enquanto os comentários de Facebook são mostrados, a narração de Arik prossegue: "Não interessa se você se considera de esquerda ou de direita. O fato de que há pessoas comemorando a morte de outras nos obriga a parar por um momento e nos questionar: como foi que chegamos a esse ponto?".

Em outro momento, a reportagem mostra Abed no acostamento junto ao local do acidente. Na beira da estrada, alguém havia fincado estacas de madeira com fotos de Milad e Salaah. No caminho até lá, com a câmera desligada, Arik perguntara em hebraico se Abed soubera das publicações comemorando. Abed tinha ouvido falar delas — todos os pais tinham, assim como toda Anata e todo o Campo de Shuafat. A maioria das pessoas com quem Abed havia conversado achava que as autoridades israelenses queriam que as crianças morressem. Todos sabiam da rapidez com que as forças de segurança apareciam nas estradas da Cisjordânia quando um adolescente se punha a atirar pedras. Na manhã do acidente, porém, ninguém reagiu: nem os soldados no posto de controle, nem as tropas da base de Rama, nem os caminhões de bombeiros dos assentamentos vizinhos. O ônibus tinha permanecido mais de meia hora em chamas sem que ninguém fizesse nada.

Arik observou que algumas das mensagens eram de estudantes de Givat Shaul, o bairro de Jerusalém que abrange o que um dia havia sido o povoado de Deir Yassin, local do famoso massacre de palestinos protagonizado em 1948 por forças paramilitares judaicas anteriores à fundação de Israel. Abed sentiu que estava sendo provocado pelo repórter. "Temos extremistas em nossa sociedade", respondeu. "E vocês também."

248   *Um dia na vida de Abed Salama*

MAIS ADIANTE NA REPORTAGEM, Arik se encontra com dois colonos que vivem perto do local do acidente. O primeiro, Arik Vaknish, é habitante de Adam, para onde se mudou em 2000. Quando jovem, havia concluído o serviço militar como guarda em Ramallah, no mesmo ano em que Abed foi transferido para o presídio da cidade. A exemplo de Beber Vanunu, crescera numa casa marroquina em Jerusalém e falava árabe com fluência. Trabalhava como gerente na imobiliária Anglo-Saxon, vendendo casas para judeus recém-chegados à Cisjordânia.

Junto com Beber, Vaknish havia ajudado na confecção da grande faixa estendida sobre o cruzamento de Adam após o acidente, expressando condolências em hebraico e árabe. Foi por causa da manifestação de solidariedade que o Canal 10 entrou em contato com Vaknish e pediu que ele visitasse Abed em sua casa em Anata.

O segundo colono, Duli Yariv, de Anatote, tinha angariado cerca de mil dólares em doações de vizinhos para as famílias enlutadas. Ele também havia crescido em Jerusalém, perto do bairro de Beber e Vaknish. Depois de concluir o serviço na força aérea, começara a procurar uma casa para comprar. Tinha vontade de viver numa área rural, mas seus pais o queriam por perto, só que as comunidades situadas dentro da Linha Verde eram caras demais. Por isso havia escolhido Anatote, um assentamento bom, próximo à família e com preços relativamente acessíveis, além de um dos poucos locais onde poderia construir uma casa de dois andares que acomodasse seu piano de cauda e as pinturas de sua irmã.

Diante das câmeras, Duli explica a Arik Weiss que tem receio de entrar em Anata. "Não é um vilarejo muito amigável, então eu não entraria lá sozinho sem a garantia de conseguir

Epílogo 249

sair." A reportagem mostra Vaknish e Duli percorrendo a distância de menos de dois quilômetros entre Anatote e Anata e, já no vilarejo, passando por muros pichados, vias esburacadas e crianças brincando numa rua desprovida de calçadas. "Um quilômetro e meio separa o assentamento de Anatote do vilarejo de Anata", diz Arik em off. "Cinco minutos de carro, um mundo completamente diferente." Abed e seu irmão Wa'el cumprimentam a equipe de TV e os colonos. O programa mente ao descrever Wa'el como "um homem-bomba" que havia sido preso quando estava prestes a cometer um ataque, mas observa corretamente que, após sair da prisão, ele se tornou um defensor da paz. Foram justamente seus contatos entre os pacifistas que possibilitaram que a emissora israelense estivesse fazendo aquela visita à casa de seu irmão. Abed não aprovava as atividades conciliatórias de Wa'el: que consequência traziam, pensava, além de satisfazer os israelenses e apresentar uma falsa imagem de paridade entre o opressor e o oprimido?

Wa'el e Abed sentam-se lado a lado num sofá, de frente para Vaknish e Duli. As cortinas amarelas encobrem a luz do sol. Sobre a mesa, há um prato de isopor com doces para os convidados. Arik pergunta a Abed se ele poderia mostrar fotos do filho. Abed se levanta e volta com um álbum de capa rosa e uma foto emoldurada de Milad. Os israelenses examinam as fotos, e Duli se dirige a Abed e Wa'el: "Quero dizer a vocês que moro em Anatote. Sou um colono. Quando ouvimos a notícia do acidente no rádio, pensei que fosse um ônibus nosso — e, se Deus tivesse errado por dois segundos, poderia ter sido". Duli prossegue: "Não acredito que ninguém dos assentamentos aqui da região tenha celebrado o fato de que as crianças eram árabes. Porque amanhã podem ser nossos filhos". A câ-

250   *Um dia na vida de Abed Salama*

mera focaliza Abed, que observa Duli com uma expressão de ceticismo.

Depois que Duli e Vaknish vão embora, o cinegrafista segue Abed até seu quarto, onde ele mostra um vídeo no celular. Milad, com um casaco de inverno e um gorro, conta piadas para o pai e ri. Brincando com um ditado popular que diz que quem se apaixona acaba ferido, Milad diz: "Um dia um grão de trigo se apaixonou e, quando voltou, tinha virado farinha".

"Conta outra", diz Abed, que não aparece no vídeo.

"Outra?", pergunta Milad.

"Outra."

"Que tal sobre o diabo?", o menino sugere. "Um homem entra no banheiro", começa. Em vez da oração usual para afastar o mal, o homem recita outra: "'Em nome de Deus, o mais benevolente, o mais misericordioso', o homem diz, e o diabo se mija de tanto rir!". Milad gargalha, e no vídeo Abed ri com ele.

Abed para de assistir, cobrindo o rosto com as mãos enquanto começa a chorar. A reportagem se encerra com essa tomada.

A MÃE DE ABED MORREU pouco menos de um ano após o acidente. A doença de Alzheimer a havia preservado de compreender inteiramente o que se passara com Milad. Poucos dias depois do funeral, os Salama se confrontaram com mais uma morte, dessa vez de um bebê de oito meses que contraiu uma doença fatal. O pai da criança era Ahmad, o primo de Abed com quem ele havia brigado muitos anos antes e que Na'el atacara com um bisturi no hospital Makassed.

Epílogo 251

Ahmad era um homem insensível e mesquinho e, como não queria pagar os ritos para o filho, aproveitou-se da cerimônia da mãe de Abed: ofereceu aos convidados as bebidas e as tâmaras que a família de Abed havia comprado e convidou-os para apenas dois dias de *azza*, em vez dos três habituais, para que as duas cerimônias se encerrassem simultaneamente.

Em relação ao enterro do menino, Ahmad pretendia que ele fosse para o mesmo jazigo em que Milad havia sido sepultado. Em razão do custo, porém, não queria que o nome do filho fosse inscrito numa lápide, nem que uma cova inteira fosse utilizada. Propôs, portanto, que ele fosse enterrado junto com Milad.

Abed a princípio não gostou da ideia, mas, depois de refletir um pouco, acabou por vê-la como uma oportunidade. Depois do acidente, não tivera a chance de ver Milad ou de ficar a sós com ele — tampouco sem ele. Alguns meses antes, havia participado de um *hajj* coletivo para Meca e, em Medina, vira o rosto de Milad em toda parte: nas colunas da mesquita, nas páginas do Alcorão, por trás dos olhos de cada menino pequeno que encontrou pelo caminho. A peregrinação, da qual participara desacompanhado de amigos ou familiares, era o mais próximo que havia chegado de estar sozinho.

Em Anata, Abed se sentira sufocado e oprimido por tudo e todos ao seu redor: a multidão que o afastou do túmulo de Milad durante o funeral, os parentes que o haviam cercado em sua dor, uma sociedade que não permitia que uma família enlutada tivesse um momento sequer de solidão, uma cultura que insistia que os homens devem sempre se mostrar fortes. Tudo o que desejava era ter um momento de sossego, subir ao topo de uma montanha e gritar. Em vez disso, fizera o possível para se conter, esforçando-se para não derramar lágrimas em público.

Reprimir o sofrimento cobrou seu preço. Abed desenvolveu problemas cardíacos e passou a ter dificuldade para caminhar. Quando foi hospitalizado com um coágulo sanguíneo, um ecocardiograma revelou uma "gravíssima insuficiência cardíaca". O médico ficou surpreso que ele ainda estivesse vivo. E a verdade era que ele não queria mais seguir vivendo: por mais que amasse Haifa, Adam e as filhas, o que mais desejava no mundo não era possível.

Abed sentia-se numa constante luta para aceitar que seu filho havia realmente morrido. Após a entrevista para a TV, apagou todos os vídeos e, à exceção de duas, todas as fotos de Milad, recordações dolorosas demais. Depois se arrependeu: queria ver o filho e falar sobre ele, mesmo que isso significasse abrir a ferida. Se uma tristeza infinita era o preço a pagar para conservar suas lembranças esmaecidas de Milad, estava disposto a arcar com o custo. A dor de recordá-lo era a única maneira de mantê-lo por perto.

Haifa, por outro lado, seguia evitando falar sobre Milad. Não permitiu que Lulu desse o nome dele ao primeiro filho, num gesto de homenagem. Depois de um tempo, Abed desistiu de debater o assunto com ela. Em vez disso, assistia e reassistia a um programa de televisão sobre o profeta Yusuf. Via-se a si próprio no pai de Yusuf, Ya'qub, que se recusava a acreditar que o filho havia morrido. O Alcorão diz que seus olhos ficaram brancos — e ele, por consequência, cego — devido à tristeza.

Abed, então, resolveu aceitar o pedido de Ahmad. No cemitério, Ahmad e a família removeram a lápide do túmulo

Epílogo 253

de Milad e, antes de enterrarem o bebê morto, retiraram-se para que Abed pudesse entrar sozinho. Abed engatinhou sob o teto de pedra do jazigo até o local exato onde ele próprio seria sepultado quando morresse. Agachado ao lado do filho, viu seu corpo envolto na mortalha branca com que fora enterrado. Um dia, faria companhia a ele. Por alguns minutos, permaneceu ajoelhado ao lado do túmulo. Então, finalmente despediu-se de Milad.

ALGUNS ANOS DEPOIS, quando estava trabalhando como motorista de táxi, Abed levou uma mãe e seus filhos ao Campo de Shuafat. Quando se aproximaram do local do acidente, Abed pronunciou em voz baixa a Fatiha. "Que Deus os proteja", disse a mãe no banco de trás. Abed ficou surpreso. "A senhora sabe do acidente?", perguntou. A mulher contou que o filho, sentado ali ao lado dela, era um dos passageiros do ônibus.

Abed insistiu que a família fosse almoçar em sua casa. Eles passaram pelo Nour al-Houda, que Abed visitava todos os anos no aniversário do acidente levando Kinder Ovos para a turma de Milad. Abed parou numa loja para comprar um brinquedo para o ex-colega do filho. Em casa, apresentou o menino e sua família a Haifa e às filhas. Haifa pousou a mão na cabeça do jovem visitante e convidou todos para a sala de estar. Sentado ao seu lado no sofá, Abed criou coragem e perguntou se ele tinha alguma lembrança de Milad no dia do acidente. "Milad estava na parte da frente do ônibus", disse o menino. "Estava com medo e se escondeu debaixo do banco."

A lembrança da tragédia foi aos poucos se desvanecendo entre os habitantes de Anata, e Abed e Haifa tornaram-se cada

254 *Um dia na vida de Abed Salama*

vez mais reclusos. As pessoas mal os viam na rua. Quando o aniversário de sete anos do acidente se aproximava, Abed viu uma publicação no Facebook de uma prima de Milad, Rama, de dezessete anos. Os dois tinham frequentado a mesma escola, mas Rama era cinco anos mais velha. Abed não pensava que eles fossem chegados, mas a jovem escreveu um texto carinhoso sobre Milad e mencionou a data que se aproximava. Abed foi até a casa de Rama perguntar o que a havia motivado a fazer uma publicação sobre o primo tantos anos depois. "Eu fui a última a beijá-lo", respondeu ela. "Antes de entrar no ônibus, Milad me deu um ovo de chocolate, e eu o beijei no rosto."

Ashraf Qayqas foi condenado a trinta meses de prisão, uma pena surpreendentemente branda para um ato de negligência grave que matou sete pessoas. Foi diagnosticado com leucemia durante o julgamento, e seu advogado de defesa, um palestino de 48 de Acre, acreditava que o câncer motivara a sentença leve. Quando Ashraf recorreu da decisão, a Suprema Corte de Israel negou seu pedido. "Cada pessoa é um mundo em sua totalidade", escreveu em sua sentença o juiz Neal Hendel. "A morte de sete pessoas é um desastre que não se pode medir mediante uma simples multiplicação. A perda é maior que a soma de suas partes."

O julgamento e a investigação policial concentraram-se estritamente nas ações do motorista, ignorando as causas mais profundas do acidente, das mortes e da resposta lamentavelmente tardia dos serviços de emergência. O exército havia retardado a chegada de algumas das ambulâncias israelenses provenientes de Jerusalém, demorando a abrir o portão do

Epílogo   255

muro de separação no posto de controle de Qalandia. Os serviços de emergência vindos dos assentamentos da Cisjordânia ou através do posto de controle de Hizma também haviam se atrasado, nesse caso devido a um equívoco quanto ao local do acidente cometido pela central de comando, que os enviou à rotatória de Adam. Os israelenses costumavam se referir às diferentes localidades da Cisjordânia pelo nome do assentamento mais próximo, visto que a maioria não conhecia as estradas e os vilarejos palestinos.

Outras equipes de emergência declararam à imprensa israelense que haviam levado "bastante tempo para encontrar o local exato por se tratar de território palestino". Embora servisse a centenas de milhares de palestinos, no entanto, a estrada de Jaba não estava em território da AP, e sim sob a jurisdição de Israel.

Poucos dias após o acidente, a AP instaurou uma comissão parlamentar para investigar as causas da tragédia. Em seu relatório, a comissão observou que "as ambulâncias, os serviços de emergência e o corpo de bombeiros israelenses mais próximos ficam a apenas um minuto e meio de distância", ao passo que o envio de "ambulâncias e veículos de emergência palestinos" à estrada de Jaba "exige a coordenação com Israel". Além disso, os serviços de emergência palestinos tinham sido obstruídos pelo "trânsito caótico" nos postos de controle de Qalandia e Jaba, e as solicitações palestinas para que se instalassem postes de iluminação e uma divisória entre as pistas na estrada haviam sido "rejeitadas por Israel". Em suma, esse conjunto de fatores fazia com que a "responsabilidade moral e legal recaísse sobre o lado israelense". Os pais enlutados consideraram o relatório precipitado, artificioso e inconsistente, destinado a encobrir a atuação ineficaz e negligente da própria AP no que dizia respeito ao resgate e à supervisão das escolas e de sua segurança.

Apesar de todas as acusações, ninguém — nem os investigadores, nem os advogados, nem os juízes — explicitou as verdadeiras origens da tragédia. Não houve menção à crônica carência de salas de aula em Jerusalém Oriental, o que obrigava os pais a enviar seus filhos para colégios mal fiscalizados na Cisjordânia. Ninguém citou o muro de separação nem o sistema de licenciamento que haviam forçado uma turma de jardim de infância a realizar um longo e perigoso desvio até os arredores de Ramallah, em vez de tomar o caminho mais curto, passando pelos parques de Pisgat Ze'ev.

Ninguém sugeriu que o fundo israelense para vítimas de acidentes devesse compensar as famílias de portadores de documentos de identidade verdes cujos filhos haviam morrido numa estrada administrada por Israel e patrulhada por sua polícia. Ninguém salientou que uma única rodovia malconservada era insuficiente para dar conta do tráfego norte-sul de palestinos na região metropolitana de Jerusalém-Ramallah, nem contestou o fato de que os postos de controle eram usados para conter o deslocamento dos palestinos e facilitar o tráfego dos colonos na hora do rush. Ninguém observou que a ausência de serviços de emergência de um dos lados do muro de separação estava fadada a provocar tragédias. Ninguém disse que os palestinos que ali viviam eram negligenciados porque o Estado judeu pretendia reduzir a presença deles na Grande Jerusalém, o lugar mais cobiçado por Israel. Por esses atos, absolutamente ninguém foi responsabilizado.

Nota do autor

Este é um livro de não ficção. Todos os nomes são reais, exceto os de quatro pessoas, alterados por motivos de privacidade: Abu Hassan, Azzam, Ghazl e Hassan.

Optei por não usar um critério único para as transliterações do árabe e do hebraico. Muitas das palavras já possuem transliterações aceitas em inglês, que adotei sempre que possível, muito embora sejam extremamente inconsistentes. Já aquelas que não são tão conhecidas em inglês, transcrevi-as de um modo que espero equilibrar a facilidade de leitura com a precisão da pronúncia para leitores não familiarizados com os dois idiomas.

As moedas convertidas em dólares americanos foram ajustadas à inflação e equivalem a valores de junho de 2023.

Fontes

Epígrafe [p. 5]

CAVELL, Stanley. *The Senses of Walden: An Expanded Edition*. Chicago: University of Chicago Press, 1992.

Prólogo [pp. 13-9]

Entrevistas do autor com Dror Etkes, Abed Salama, Adam Salama, Haifa Salama e Mohammad (Abu Wisaam) Salama.

ADMINISTRAÇÃO CIVIL ISRAELENSE PARA A JUDEIA E SAMARIA. *Arcgis — Informações para o público*. Consultado em 26 jul. 2022 (hebraico).

ALTMAN, Yair. "Caminhão e ônibus colidem em Jerusalém; 8 mortos". *Ynet*, 16 fev. 2012 (hebraico).

APPLIED RESEARCH INSTITUTE — JERUSALEM. "Jericho City Profile". Jerusalém, 2012.

ESCRITÓRIO CENTRAL DE ESTATÍSTICAS DA PALESTINA. Anuário Estatístico de Jerusalém n. 12, jun. 2010 (árabe).

ETKES, Dror. "Anata". Artigo não publicado, 2015.

MA'AN DEVELOPMENT CENTER. "Anata: Confinement to a Semi Enclave", dez. 2007.

SEITZ, Charmaine. "Jerusalem's Anata Out of Options". *Jerusalem Quarterly*, n. 32, outono 2007.

THRALL, Nathan. "A Day in the Life of Abed Salama". *New York Review of Books* (online), 19 mar. 2021.

Parte I: Três casamentos [pp. 21-88]

Entrevistas do autor com Dror Etkes, Abed Salama, Bashir Salama, Haifa Salama, Ibrahim Salama, Mohammad (Abu Wisaam) Salama, Naheel Salama e Wa'el Salama.

ADALAH. "The October 2000 Killings", 11 ago. 2020.

AMERICAN FRIENDS SERVICE COMMITTEE. "Palestine Refugee Relief, Bulletin No 1", mar. 1949.

ANISTIA INTERNACIONAL. "1990 Report", pp. 129-32, 1990.

_____. "50 Years of Israeli Occupation: Four Outrageous Facts About Military Order 101", 25 ago. 2017.

APPLIED RESEARCH INSTITUTE — JERUSALEM. "Anata Town Profile", 2012.

BEININ, Joel; HAJJAR, Lisa. "Palestine, Israel and the Arab-Israeli Conflict: A Primer". *Middle East Research and Information Project*, 2014.

BLANKFORT, Jeffrey. "Massacre at Rishon Lezion: Killer of Gaza". *Middle East Labor Bulletin*, v. 2, n. 3, verão 1990.

B'TSELEM. "Information Sheet", 1 ago. 1989.

_____. "Banned Books and Authors, Information Sheet", 1 out. 1989.

_____. "Detained Without Trial: Administrative Detention in the Occupied Territories Since the Beginning of the Intifada", out. 1992.

_____. "Acting the Landlord: Israel's Policy in Area C, the West Bank", jun. 2013.

_____. "Freedom of Movement", 11 nov. 2017.

_____. "Statistics on Revocation of Residency in East Jerusalem", 7 abr. 2021.

_____. "Statistics on Settlements and Settler Population". Consultado em 26 jul. 2022.

_____. "Fatalities in the first Intifada". Consultado em 12 nov. 2022.

CANADA: IMMIGRATION AND REFUGEE BOARD OF CANADA. "Palestine: Whether a Palestinian Formerly Residing in East Jerusalem Who Had His Israeli Identity Card Revoked Is Able to Live in the West Bank or the Gaza Strip", 1 fev. 1999.

_____. "Palestine: Whether a Permit Is Required from Israel for a Palestinian Resident of Bethlehem to Travel to Work in Ramallah and Back, Whether a Permit Guarantees Free Movement Past Checkpoints", 4 jul. 2001.

CHATTY, Dawn; LEWANDO HUNDT, Gillian (Orgs.). *Children of Palestine: Experiencing Forced Migration in the Middle East*. Nova York: Berghahn, 2005.

CIOTTI, Paul. "Israeli Roots, Palestinian Clients: Taking the Arab Cause to Court Has Earned Jewish Lawyer Lea Tsemel the Wrath of Her Countrymen". *Los Angeles Times*, 27 abr. 1988.

Fontes

CONSELHO NORUEGUÊS PARA REFUGIADOS. "Undocumented and Stateless: The Palestinian Population Registry and Access to Residency and Identity Documents in the Gaza Strip", jan. 2012.

DEPARTAMENTO DE ESTADO DOS ESTADOS UNIDOS. "Country Reports on Human Rights Practices for 1984: Report Submitted to the Committee on Foreign Relations, U. S. Senate, and Committee on Foreign Affairs, U. S. House of Representatives", pp. 1260-8.

_____. "Key Officers of Foreign Service Posts: Guide for Business Representatives", set. 1990.

DIVISÃO DA ONU DOS DIREITOS DOS PALESTINOS. "Chronological Review of Events Relating to the Question of Palestine — October 2000", 31 out. 2000.

ESCRITÓRIO CENTRAL DE ESTATÍSTICAS DA PALESTINA. "Anuário Estatístico de Jerusalém n. 12", jun. 2010 (árabe).

ESCRITÓRIO CENTRAL DE ESTATÍSTICAS DE ISRAEL. "Statistical Abstract of Israel, 1992-2008", 2009.

EMBAIXADA DOS ESTADOS UNIDOS EM ISRAEL. "History of the U. S. Diplomatic Presence in Jerusalem & of Our Agron Road Location". Consultado em: 26 jul. 2022.

FORÇAS DE DEFESA DE ISRAEL. "Ordem n. 101: Ordem relativa à proibição de ações de incitação e propaganda hostil", 22 ago. 1967 (hebraico).

FOUNDATION FOR MIDDLE EAST PEACE. "Comprehensive Settlement Population 1972-2011", 13 jan. 2012.

GOVERNO DE ISRAEL. "Prevention of Terrorism Ordinance No 33, 5708-1948", 1948.

HAMMAMI, Rema. "Women, the Hijab and the Intifada". *Middle East Report*, pp. 164-5, maio/jun. 1990.

HASS, Amira. "Israel's Closure Policy: An Ineffective Strategy of Containment and Repression". *Journal of Palestine Studies*, v. 31, n. 3, pp. 5-20, primavera 2002.

HILTERMANN, Joost R. "Trade Unions and Women's Committees: Sustaining Movement, Creating Space". *Middle East Report*, n. 164/165, pp. 32-53, maio/ago. 1990.

_____. *Behind the Intifada: Labor and Women's Movements in the Occupied Territories*. Princeton: Princeton University Press, 1991.

HIROYUKI, Suzuki. "Understanding the Palestinian Intifada of 1987: Historical Development of the Political Activities in the Occupied Territories". *Annals of Japan Association for Middle East Studies*, v. 29, n. 2, pp. 171-97.

262   *Um dia na vida de Abed Salama*

HOFFMAN, David. "The Intifada's Lost Generation". *Washington Post*, 7 dez. 1992.

HOFFMAN, David. "Palestinians Reconsider Their Tactics". *Washington Post*, 27 jun. 1993.

HUMAN RIGHTS WATCH. "Prison Conditions in Israel and the Occupied Territories", abr. 1991.

_____. "Justice Undermined: Balancing Security and Human Rights in the Palestinian Justice System", v. 13, n. 4 (E), nov. 2001.

INBAR, Efraim. "Israel's Small War: The Military Response to the Intifada". *Armed Forces & Society*, v. 18, n. 1, pp. 29-50, 1991.

_____. "Commission of Inquiry into the Clashes Between Security Forces and Israeli Citizens in October 2000", ago. 2003.

_____. "The Counter-Terrorism Law, 5776-2016", 2016.

JERUSALEM INSTITUTE FOR ISRAEL STUDIES. *Statistical Yearbook of Jerusalem, 1991-2008*, 2009.

JOHNSON, Penny; HAMMAMI, Rema. "Change & Conservation: Family Law Reform in Court Practice and Public Perceptions in the Occupied Palestinian Territory". *Institute of Women's Studies*, Universidade de Birzeit, dez. 2013.

LANDAU, Efi. "Ilan Biran: Barak, Ben-Eliezer Promised to Privatize Bezeq Within Year". *Globes*, 26 set. 1999.

LESCH, Ann M. "Prelude to the Uprising in the Gaza Strip". *Journal of Palestine Studies*, v. 20, n. 1, pp. 1-23, outono 1990.

LIEBER, Dov. "In the Heart of Jerusalem, a Squalid Palestinian 'Refugee Camp' Festers". *Times of Israel*, 26 dez. 2016.

LYBARGER, Loren D. *Identity and Religion in Palestine: The Struggle Between Islamism and Secularism in the Occupied Territories*. Princeton: Princeton University Press, 2007.

MA'OZ, Moshe. *Palestinian Leadership on the West Bank: The Changing Role of the Arab Mayors Under Jordan and Israel*. Nova York: Routledge, 1984.

NEFF, Donald. "The Intifada Erupts, Forcing Israel to Recognize Palestinians". *Washington Report on Middle East Affairs*, pp. 81-3, dez. 1997.

OREN, Aya. "A acusação contra Ami Popper: matou sete pessoas e tentou matar dez". *Ma'ariv*, 19 jun. 1990 (hebraico).

PEDATZUR, Reuven. "More Than a Million Bullets". *Haaretz*, 29 jun. 2004.

PERETZ, Don. "Intifadeh: The Palestinian Uprising". *Foreign Affairs*, verão 1988.

Fontes

REUTERS. "Israeli Acquitted in Traffic Mishap That Sparked Arab Riots", 7 mar. 1992.

RINAT, Zafrir. "Os judeus ganham desconto, os árabes não". *Haaretz*, 26 jul. 2013 (hebraico).

SOFER, Roni. "A acusação contra o motorista que é considerado uma das causas da Intifada". *Ma'ariv*, 6 dez. 1989 (hebraico).

TZAITLIN, Uriel. "30 anos: a história da Intifada". *Kol Hazman*, 15 dez. 2017 (hebraico).

USHER, Graham. *Dispatches from Palestine: The Rise and Fall of the Oslo Peace Process*. Londres: Pluto Press, 1999.

YESH DIN; EMEK SHAVEH. "Appropriating the Past: Israel's Archaeological Practices in the West Bank", dez. 2017.

ZUREIK, Elia; LYON, David; ABU-LABAN, Yasmeen (Orgs.). *Surveillance and Control in Israel/Palestine: Population, Territory, and Power*. Nova York: Routledge, 2011.

Parte II: Duas tragédias [pp. 89-127]

Entrevistas do autor com Salem Abu Markhiye, Milena Ansari, Huda Dahbour, Ashraf Joulani, Imm Ashraf Joulani, Mohannad Joulani, Saadi (Abu Ashraf) Joulani, Saadi Joulani, Mira Lapidot, Yaakov Lapidot, Mansour Nasasra e Rita Qahwaji.

ABDUL JAWWAD, Saleh. "The Classification and Recruitment of Collaborators". In: *The Phenomenon of Collaboration in Palestine*. Jerusalém: PASSIA, 2001.

ABU RAS, Thabet. "The Arab-Bedouin Population in the Negev: Transformations in an Era of Urbanization". The Abraham Fund Initiatives, mar. 2012.

ADALAH. "Bedouin Citizens of Israel in the Naqab (Negev): A Primer", 2019.

AGÊNCIA DAS NAÇÕES UNIDAS DE ASSISTÊNCIA AOS REFUGIADOS DA PALESTINA NO ORIENTE MÉDIO. "Fifteenth Progress Report Covering March and April 2002", 2002.

_____. "Profile: Abu Dis, East Jerusalem", mar. 2004.

AL-HAQ. "Waiting for Justice — Al-Haq: 25 Years Defending Human Rights (1979-2004)", jun. 2005.

ALI, Ahmed. *Al-Qur'an: A Contemporary Translation*. Princeton: Princeton University Press, 2001.

ALONI, Shlomo. *Israeli F-15 Eagle Units in Combat*. Oxford: Osprey, 2006.

ANGRIST, Joshua. "The Palestinian Labor Market Between the Gulf War and Autonomy". MIT Department of Economics, Working Paper, maio 1998.

APPLIED RESEARCH INSTITUTE — JERUSALEM. "Abu Dis Town Profile", 2012.

_____. "As Sawahira ash Sharqiya Town Profile", 2012.

BERGMAN, Ronen. *Rise and Kill First: The Secret History of Israel's Targeted Assassinations*. Nova York: Random House, 2018.

BIMKOM. "Survey of Palestinian Neighborhoods in East Jerusalem: Planning Problems and Opportunities", 2013.

_____. "The Bedouin Communities East of Jerusalem — A Planning Survey". Consultado em: 26 jul. 2022.

B'TSELEM. "Collaborators in the Occupied Territories: Human Rights Abuses and Violations", 1994.

_____. "No Minor Matter: Violation of the Rights of Palestinian Minors Arrested by Israel on Suspicion of Stone Throwing", jul. 2011.

_____. "The Military Courts", 11 nov. 2017.

_____. "Palestinian Minors Killed by Israeli Security Forces in the West Bank, Before Operation 'Cast Lead'". Consultado em: 26 jul. 2022.

_____. "Statistics: Palestinians Killed by Israeli Security Forces in the West Bank, Before Operation 'Cast Lead'". Consultado em: 26 jul. 2022.

B'TSELEM; HAMOKED. "Forbidden Families Family Unification and Child Registration in East Jerusalem", jan. 2004.

COMITÊ ESPECIAL DAS NAÇÕES UNIDAS PARA A PALESTINA. "Report to the General Assembly". Registros oficiais da segunda sessão da assembleia geral, suplemento n. 11, 3 set. 1947.

CONSELHO DE DIREITOS HUMANOS DAS NAÇÕES UNIDAS. "Report of the Special Rapporteur on the Situation of Human Rights in the Palestinian Territories Occupied Since 1967, John Dugard", 21 jan. 2008.

COOK, Jonathan. "Bedouin in the Negev Face New 'Transfer'". *Middle East Report Online*, 10 maio 2003.

DAHBOUR, Ahmad. *Diwan*. Beirute: Dar al-'Awdah, 1983 (árabe).

_____. *Huna, Hunak* (Amman: Dar al-Shurouq, 1997; árabe), traduzido para o inglês em FURANI, Khaled. *Silencing the Sea: Secular Rhythms in Palestinian Poetry*. Stanford: Stanford University Press, 2012.

Fontes 265

DAHBOUR, Ahmad. "We Died for Kufr Kanna to Live". In: RAHMANI, Kawther. "A Portrait of the Late Palestinian Poet Ahmad Dahbour". *Shafaqna*, 25 maio 2017.

DEFENSE FOR CHILDREN INTERNATIONAL-PALESTINE. "No Way to Treat a Child, Palestinian Children in the Israeli Military Detention System", abr. 2016.

DIVISÃO DA ONU DOS DIREITOS DOS PALESTINOS. "Chronological Review of Events Relating to the Question of Palestine", maio 2004.

DRUCKMAN, Yaron. "99,7% dos palestinos são condenados em tribunais militares". *Ynet*, 6 jan. 2008 (hebraico).

DUNSTAN, Simon. *The Yom Kippur War 1973: The Golan Heights*. Oxford: Osprey, 2003.

ESCRITÓRIO CENTRAL DE ESTATÍSTICAS DA PALESTINA. "Press Release on the Occasion of Palestinian Prisoners Day: More Than 650,000 Palestinian Were Exposed to Detention Since 1967, of Whom 9,400 Are Still in Prison", 17 abr. 2006.

_____. "Estimated Population in Palestine Mid-Year by Governorate, 1997-2021". Consultado em: 26 jul. 2022.

ESCRITÓRIO DAS NAÇÕES UNIDAS PARA A COORDENAÇÃO DE ASSUNTOS HUMANITÁRIOS. "The Impact of Israel's Separation Barrier on Affected West Bank Communities", mar. 2004.

_____. "Protection of Civilians Weekly Report", 3-9 ago. 2011.

FALAH, Ghazi. "How Israel Controls the Bedouin in Israel". *Journal of Palestine Studies*, v. 14, n. 2, pp. 35-51, inverno 1985.

FORÇA AÉREA ISRAELENSE. "The Long Leg". Consultado em: 26 jul. 2022.

_____. "Operation 'Wooden Leg'". Consultado em: 26 jul. 2022.

FURANI, Khaled. *Silencing the Sea: Secular Rhythms in Palestinian Poetry*. Stanford: Stanford University Press, 2012.

GABINETE DO COORDENADOR ESPECIAL DAS NAÇÕES UNIDAS PARA O PROCESSO DE PAZ NO ORIENTE MÉDIO. "Economic and Social Conditions in the West Bank and Gaza Strip", 15 abr. 1998.

GISHA. "A Guide to the Gaza Closure: In Israel's Own Words", set. 2011.

HAMOKED. "Temporary Order? Life in East Jerusalem Under the Shadow of the Citizenship and Entry into Israel Law", set. 2014.

HUMAN RIGHTS WATCH. "Stateless Again: Palestinian-Origin Jordanians Deprived of Their Nationality", 1 fev. 2010.

_____. "Children Behind Bars: The Global Overuse of Detention of Children", 2016.

MINISTÉRIO DAS RELAÇÕES EXTERIORES DE ISRAEL. "Address to the Knesset by Prime Minister Rabin on the Israel-Palestinian Interim Agreement", 5 out. 1995. Consultado em: 1 out. 2016.

JTA STAFF. "Arafat Cries After Learning Rabin Is Dead". *Jewish Telegraphic Agency*, 10 nov. 1995.

KHALIDI, Walid. "The Fall of Haifa Revisited". *Journal of Palestine Studies*, v. 37, n. 3, primavera 2008.

KIMMERLING, Baruch; MIGDAL, Joel S. *The Palestinian People: A History*. Cambridge: Harvard University Press, 2003.

AL-LABADI, Dr. Abdel Aziz. *Minha história com Tel al-Za'atar*. Beirute: Editions Difaf, 2016 (árabe).

LABIDI, Arwa. "October 1, 1985. The Day the Israeli Occupation Army Bombed Tunisia". *Inkyfada*, 1 out. 2021.

LEVINSON, Chaim. "Nearly 100% of All Military Court Cases in West Bank End in Conviction, Haaretz Learns". *Haaretz*, 29 nov. 2011.

MIDDLE EAST RESEARCH AND INFORMATION PROJECT. "Why Syria Invaded Lebanon". *MERIP Reports*, n. 51, pp. 3-10, out. 1976.

MORRIS, Benny. *Israel's Border Wars, 1949-1956*. Oxford: Oxford University Press, 1993.

_____. *The Birth of the Palestinian Refugee Problem Revisited*. Cambridge: Cambridge University Press, 2004.

_____. *1948: A History of the First Arab-Israeli War*. New Haven: Yale University Press, 2009.

NASASRA, Mansour. *The Naqab Bedouins: A Century of Politics and Resistance*. Nova York: Columbia University Press, 2017.

_____. "Two Decades of Bedouin Resistance and Survival Under Israeli Military Rule, 1948-1967". *Middle Eastern Studies*, v. 56, n. 1, pp. 64-83, 2020.

AL-OSTA, Adel. "Uma família está procurando por seus filhos... Maryam al-'Asra'". *Romman*, 6 jun. 2017 (árabe).

PALMER, E. H. *The Survey of Western Palestine: Arabic and English Name Lists*. Londres: The Committee of the Palestine Exploration Fund, 1881.

PARSONS, Nigel. *The Politics of the Palestinian Authority: From Oslo to al-Aqsa*. Nova York: Routledge, 2005.

PRIAL, Frank J. "Israeli Planes Attack P. L. O. in Tunis, Killing at Least 30; Raid 'Legitimate,' U. S. Says". *New York Times*, 2 out. 1985.

REES, Matt. "Untangling Jenin's Tale". *Time*, 13 maio 2002.

Fontes

REILLY, James A. "Israel in Lebanon, 1975-1982". *Middle East Report*, n. 108, set./out. 1982.

ROTHSCHILD, Walter. *Arthur Kirby and the Last Years of Palestine Railways: 1945-1948*. Londres: King's College, dez. 2007. Tese (Doutorado).

SAYIGH, Yezid. *Armed Struggle and the Search for State: The Palestinian National Movement, 1949-1993*. Nova York: Oxford University Press, 1999.

SHULMAN, David. "The Bedouins of al-Khan al-Ahmar Halt the Bulldozers of Israel". *New York Review of Books* (online), 26 out. 2018.

SMITH, William E. "Israel's 1,500-Mile Raid". *Time*, 14 out. 1985.

SUWAED, Muhammad Youssef. "Bedouin-Jewish Relations in the Negev 1943-1948". *Middle Eastern Studies*, v. 51, n. 5, pp. 767-88, 2015.

TARAZI, Monica. "Planning Apartheid in the Naqab". *Middle East Report*, n. 253, inverno 2009.

TARTIR, Alaa. "The Evolution and Reform of Palestinian Security Forces 1993-2013". *Stability: International Journal of Security and Development*, v. 4, n. 1, 2015.

THRALL, Nathan. *The Only Language They Understand: Forcing Compromise in Israel and Palestine*. Nova York: Metropolitan Books, 2017.

WARREN, Col. Sir Charles; CONDER, Capt. Claude Reigner. *The Survey of Western Palestine: Jerusalem*. Londres: The Committee of the Palestine Exploration Fund, 1884.

Parte III: Ocorrência com grande número de vítimas [pp. 129-158]

Entrevistas do autor com Salem Abu Markhiye, Dvir Adani, Amnon Amir, Ghadeer Bahri, Ibrahim Bahri, Imm Mohammad Bahri, Mohammad Bahri, Muhannad Bahri, Rula Bahri, Tala Bahri, Eldad Benshtein, Itzhak Bloch, Itai Elias, Raphael Herbst, Namir Idilby, Wadah Khatib, Nadav Matzner, Nader Morrar, Bentzi Oiring, Ilay Peled, Shlomo Petrover, Ami Shoshani, Fathiya Tawam, Mustafa Tawam, Nageebeh Tawam, Saar Tzur, Arik Vaknish, Beber Vanunu, Dubi Weissenstern e Maysoon Zahalka.

ADMINISTRAÇÃO CIVIL ISRAELENSE PARA A JUDEIA E SAMARIA. "Arcgis — Information for the Public". Consultado em: 26 jul. 2022.

ALTMAN, Yair. "8 mortos em ônibus escolar que tombou perto de Jerusalém". *Ynet*, 16 fev. 2012 (hebraico).

APPLIED RESEARCH INSTITUTE — JERUSALEM. "Tuqu Town Profile", 2010.

_____. "Beit Duqqu Village Profile", 2012.

APPLIED RESEARCH INSTITUTE — JERUSALEM. "Jaba Village Profile", 2012.

BREINER, Josh. "Prominent Haredi Rescue Organization Inflated Data, and Received Millions of Shekels as a Result". *Haaretz*, 18 dez. 2022.

B'TSELEM. "Statistics on Settlements and Settler Population". Consultado em: 26 jul. 2022.

EMEK SHAVEH. "On Which Side Is the Grass Greener? National Parks in Israel and the West Bank", dez. 2017.

ESCRITÓRIO CENTRAL DE ESTATÍSTICAS DA PALESTINA. "Localities in Jerusalem Governorate by Type of Locality and Population Estimates, 2007-2016". Consultado em: 26 jul. 2022.

ESCRITÓRIO CENTRAL DE ESTATÍSTICAS DE ISRAEL. "Table 2.53: Immigrants, by Period of Immigration and Last Continent of Residence", 13 out. 2021.

GOLDBERG, Haim. "19 anos depois: Bentzi Oiring celebra o casamento do bebê que ele salvou". *Kikar Hashabbat*, 4 fev. 2021 (hebraico).

GOVERNO DA AUTORIDADE PALESTINA. "Relatório completo do comitê ministerial encarregado de investigar o acidente de trânsito em Jaba". *Wafa*, 18 mar. 2012 (árabe).

POLÍCIA DE ISRAEL. "Depoimento de Ashraf Qayqas ao policial Shmuel Ozeri", 16 fev. 2012 (hebraico).

POLÍCIA DE ISRAEL, DISTRITO DE SHAI (SHOMRON-YEHUDA), DIVISÃO DE TRÂNSITO. "Boletim de ocorrência", 2012 (hebraico).

_____. "Depoimento de Ashraf Qayqas ao investigador de trânsito Eliyahu Mizrahi", 21 fev. 2012 (hebraico).

_____. "Opinião especializada: análise do tacógrafo", 28 fev. 2012 (hebraico).

_____. "Exposição dos resultados do exame da Vericom", 10 abr. 2012 (hebraico).

_____. "Relatório do inspetor de tráfego", 8 maio 2012 (hebraico).

TRIBUNAL DISTRITAL DE JERUSALÉM. "O Estado de Israel v. Ashraf Qayqas: audiência em 29 mar. 2015", 29 mar. 2015. pp. 25-136 (hebraico).

_____. "O Estado de Israel v. Ashraf Qayqas: audiência em 16 jun. 2015", 16 jun. 2015. pp. 26-120 (hebraico).

_____. "O Estado de Israel v. Ashraf Qayqas: audiência em 9 jun. 2016", 9 jun. 2016. pp. 29-91 (hebraico).

_____. "O Estado de Israel v. Ashraf Qayqas: audiência em 14 jun. 2016", 14 jun. 2016. pp. 28-99 (hebraico).

_____. "O Estado de Israel v. Ashraf Qayqas: audiência em 15 jun. 2016", 15 jun. 2016. pp. 28-74 (hebraico).

Fontes

TRIBUNAL DISTRITAL DE JERUSALÉM. "O Estado de Israel v. Ashraf Qayqas: audiência em 23 mar. 2017", 23 mar. 2017. pp. 32-92 (hebraico).

_____. "O Estado de Israel v. Ashraf Qayqas: sentença", 29 mar. 2018. pp. 1-17 (hebraico).

SOLOMON, Zahava; BERGER, Rony. "Coping with the Aftermath of Terror-Resilience of ZAKA Body Handlers". *Journal of Aggression, Maltreatment & Trauma*, v. 10, n. 1-2, pp. 593-604, 2005.

UNIÃO DOS SERVIÇOS DE BOMBEIROS E AMBULÂNCIA DA JUDEIA E SAMARIA E DO VALE DO JORDÃO. "Investigation of the Burning of the Children's Bus", 22 fev. 2012.

ZAKA. "ZAKA contra os Top 3", 28 nov. 2016 (hebraico).

Parte IV: O muro [pp. 159-196]

Entrevistas do autor com Ghadeer Bahri, Ibrahim Bahri, Mohammad Bahri, Rula Bahri, Abed Salama, Ibrahim Salama, Ron Shatzberg, Yehuda Shaul, Adi Shpeter, Dany Tirza, Saar Tzur, Arik Vaknish e Beber Vanunu.

AKEVOT. "Erasure of the Green Line", jun. 2022.

ALMOG, Shmuel. "'Judaism as Illness': Antisemitic Stereotype and Self--Image". *History of European Ideas*, v. 13, n. 6, pp. 793-804, 1991.

_____. "Between Zionism and Antisemitism". *Patterns of Prejudice*, v. 28, n. 2, pp. 49-59, 1994.

ALROEY, Gur. "Two Historiographies: Israeli Historiography and the Mass Jewish Migration to the United States, 1881-1914". *The Jewish Quarterly Review*, v. 105, n. 1, 99-129, inverno 2015.

ALY, Götz. *Europe Against the Jews, 1880-1945*. Nova York: Metropolitan, 2020.

ARAN, Amnon. *Israeli Foreign Policy Since the End of the Cold War*. Cambridge: Cambridge University Press, 2021.

ARENS, Moshe. "Tear Down This Wall". *Haaretz*, 5 mar. 2013.

ARIELI, Shaul. "Messianism Meets Reality: The Israeli Settlement Project in Judea and Samaria: Vision or Illusion, 1967-2016". Economic Cooperation Foundation, nov. 2017.

ARIELI, Shaul; SCHWARTZ, Doubi; TAGARI, Hadas. "Injustice and Folly: On the Proposals to Cede Arab Localities from Israel to Palestine". The Floersheimer Institute for Policy Studies, n. 3/48e, jul. 2006.

ASSOCIATED PRESS STAFF. "Middle East — Reactions to Hebron Agreement". Associated Press, 15 jan. 1997.

BACKMANN, René. *A Wall in Palestine*. Nova York: Picador, 2010.

BARKAN, Noam. "A história secreta dos campos de trânsito de Israel". *Ynet*, 3 mar. 2019 (hebraico).

BAUMANN, Hanna; MASSALHA, Manal. "'Your Daily Reality Is Rubbish': Waste as a Means of Urban Exclusion in the Suspended Spaces of East Jerusalem". *Urban Studies*, v. 59, n. 3, pp. 548-71, 2022.

BEN-GURION, David. *Memoirs, David Ben-Gurion*. Nova York: World Publishing Company, 1970.

BIMKOM. "Survey of Palestinian Neighborhoods in East Jerusalem: Planning Problems and Opportunities", 2013.

BISHARA, Azmi. "Sobre a questão da minoria palestina em Israel". *Theory and Criticism*, v. 3, pp. 7-20, 1993 (hebraico).

BLOOM, Etan. "What 'The Father' Had in Mind? Arthur Ruppin (1876-1943), Cultural Identity, Weltanschauung and Action". *History of European Ideas*, v. 33, n. 3, pp. 330-49, set. 2007.

BRADLEY, Megan. *Refugee Repatriation: Justice, Responsibility and Redress*. Cambridge: Cambridge University Press, 2013.

B'TSELEM. "Impossible Coexistence: Human Rights in Hebron Since the Massacre at the Cave of the Patriarchs", set. 1995.

_____. "Behind the Barrier: Human Rights Violations as a Result of Israel's Separation Barrier", mar. 2003.

_____. "Judgment of the High Court of Justice in Beit Sourik", 1 jan. 2011.

_____. "Arrested Development: The Long Term Impact of Israel's Separation Barrier in the West Bank", out. 2012.

_____. "Playing the Security Card: Israeli Policy in Hebron as a Means to Effect Forcible Transfer of Local Palestinians", set. 2019.

_____. "Statistics: Israeli Civilians Killed by Palestinians in the West Bank, Before Operation Cast Lead". Consultado em: 26 jul. 2022.

_____. "Statistics: Israeli Civilians Killed by Palestinians in the West Bank, Since Operation Cast Lead". Consultado em: 26 jul. 2022.

_____. "Statistics: Israeli Security Force Personnel Killed by Palestinians in the West Bank, Before Operation Cast Lead". Consultado em: 26 jul. 2022.

B'TSELEM. "Statistics: Israeli Security Force Personnel Killed by Palestinians in the West Bank, Since Operation Cast Lead". Consultado em: 26 jul. 2022.

CATTAN, Henry. "The Question of Jerusalem". *Arab Studies Quarterly*, v. 7, n. 2/3, pp. 131-60, primavera/verão 1985.

COMISSÃO REAL PARA A PALESTINA. "Notes of Evidence Taken on Thursday 7th January 1937, Forty-Ninth Meeting (Public)". 1937.

COMITÊ ESPECIAL DAS NAÇÕES UNIDAS PARA A PALESTINA. "Report to the General Assembly: Volume 1". Registros oficiais da segunda sessão da assembleia geral, suplemento n. 11, 1947.

CONSELHO DE DIREITOS HUMANOS DAS NAÇÕES UNIDAS. "A/HRC/49/87: Report of the Special Rapporteur on the Situation of Human Rights in the Palestinian Territories Occupied Since 1967", 21 mar. 2022.

CONSELHO DE SEGURANÇA DAS NAÇÕES UNIDAS. "S/RES/1073", 28 set. 1996.

CONSELHO NORUEGUÊS DE REFUGIADOS. "Driven Out: The Continuing Forced Displacement of Palestinian Residents from Hebron's Old City", jul. 2013.

CORTE INTERNACIONAL DE JUSTIÇA. "Legal Consequences of the Construction of a Wall in the Occupied Palestinian Territory: Advisory Opinion", 9 jul. 2004.

DAVIS, Uri. *Apartheid Israel: Possibilities for the Struggle Within*. Nova York: Zed, 2003.

DEKEL, Udi; MORAN-GILAD; Lia. "The Annapolis Process: A Missed Opportunity for a Two-State Solution?". INSS, jun. 2021.

DEPARTAMENTO DE ESTADO DOS ESTADOS UNIDOS (TELEGRAMA). "Deputy Defense Minister Sneh Describes to Ambassador MOD Steps to Reduce Obstacles to Movement". Wikileaks.org.

_____. "MOI DG Salamah: Hamas Will Not Collapse Quickly". Wikileaks.org.

DIVISÃO DA ONU DOS DIREITOS DOS PALESTINOS. "Israeli Settlements in Gaza and the West Bank (Including Jerusalem): Their Nature and Purpose", 31 dez. 1982.

_____. "Chronological Review of Events Relating to the Question of Palestine", mar. 2002.

DORON, Joachim. "Classic Zionism and Modern Anti-Semitism: Parallels and Influences (1883-1914)". *Studies in Zionism*, v. 4, n. 2, pp. 169-204, 2008.

DUMPER, Michael. "Policing Divided Cities: Stabilization and Law Enforcement in Palestinian East Jerusalem". *International Affairs*, v. 89, n. 5, pp. 1247-64, 2013.

EITAN, Uri et al. "The Failing East Jerusalem Education System". Ir Amim and the Association for Civil Rights in Israel, ago. 2013.

ELDAR, Akiva. "Sharon's Bantustans Are Far from Copenhagen's Hope". *Haaretz*, 13 maio 2003.

ENDERLIN, Charles. *Shattered Dreams: The Failure of the Peace Process in the Middle East, 1995-2002*. Nova York: Other Press, 2003.

EPHRON, Dan. *Killing a King: The Assassination of Yitzhak Rabin and the Remaking of Israel*. Nova York: W. W. Norton & Company, 2015.

EQUIPE DA TIME. "A Majority of One". *Time*, 13 nov. 1995.

ERLANGER, Steven. "Militants' Blast Kills 2 Palestinians by Israel Checkpoint". *New York Times*, 12 ago. 2004.

ESCRITÓRIO CENTRAL DE ESTATÍSTICAS DE ISRAEL. "Table 5.04 — Casualties in Road Accidents in the Judea and Samaria Area, by Locality, Severity, Type and Age of Casualty", 2010/2011/2012.

ESCRITÓRIO DAS NAÇÕES UNIDAS PARA A COORDENAÇÃO DE ASSUNTOS HUMANITÁRIOS. New Wall Projections", 9 nov. 2003.

_____. "Barrier Update: Seven Years After the Advisory Opinion of the International Court of Justice on the Barrier: The Impact of the Barrier in the Jerusalem Area", jul. 2011.

_____. "The Monthly Humanitarian Monitor", 29 fev. 2012.

ETTINGER, Shmuel. "The Modern Period". In: BEN-SASSON, Haim Hillel (Org.). *A History of the Jewish People*. Cambridge: Harvard University Press, 1976.

FEZEHAI, Malin. "The Disappeared Children of Israel". *New York Times*, 20 fev. 2019.

FISCHBACH, Michael R. *Records of Dispossession: Palestinian Refugee Property and the Arab-Israeli Conflict*. Nova York: Columbia University Press, 2003.

FUNDAÇÃO DE COOPERAÇÃO ECONÔMICA. "Síntese de uma reunião entre o chefe do Tanzim em Anata e o representante do assentamento de Anatote", 9 nov. 2000 (hebraico).

GELLMAN, Barton. "Palestinians, Israeli Police Battle on Sacred Ground". *Washington Post*, 28 set. 1996.

GIL, Avi. *Shimon Peres: An Insider's Account of the Man and the Struggle for a New Middle East*. Nova York: I. B. Tauris, 2020.

GOLDENBERG, Suzanne. "Snipers Return to Hebron Hill After Israeli Raid". *Guardian*, 25 ago. 2001.

Fontes

GOODMAN, Micah. *The Wondering Jew: Israel and the Search for Jewish Identity*. Trad. de Eylon Levy. New Haven: Yale University Press, 2020.

GORENBERG, Gershom. "The One-Fence Solution". *New York Times Magazine*, 3 ago. 2003.

GORNY, Yosef. *Zionism and the Arabs 1882-1948: A Study of Ideology*. Oxford: Oxford University Press, 1987.

GOVERNO DA AUTORIDADE PALESTINA. "Relatório completo do comitê ministerial encarregado de investigar o acidente de trânsito em Jaba". *Wafa*, 18 mar. 2012 (árabe).

GOVERNO DO REINO UNIDO DA GRÃ-BRETANHA E IRLANDA DO NORTE. "Mandate for Palestine — Report of the Mandatory to the League of Nations", 1932.

GREENBERG, Joel. "Hebron Is a Bit Quieter, but Certainly Not Peaceful". *New York Times*, 28 jun. 1994.

GREENBERG, Stanley B. *Race and State in Capitalist Development: Comparative Perspectives*. New Haven: Yale University Press, 1980.

GRINBERG, Lev Luis. *Politics and Violence in Israel/Palestine: Democracy Versus Military Rule*. Nova York: Routledge, 2009.

HABERMAN, Clyde. "Hunger Strike Lights a Spark Among Palestinians". *New York Times*, 12 out. 1992.

HACOHEN, Dvora. "British Immigration Policy to Palestine in the 1930s: Implications for Youth Aliyah". *Middle Eastern Studies*, v. 37, n. 4, pp. 206-18, out. 2001.

HAREL, Israel. "Sharon Grants Victory to Arafat". *Haaretz*, 13 jun. 2002.

HEDGES, Chris; GREENBERG, Joel. "West Bank Massacre; Before Killing, Final Prayer and Final Taunt". *New York Times*, 28 fev. 1994.

HERSCHMAN, Betty; OPPENHEIMER, Yudith. "Redrawing the Jerusalem Borders: Unilateral Plans and Their Ramifications". In: "Fragmented Jerusalem: Muncipal Borders, Demographic Politics and Daily Realities in East Jerusalem". PAX, abr. 2018.

HERZL, Theodor. *The Jewish State: An Attempt at a Modern Solution of the Jewish Question*. Org. de Jacob de Haas. Trad. de Sylvie d'Avigdor. Whithorn: Anados, 2018.

HERZOG, Chaim. *The Arab-Israeli Wars: War and Peace in the Middle East*. Atualizado por Shlomo Gazit. Nova York: Vintage, 2005.

HOFFMAN, David. "8 Killed, 40 Injured in Car Bomb Blast at Israeli Bus Stop". *Washington Post*, 7 abr. 1994.

HUMAN RIGHTS WATCH. "A Threshold Crossed: Israeli Authorities and the Crimes of Apartheid and Persecution", abr. 2021.

INTERNATIONAL CRISIS GROUP. "Leap of Faith: Israel's National Religious and the Israeli-Palestinian Conflict". *Middle East Report*, n. 147, 21 nov. 2013.

IR AMIM. "Jerusalem Neighborhood Profile: Shuafat Refugee Camp", ago. 2006.

_____. "Displaced in Their Own City: The Impact of Israeli Police in East Jerusalem on the Palestinian Neighborhoods of the City Beyond the Separation Barrier", jun. 2015.

ISRAELI KNESSET. "Israeli-Palestinian Interim Agreement on the West Bank and the Gaza Strip — Annex V, Protocol on Economic Relations", 28 set. 1995.

JABAREEN, Yosef. "Territoriality of Negation: Co-production of 'Creative Destruction' in Israel". *Geoforum*, v. 66, pp. 11-25, 2015.

THE JEWISH PUBLICATION SOCIETY. *The Holy Scriptures According to the Masoretic Text: A New Translation, with the Aid of Previous Versions and with Constant Consultation of Jewish Authorities*. Filadélfia: The Jewish Publication Society of America, 1917.

JERUSALEM MUNICIPALITY. "Local Outline Plan — Jerusalem 2000", ago. 2004.

KAPLANSKY, Tamar. "Israeli Health Ministry Report Admits Role in Disappearance of Yemenite Children in 1950s". *Haaretz*, 8 dez. 2021.

KAUFMAN, YEHEZKEL. "Anti-Semitic Stereotypes in Zionism: The Nationalist Rejection of Diaspora Jewry". *Commentary*, mar. 1949.

KEREM NAVOT. "A Locked Garden: Declaration of Closed Areas in the West Bank", mar. 2015.

KHALIDI, Walid. *All That Remains: The Palestinian Villages Occupied and Depopulated by Israel in 1948*. Washington, D.C.: Institute for Palestine Studies, 1992.

KIM, Hannah. "Hi There, Green Line". *Haaretz*, 6 jun. 2002.

KOREN, David. "Arab Neighborhoods Beyond the Security Fence in Jerusalem: A Challenge to Israeli National Security Policy". The Jerusalem Institute for Strategy and Security, 17 jan. 2019.

LASKIER, Michael M. "Jewish Emigration from Morocco to Israel: Government Policies and the Position of International Jewish Organizations, 1949-56". *Middle Eastern Studies*, v. 25, n. 3, pp. 323-62, 1989.

LESCH, Ann Mosely. "Israeli Settlements in the Occupied Territories, 1967-1977". *Journal of Palestine Studies*, v. 7, n. 1, pp. 26-47, outono 1977.

LEVINSON, Chaim. "Israel Demolishes Three Illegal Houses in West Bank Outpost, Six Arrested". *Haaretz*, 5 set. 2011.

LEVINSON, Chaim; ISSACHAROFF, Avi. "Settlers Set Fire to West Bank Mosque After Israel Demolishes Illegal Structures in Migron". *Haaretz*, 5 set. 2011.

LEVINSON, Chaim; PFEFFER, Anshel; HOVAL, Revital. "Settlers Vandalize Military Base in First 'Price Tag' Attack Against IDF". *Haaretz*, 8 set. 2011.

LEVY-BARZILAI, Vered. "Ticking Bomb (1 of 2)". *Haaretz*, 15 out. 2003.

LIDMAN, Melanie. "Barkat Proposes Changing Jerusalem's Borders". *Jerusalem Post*, 17 dez. 2011.

LLOYD, Robert B. "On the Fence: Negotiating Israel's Security Barrier". *The Journal of the Middle East and Africa*, v. 3, 2012.

LUSTICK, Ian S. "The Holocaust in Israeli Political Culture: Four Constructions and Their Consequences". *Contemporary Jewry*, v. 37, n. 1, pp. 125-70, abr. 2017.

MASLAND, Tom. "Shot All to Hell". *Newsweek*, 6 out. 1996.

MCCARTHY, Justin. *The Population of Palestine: Population History and Statistics of the Late Ottoman Period and the Mandate*. Nova York: Columbia University Press, 1990.

MEKOROT. "The National Water Carrier". Mekorot website. Consultado em: 14 maio 2021.

MICHAEL, Kobi; RAMON, Amnon. "A Fence Around Jerusalem: The Construction of the Security Fence Around Jerusalem, General Background and Implications for the City and Its Metropolitan Area". The Jerusalem Institute for Israel Studies, 2004.

MINISTÉRIO DA JUSTIÇA DE ISRAEL. "Road Accident Victims Compensation Law, 5735-1975" (emendas em 1989, 1994, 1995, 1997, 1998). *Leis do Estado de Israel* 29, 5735. 1974/1975.

MINISTÉRIO DAS RELAÇÕES EXTERIORES DE ISRAEL. "Israeli-Palestinian Interim Agreement on the West Bank and the Gaza Strip", 28 set. 1995.

MINISTÉRIO DOS TRANSPORTES DA AUTORIDADE PALESTINA. "Acidentes de trânsito na Cisjordânia, relatório anual". *Wafa*, 2010/2011/2012 (árabe).

_____. "Registro de veículo — 6055040", 21 fev. 2012 (árabe).

MORRIS, Benny. "Camp David and After: An Exchange (1. An Interview with Ehud Barak)". *New York Review of Books*, 13 jun. 2002.

_____. *The Birth of the Palestinian Refugee Problem Revisited*. Cambridge: Cambridge University Press, 2004.

MUALEM, Mazal. "Creeping Separation Along the 'Seam'". *Haaretz*, 19 dez. 2001.

MURPHY, Verity. "Mid-East Cycle of Vengeance". BBC News Online, 5 out. 2003.

NEWSWEEK STAFF. "Presenting a New Face to the World". *Newsweek*, 19 fev. 2006.

NUNEZ, Sandy. "Warring Communities Separated by Wall". ABC News, 6 jun. 2002.

OSHEROV, Eli. "Jerusalém Oriental: As autoridades abandonaram-na, o Hamas e o Tanzim tomaram conta". *Ma'ariv*, 13 jul. 2010 (hebraico).

OTTENHEIJM, Eric. "The 'Inn of the Good Samaritan': Religious, Civic and Political Rhetoric of a Biblical Site". In: HARTOG; Pieter B. et al. (Orgs.). *Jerusalem and Other Holy Places as Foci of Multireligious and Ideological Confrontation*. Leiden: Brill, 2021. pp. 275-96.

OXFAM INTERNATIONAL. "Five Years of Illegality. Time to Dismantle the Wall and Respect the Rights of Palestinians", jul. 2009.

PALESTINIAN CENTRE FOR HUMAN RIGHTS. "IOF Use Excessive Force and Kill Demonstrator in Peaceful Demonstration in al-Ram Village, North of Occupied Jerusalem", 26 fev. 2012.

PARSONS, Nigel. *The Politics of the Palestinian Authority: From Oslo to al--Aqsa*. Nova York: Routledge, 2005.

PASSIA. "Palestinian Planning Imperatives in Jerusalem with a Case Study on Anata", ago. 2000.

PAZ AGORA. "Carta dos soldados", 7 mar. 1978 (hebraico).

RAVITZKY, Aviezer. "Exile in the Holy Land: The Dilemma of Haredi Jewry". In: MEDDING, Peter Y. (Org.). *Israel: State and Society, 1948-1988*. Oxford: Oxford University Press, 1989. pp. 89-125.

RAZ, Avi. *The Bride and the Dowry: Israel, Jordan, and the Palestinians in the Aftermath of the June 1967 War*. New Haven: Yale University Press, 2012.

REUTERS STAFF. "Settlers Suspected in West Bank Mosque Vandalism". *Reuters*, 19 jun. 2012.

ROBINSON, Shira. *Citizen Strangers: Palestinians and the Birth of Israel's Liberal Settler State*. Stanford: Stanford University Press, 2013.

Fontes

ROSS, Dennis. *The Missing Peace: The Inside Story of the Fight for Middle East Peace*. Nova York: Farrar, Straus and Giroux, 2004.

KHALED, Al-Sahili; KHADER, Hozaifa. "Reality of Road Safety Conditions at Critical Locations in Nablus City with a Road Map for Future Interventions". *An-Najah University Journal for Research — Natural Sciences*, v. 30, n. 1, 2016.

SAVIR, Uri. *The Process: 1,100 Days That Changed the Middle East*. Nova York: Vintage, 1998.

SEGEV, Tom. "The Makings of History: Revisiting Arthur Ruppin". *Haaretz*, 8 jun. 2009.

_____. *The Seventh Million: The Israelis and the Holocaust*. Nova York: Hill and Wang, 2019.

_____. *A State at Any Cost: The Life of David Ben-Gurion*. Nova York: Farrar, Straus and Giroux, 2019.

SETTON, Dan; BEN MAYOR, Tor. "Interview: Benjamin Netanyahu". In: "Shattered Dreams of Peace: The Road from Oslo". *Frontline*, 27 jun. 2002.

SFARD, Michael. *The Wall and the Gate: Israel, Palestine, and the Legal Battle for Human Rights*. Nova York: Metropolitan, 2018.

SHAPIRA, Anita. *Land and Power: The Zionist Resort to Force, 1881-1948*. Stanford: Stanford University Press, 1992.

_____. "Anti-Semitism and Zionism". *Modern Judaism*, v. 15, n. 3, pp. 215-32, out. 1995.

_____. "The Origins of the Myth of the 'New Jew': The Zionist Variety". In: FRANKEL, Jonathan (Org.). *The Fate of the European Jews, 1939-1945: Continuity or Contingency?* Nova York: Oxford University Press, 1997.

_____. *Israel: A History*. Waltham, Massachusetts: Brandeis University Press, 2012.

SHIMONI, Gideon. *The Zionist Ideology*. Hanover, New Hampshire: University Press of New England, 1995.

SHINDLER, Colin. *A History of Modern Israel*. Cambridge: Cambridge University Press, 2013.

SHLAIM, Avi. *The Iron Wall: Israel and the Arab World*. Nova York: W. W. Norton, 2014.

SHRAGAI, Nadav; NIR, Ori. "Yesha Lobbying for Separation Fence Along Area A Border". *Haaretz*, 13 jun. 2002.

SINGER, Joel. "Twenty-Five Years Since Oslo: An Insider's Account". *Fathom Journal*, 21 ago. 2018.

STANISLAWSKY, Michael. *Zionism: A Very Short Introduction*. Nova York: Oxford University Press, 2016.

AL TAHHAN, Zena. "A Timeline of Palestinian Mass Hunger Strikes in Israel". *Al Jazeera*, 28 maio 2017.

THRALL, Nathan. "BDS: How a Controversial Non-violent Movement Has Transformed the Israeli-Palestinian Debate". *Guardian*, 14 ago. 2018.

_____. "The Separate Regimes Delusion: Nathan Thrall on Israel's Apartheid". *London Review of Books*, v. 43, n. 2, 21 jan. 2021.

TIRZA, Danny. "The Strategic Logic of Israel's Security Barrier". Jerusalem Center for Public Affairs, 8 mar. 2006.

VEIDLINGER, Jeffrey. *In the Midst of Civilized Europe: The Pogroms of 1918--1921 and the Onset of the Holocaust*. Nova York: Metropolitan, 2019.

VERTER, Yossi; BENN, Aluf. "O rei Salomão também cedeu territórios da Terra de Israel". *Haaretz*, 22 abr. 2005 (hebraico).

VITAL, David. "The Afflictions of the Jews and the Afflictions of Zionism: The Meaning and Consequences of the 'Uganda' Controversy". In: REINHARZ, Jehuda; SHAPIRA, Anita. *Essential Papers on Zionism*. Nova York: New York University Press, 1996. pp. 119-32.

WAKED, Ali. "Morte por ataque cardíaco é atribuída a atrasos nas FDI". *Ynet*, 24 maio 2006 (hebraico).

WEISS, Efrat. "Explosão em Qalandia: Palestino morto, três policiais de fronteira gravemente feridos". *Ynet*, 11 ago. 2004 (hebraico).

WEISS, Yfaat. "The Transfer Agreement and the Boycott Movement: A Jewish Dilemma on the Eve of the Holocaust". *Yad Vashem Studies*, v. 26, pp. 131-99, 1998.

WILLACY, Mark. "Israeli Conscripts Break the Silence". ABC Radio Australia, 5 set. 2005.

WINER, Stuart. "Israel Reportedly Offering Land and Its 300,000 Residents to Palestinians". *Times of Israel*, 1 jan. 2014.

WOLF-MONZON, Tamar. "'The Hand of Esau in the Midst Here Too' — Uri Zvi Grinberg's Poem 'A Great Fear and the Moon' in Its Historical and Political Contexts". *Israel Studies*, v. 18, n. 1, pp. 170-93, primavera 2013.

ZIPPERSTEIN, Steven J. *Pogrom: Kishinev and the Tilt of History*. Nova York: Liveright, 2019.

Fontes

Parte v: Três funerais [pp. 197-244]

Entrevistas do autor com Mahmoud (Abu Jihad) Alawi, Ghadeer Bahri, Ibrahim Bahri, Imm Mohammad Bahri, Mohammad Bahri, Muhannad Bahri, Rula Bahri, Tala Bahri, Ahmad al-Hindi, Hafez al-Hindi, Haya al-Hindi, Namir Idilby, Saadi Joulani, Wadah Khatib, Khalil Khoury, Ruba al-Najjar, Abed Salama, Adam Salama, Fufu Salama, Haifa Salama, Lulu Salama, Nansy Qawasme, Sahar Qawasme, Ami Shoshani e Livnat Wieder.

APPLIED RESEARCH INSTITUTE — JERUSALEM. "Deir Jarir Village Profile", 2012.

_____. "Kafr Malik Town Profile", 2012.

ARUTZ SHEVA STAFF. "Elazar: An American Experiment in Gush Etzion". *Israel National News*, 9 out. 2015.

ASSOCIAÇÃO DOS DIREITOS CIVIS EM ISRAEL. "East Jerusalem in Numbers", maio 2012.

ATOS DO CONGRESSO DOS ESTADOS UNIDOS. "Celebrating Nursing and Khalil Khoury, MSc Pharm, BSN, RN". E1435, 18 jul. 2006.

BBC NEWS. "Palestinian Pupils Killed in West Bank School Bus Crash", 16 fev. 2012.

BERG, Kjersti G. "Mu'askar and Shu'fat: Retracing the Histories of Two Palestinian Refugee Camps in Jerusalem". *Jerusalem Quarterly*, v. 88, pp. 30-54, inverno 2021.

CASSEL, Matthew. "Occupied and High in East Jerusalem". *AJ+*, 28 abr. 2015.

CONSELHO DE SEGURANÇA DAS NAÇÕES UNIDAS. "Summary by the Secretary-General of the Report of the United Nations Headquarters Board of Inquiry into Certain Incidents That Occurred in the Gaza Strip Between 8 July 2014 and 26 August 2014", 27 abr. 2015.

DUMPER, Michael. *The Politics of Jerusalem Since 1967*. Nova York: Columbia University Press, 1997.

_____. *The Politics of Sacred Space: The Old City of Jerusalem in the Middle East Conflict*. Boulder, Colorado: Lynne Rienner Publishers, 2003.

EFRATI, Ido. "'Another Terrorist Is Born': The Long-Standing Practice of Racism and Segregation in Israeli Maternity Wards". *Haaretz*, 5 abr. 2016.

ESCRITÓRIO DAS NAÇÕES UNIDAS PARA A COORDENAÇÃO DE ASSUNTOS HUMANITÁRIOS. "Record Number of Demolitions, Including Self-Demolitions, in East Jerusalem in April 2019", 14 maio 2019.

HASSON, Nir. "In East Jerusalem's War on Drugs, Residents Say Police Are on the Wrong Side". *Haaretz*, 14 dez. 2019.

IR AMIM. "Displaced in Their Own City", jun. 2015.

ISRAELI KNESSET. "Israeli-Palestinian Interim Agreement on the West Bank and the Gaza Strip — Annex V, Protocol on Economic Relations", 28 set. 1995.

LEFKOVITS, Etgar. "Sharon Back at Work After Stroke". *Jerusalem Post*, 20 dez. 2005.

MINISTÉRIO DA DEFESA DE ISRAEL. "Banco de dados dos assentamentos". *Haaretz*, 30 jan. 2009 (hebraico).

MORRIS, Benny. *The Palestinian Refugee Problem Revisited*. Cambridge: Cambridge University Press, 2004.

PAZ AGORA. "Jerusalem Municipal Data Reveals Stark Israeli-Palestinian Discrepancy in Construction Permits in Jerusalem", 12 set. 2019.

PURKISS, Jessica. "East Jerusalem Youth Find Escape in Drugs". *Deutsche Welle*, 15 jul. 2015.

SUPREMA CORTE DE ISRAEL. "HCJ 2164/09, 'Yesh Din' — Voluntários de direitos humanos v. O comandante das forças das FDI na Cisjordânia, et al.", 26 dez. 2011 (hebraico).

YESH DIN. "The Great Drain — Israeli Quarries in the West Bank: High Court Sanctioned Institutionalized Theft", set. 2017.

Epílogo [pp. 245-256]

Entrevistas do autor com Dvir Adani, Amnon Amir, Eldad Benshtein, Itzhak Bloch, Itai Elias, Raphael Herbst, Namir Idilby, Wadah Khatib, Nadav Matzner, Nader Morrar, Bentzi Oiring, Ilay Peled, Shlomo Petrover, Abed Salama, Haifa Salama, Ibrahim Salama, Nahil Salama, Wa'el Salama, Ami Shoshani, Arik Vaknish, Beber Vanunu, Arik Weiss, Dubi Weissenstern e Duli Yariv.

ALI, Ahmed. *Al-Qur'an: A Contemporary Translation*. Princeton: Princeton University Press, 2001.

COMITÊ DAS FAMÍLIAS DAS VÍTIMAS DO ACIDENTE DE JABA. "Carta ao primeiro-ministro Salam Fayyad", 1 maio 2012 (árabe).

DAR, Yoel. "A New Watchtower in the Western Galilee". *Davar*, 7 nov. 1980 (hebraico).

DOLEV, Aharon. "O núcleo de assentamento de 'Gilon' é muito grande". *Ma'ariv*, 6 abr. 1979 (hebraico).

GOVERNO DA AUTORIDADE PALESTINA. "Relatório completo do comitê ministerial encarregado de investigar o acidente de trânsito em Jaba". *Wafa*, 18 mar. 2012 (árabe).

MACINTYRE, Donald. "Bassam Aramin's Search for Justice". *The Independent*, 18 ago. 2010.

POLÍCIA DE ISRAEL. "Depoimento de Ashraf Qayqas ao policial Shmuel Ozeri", 16 fev. 2012 (hebraico).

POLÍCIA DE ISRAEL, DISTRITO DE SHAI (SHOMRON-YEHUDA), DIVISÃO DE TRÂNSITO. "Boletim de ocorrência", 2012 (hebraico).

_____. "Depoimento de Ashraf Qayqas ao investigador de trânsito Eliyahu Mizrahi", 21 fev. 2012 (hebraico).

_____. "Opinião especializada: análise do tacógrafo", 28 fev. 2012 (hebraico).

_____. Exposição dos resultados do exame da Vericom", 10 abr. 2012 (hebraico).

_____. "Relatório do inspetor de tráfego", 8 maio 2012 (hebraico).

ROSENBERG, Oz. "Hundreds of Beitar Jerusalem Fans Beat Up Arab Workers in Mall; No Arrests". *Haaretz*, 23 mar. 2012.

SUPREMA CORTE DE ISRAEL. "Judgment by Justice Neal Hendel in Ashraf Qayqas v. The State of Israel", 24 fev. 2019. pp. 1-6.

THRALL, Nathan. "A Day in the Life of Abed Salama". *New York Review of Books* (online), 19 mar. 2021.

TRIBUNAL DISTRITAL DE JERUSALÉM. "O Estado de Israel v. Ashraf Qayqas: audiência em 29 mar. 2015", 29 mar. 2015. pp. 25-136 (hebraico).

_____. "O Estado de Israel v. Ashraf Qayqas: audiência em 16 jun. 2015", 16 jun. 2015. pp. 26-120 (hebraico).

_____. "O Estado de Israel v. Ashraf Qayqas: audiência em 9 jun. 2016", 9 jun. 2016. pp. 29-91 (hebraico).

_____. "O Estado de Israel v. Ashraf Qayqas: audiência em 14 jun. 2016", 14 jun. 2016. pp. 28-99 (hebraico).

_____. "O Estado de Israel v. Ashraf Qayqas: audiência em 15 jun. 2016", 15 jun. 2016. pp. 28-74 (hebraico).

_____. "O Estado de Israel v. Ashraf Qayqas: audiência em 23 mar. 2017", 23 mar. 2017. pp. 32-92 (hebraico).

_____. "O Estado de Israel v. Ashraf Qayqas: sentença", 29 mar. 2018. pp. 1-17 (hebraico).

WEISS, Arik. "An Arab Kid Died, Ha Ha Ha Ha". Channel 10, 31 mar. 2012.

YIFTACHEL, Oren. "The Internal Frontier: Territorial Control and Ethnic Relations in Israel". *Regional Studies*, v. 30, n. 5, pp. 493-508, 1996.

Agradecimentos

Meus primeiros agradecimentos são para os personagens deste livro, que compartilharam os detalhes mais íntimos de suas vidas, em alguns casos falando sobre sua tragédia pela primeira vez em quase uma década. Sou grato, sobretudo, a Abed Salama, com quem foi um privilégio passar grande parte dos últimos três anos. Espero ter feito justiça a sua história e à de Milad. Meus agradecimentos também a Haifa e a toda a família Salama, que fizeram com que me sentisse um membro honorário: Lulu, Fufu, Thana'a, Mayar, Adam, Fidaa, Wa'el, Naheel, Abu Wisaam, Bashir, Ruba, Jessenia, Jad, Ibrahim, Sahar, Aboud, Abu Jihad e Tha'er.

Huda Dahbour me confiou suas histórias e generosamente dedicou seu tempo vezes sem conta. Quero agradecer também às famílias de Salaah Dweik, Abdullah Hindi e Ula Joulani; a Tala Bahri e sua família; a Radwan Tawam e sua família; e a Salem Abu Markhiye.

Os testemunhos de muitos outros entrevistados aparecem nestas páginas. Sou grato a Dvir Adani, Amnon Amir, Eldad Benshtein, Itzhak Bloch, Itai Elias, Namir Idilby, Wadah Khatib, Khalil Khoury, Mira Lapidot, Yaakov Lapidot, Nader Morrar, Bentzi Oiring, Shlomo Petrover, Rita Qahwaji, Ron Shatzberg, Ami Shoshani, Adi Shpeter, Dany Tirza, Saar Tzur, Arik Vaknish, Beber Vanunu, Arik Weiss, Dubi Weissenstern, Livnat Wieder, Duli Yariv e Maysoon Zahalka.

Outros que foram generosos com seu tempo e seu conhecimento incluem Milena Ansari, Kjersti Gravelsæter Berg, Mick Dumper, Dror Etkes, Raphael Herbst, Wadah Khatib, Eitay Mack, Nadav Matzner, Quamar Mishirqi-Assad, David Myers, Mansour Nasasra, Ilay Peled, Michael Sfard e Aviv Tatarsky.

Foi uma honra ter como companheiros de investigação dois jornalistas excepcionais, Ashira Darwish e Sami Sockol, e, nos primeiros estágios da pesquisa, Bashar Mashni, que faleceu em janeiro de 2023.

Dois anos do trabalho de investigação e escrita desta obra foram possíveis graças a auxílios oferecidos pela Open Society Foundations. Meu mais profundo agradecimento ao seu diretor-executivo para o Oriente Médio e o Norte da África, Issandr El Amrani, a quem tive a sorte de chamar de colega em nossos dias juntos no International Crisis Group. Obrigado também a Noor Shoufani, Abier Al-Khateeb e Lenny Benardo, que me deram um apoio inestimável.

Concluí este manuscrito no Bard College, onde passei o ano acadêmico de 2022-3 como escritor residente. Meus agradecimentos a Tom Keenan, Jonathan Becker e Leon Botstein por proporcionarem a mim e à minha família um ano idílico em Hudson Valley e por se recusarem a se dobrar às intimidações.

Este projeto começou como um artigo para a *New York Review of Books*. Ainda que haja menos de uma página do texto publicado na revista, o livro deve sua existência à *Review* e a três grandes defensores do artigo: Patrick Hederman, Emily Greenhouse e, sobretudo, Matt Seaton.

Sou grato a Sara Kayyali, Jeremy Kleiner e David Remnick, que me incentivaram a transformar o artigo em livro, e a Mark Danner, Nadia Saah, David Shulman e, em especial, Kathleen Peratis.

No Oriente Médio, três colegas foram fundamentais na esfera profissional e pessoal e me ajudaram de mais maneiras do que sou capaz de descrever: Omar Shakir, Yehuda Shaul e, especialmente, Hagai El-Ad, que me ofereceram apoio incondicional. Também me auxiliaram de mil maneiras distintas Sana'a Allan, em Jerusalém, e Azmi Keshawi, em Gaza, duas pessoas extraordinárias que acolheram minha família e permitiram que fizéssemos parte das suas. Vários amigos leram trechos ou todo o manuscrito em estágios iniciais e fizeram valiosas observações: Tareq Baconi, Sara Bershtel, Rob Malley e Josh Yaffa, que esteve ao meu lado desde o início.

A exemplo do meu livro anterior, escrevi grande parte deste em Musrara, na casa de nossos queridos amigos Adina Hoffman e Peter Cole, que enriqueceram nossas vidas em Jerusalém e em cujos olhos e ouvidos impecáveis sigo confiando, seja para pequenas ou grandes questões.

Agradecimentos

Este livro não existiria sem Riva Hocherman, minha talentosíssima editora. A profundidade de seu envolvimento na criação da obra — a inteligência e a sensibilidade de suas edições — não pode ser menosprezada. Sua dedicação, tampouco: Riva revisou mais rascunhos do que posso contar, sempre com um fôlego e uma atenção aos detalhes quase desumanos. Nas mãos de qualquer outra pessoa, o resultado teria sido muito inferior.

Na Metropolitan/Henry Holt, quero agradecer a Flora Esterly, Laura Flavin, Devon Mazzone, Chris O'Connell, Carolyn O'Keefe e Kelly Too. Na Allen Lane/Penguin Press, no Reino Unido, tive a sorte de trabalhar com minha editora Maria Bedford, além de Noosha Alai-South, Rosie Brown e Maddie Watts. Levente Szabo assinou a capa da edição britânica e Christopher Sergio, da americana. Daleen Saah produziu os inovadores mapas. Meu agente, Edward Orloff, viabilizou a existência do livro, e Michael Taeckens o levou habilmente ao mundo.

Meus maiores agradecimentos vão para minha esposa, Judy Heiblum, uma editora profissional e minha primeira e última leitora. Não há nada que eu escreva que não seja moldado e refinado por ela. Essa, porém, é só a menor das formas como ela me faz parecer melhor. Nossas três filhas, Juno, Tessa e Zoe, cresceram em Jerusalém, não longe do muro que as separa das crianças retratadas nesta história. Embora pareça improvável que eu viva para ver o fim dessa segregação, escrevi este livro com a esperança de que elas possam testemunhá-lo.

Índice remissivo

Páginas de números em *itálico* indicam mapas.

Abu Ala (negociador palestino), 170
Abu Dis (cidade), 117-9, *216*
Abu Faraj (motorista da UNRWA), 91,
   93-6, 125-7
Abu Ghosh (cidade), 219
Abu Iyad (líder da OLP), 106-7
Abu Jihad (líder da OLP), 106-7
Abu Jihad (primo de Abed), 202-3,
   230, 234-5; sobrinha Zeyna e, 202-3;
   sobrinho Mohammad Bakr e, 202-3
Abu Kabir (necrotério), 146
Abu Mazen (presidente da Autoridade Palestina), 203
acidente envolvendo o ônibus escolar, 15, 17-8, 95-8, 100, 125-7, 131-5,
   136-7, 139, 150-8, 164, 186, 196, 199-
   205, 210-5, *216*, 218-28, 231, 233-4,
   237-44, 250-6; *azza* (velório aberto),
   232-6; condolências dos colonos,
   248-9; mortes comemoradas por
   jovens israelenses, 245-7
Acordos de Oslo, 54, 71, 75, 99, 112-5,
   134, 164-72, 178, 180, 188, 230; Oslo
   II, 113, 170
Acre, 99, 103, 254
Adam (assentamento; *ou* Geva
   Binyamin), 15, 17, 132, *136*, 146, 171,
   181, 185-6, 188, *216*, 233, 248
Adam, rotatória de, *136*, 255
Adam, Yekutiel, 185
Administração Civil de Israel, 152,
   154, 177, 188-9
AFP (agência de notícias), 119
Agência das Nações Unidas de Assis-
   tência aos Refugiados (UNRWA), 91,
   93-7, 102-3, 115, 118, 127, 196, 222

al-Aqsa (mesquita), 23, 28, 83; visita
   de Sharon 75
Alawi (ancestral das famílias de
   Anata), 23
al-Bireh (cidade), 134
Alcorão, 61, 121, 206, 238, 251-2
Al Jazeera (rede de televisão), 200
Allenby (ponte), 53-4, 178-9
Allon (assentamento), 164, 169, *217*
al-Quds, Universidade, 117
American Journal of Nursing, 220
Anat (deusa cananeia), 23
Anata, 13-4, 16-7, 23-5, 50-1, 71, 86, 149,
   184, 191, 200, 214, 229-31, 234-5, 240,
   247; Anatote e, 187-9; carência de
   serviços, 195, 203; cemitério de,
   39; clube juvenil, *39*, 206, 234-5;
   escola para meninas, 23-4, 36, *39*,
   201, 235; escola para meninos, 23,
   39; mapas, *38*-9, *137*, *171*, *216*-7; mes-
   quita, *39*; muro de separação, 24-5;
   Primeira Intifada e, 31-4; Segunda
   Intifada e, 76; terras confiscadas
   de, 16, 24-5, 164
Anatote (assentamento), 17, 25, *136*,
   171, 184, 187-90, 248-9; (base), 17, *39*,
   46, *137*; (cidade bíblica), 23
Anglo-Saxon (imobiliária), 248
Ansar (campo de concentração no
   Líbano), 46
Ansar III *ver* Ketziot (Naqab/
   Neguev) (presídio)
Aqueduto Nacional, 164
Arafat, Yasser, 31, 47, 106-8, 113-5, 118,
   164, 170, 172, 190
a-Ram, manifestante morto, 18-9

288   *Um dia na vida de Abed Salama*

Área A, 170, 171, 172, 175
Área B, 170, 171, 172
Área C, 164, 150, 153, 170, 171
área E1, 17
Arrabe (vilarejo), 229-30
Askadinya (restaurante), 68-70, 72
assentamentos, 15-7, 24-5, 32, 51, 74-5,
92, 94, 113-5, 120-1, 132, 138, 141-2,
147, 152-4, 163-6, 169-70, 172, 174-7,
181, 184-7, 191, 219, 233, 247-9, 255
Atarot (parque industrial), 153-4, 217
Atef (açougueiro), 14, *38*
atentados suicidas, 143-4, 146, 163,
169, 173
a-Tur (bairro), 208-9, 211, 213-4, 217,
237-8, 240, 243
Autoestrada 1, 16
Autoridade Palestina (AP, *sulta*), 50,
65, 75, 114-5, 162-5, 176-7, 203, 220,
232, 255; Abu Mazen (presidente),
202-3; acidente do ônibus escolar
e, 202-3

B'Tselem (ONG de direitos humanos),
119
Baab al-Asbaat (cemitério), 240
Bahri, Abu Mohammad (avô de
Tala), 150-1
Bahri, Tala, 143-4, 151, 221-2, 226-7
Barak, Ehud, 166
Barkat, Nir, 193
Barq, Ziad, 199
Basa, Dalia, 218
Basílica do Santo Sepulcro, 61
bayanaat (comunicados da intifada), 32
Be'er Sheva (presídio), 179
beduínos, 17, 91-3, 228
beduínos de Jaba, 98, 142
beduínos Jahalin, 91-2
Beinisch, Dorit, 154
Beirute, Líbano, 30
Beit El (assentamento), *171*; (base
militar), 149, 184; (posto de con-
trole), 153, 161

Beit Jala, 76
Beit Safafa, 158, *217*, 230
Beit Thul, 34
Belém, 121, *171*, 177, 216
Ben-Gurion, David, 165-6, 182
Benshtein, Eldad, 138-40, 143-4, 221
Bezeq (companhia telefônica israe-
lense), 14, 68, 70, 72, 78
Bi'ur Chametz (operação), 101
Bíblia, 165-6
Biran, Ilan, 170
Birzeit, Universidade de, 135
Bloco de União dos Trabalhadores, 32
Brigada Binyamin, 149
Brigadas dos Mártires de al-Aqsa, 149
Bucareste, 111-2
Bucharim (bairro), 51

Canal 10 (canal de televisão), 245, 248
Carmelo, monte, 100, 104
Chevra Kadisha, 148
Chipre, assassinatos em iate no
(1985), 106
Cisjordânia: Abed preso fora da, 46;
Acordos de Oslo e, 75, 113, 169-70;
assentamentos judaicos em, 154,
164-5, 180, 184-5; beduínos e, 91-2;
carteiras de identidade e, 19, 49-50;
deslocamento de cidadãos palestinos, 229-30; FDI e, 149; governo
palestino e, 18, 65, 167; guerra de
1967 e, 24; hospitais, 118; mapas,
38-9, 99, 137-8, 171, 216-7; minas
israelenses, 154; muro construído
em, 24, 164, 167, 171, 173-7, 191-3;
nome bíblico, 166; primórdios do
domínio israelense, 49; Segunda
Intifada e, 76; UNRWA e, 91; *ver também localidades específicas*
Comissão Real Britânica, 166
Comitê de Assentamentos de Israel,
184
Comitê Internacional da Cruz Vermelha, 53

Índice remissivo

Conselho Yesha, 175-6
Crescente Vermelho (hospital em a-Suwana), 88
Crescente Vermelho Palestino, 100, 107, 134-5
crime, 183, 194, 209

Dahbour, Ahmad (tio de Huda e poeta), 105-8
Dahbour, Huda, 91, 93-127, 156; acidente com ônibus escolar e, 125-7, 156-7; atentado a bomba em Hammam Chott e, 106-8; filha Hiba e, 111; filha Lujain e, 112; filho Ahmad e, 112, 120; filho Hadi e, 111, 117-24; filhos, 111-2, 117; hemorragia cerebral, 118-9; histórico familiar em Haifa, 100-6; marido Ismail e, 110-3, 115, 120-1; *sulta* palestina e, 114-5; tia Maryam e, 102
Dahbour, Kamel (tio de Huda), 104-5
Dahbour, Mustafa (pai de Huda), 100-3
Dahiyat a-Salaam (*ou* Nova Anata), 13-4, 38, 52, 68, 71-2, 78, 86, 163, 191-2, 209, 217, 230; anexação por Israel, 26; carência de serviços, 194; muro, 192, 194
Damasco, Universidade de, 100
Declaração de Balfour, 166
Deir Jarir, 154
Deir Yassin, massacre de 1948, 70, 247
Dhahiriya (presídio), 45-6
Divisão Arco-Íris, 166
Domo da Rocha, 68
drogas, 35, 37, 183, 195-6, 209
Dweik, Azzam (marido de Nansy), 208-15, 225, 237, 239-44
Dweik, Mohammad (filho de Nansy), 242
Dweik, Sadine (filha de Nansy), 209-10, 212-4, 237-8, 240-2
Dweik, Salaah (filho de Nansy), 209-15, 225-6, 237-4, 247

Egito, 99, 106
Elazar (assentamento), 171, 219
Emenda Tamir, 45
emigrantes russos, 138
"Enta Omri" [És minha vida] (canção), 48
Estados Unidos, 30, 58, 72, 78, 167; muro de separação e, 175; o país e os americanos, 81, 183, 219
Estrada 4370 ("estrada do apartheid"), 39, 167
Exército de Libertação da Palestina (ELP), 105

Facebook, 245-7, 254
Fadl (menino ferido), 221
Fairuz (cantora), 93-4, 113
Fatah, 30-1, 35-7, 44-7, 54-5, 100, 104-6, 110, 149, 178-9
Fatiha (oração), 61, 82, 253
Forças de Defesa de Israel (FDI), 24, 28-9, 35, 44-5, 75, 117-8, 121-3, 139-44, 149-53, 161-8, 174, 176, 178, 180, 187, 189-90, 194; Comando Central, 170, 173, 233
forças de segurança palestinas, 115, 152-3, 161-2, 195, 234
forças paramilitares sionistas, 70, 247
Frente Democrática para a Libertação da Palestina (FDLP), 30-7, 41, 44-8, 50-1, 78-9
Fundação de Cooperação Econômica (ECF), 180, 187-9

Galileia, 75, 103; mar da, 99
Gaza, 28, 49, 65, 91-2, 99, 112-3, 167, 175
Geva Binyamin (assentamento; *ou* Adam), 185; *ver também* Adam
Givat Shaul (bairro), 70, 247
Goldstein, Baruch, 167-8
grupos de diálogo entre Israel e a OLP, 47
guerra de 1948, 34, 70, 91-3, 101-2, 222
guerra de 1967, 108, 113, 175
guerra de 1973, 108

290   *Um dia na vida de Abed Salama*

Gush Etzion (bloco de assentamentos), 121, *171*; (presídio), 120

Hadassah Ein Kerem (hospital), 143-4, 200, 214, 217, 218-27, 229, 237-9
Hadassah Monte Scopus (hospital), 19, 118-9, 125, 143, 153-4, 192-3, 213, 217, 221
Hadera (escola), 246
Hafez, Abdel Halim (cantor), 48
Haifa (cidade), 99, 109; ataque judeu e fuga de palestinos (1948), 101-2; ataque suicida (2003), 163; histórico familiar de Huda Dahbour, 100-6; visitas de Huda, 114
Halacha, 144-5
Hamas, 169, 173
Hamdan (família), 23, 26, 60, 79
Hamdan, Abu Awni (pai de Haifa), 82-3
Hamdan, Abu Hassan (pai de Ghazl), 51-3, 55-8, 60, 63-4
Hamdan, Ghazl: casamento de Abed com Asmahan e, 62-4, 66-9; FDLP e, 34, 36; Haifa e, 79; irmã Abeer e, 52; namoro com Abed, 23, 26-8, 31, 33-4, *38*, 42-3, 50-3, 55-9, 78; primeiro encontro com Abed após o término do namoro, 65-7; prisão de Abed e, 48; trabalho no Ministério da Educação, 65-7
Hamdan, Haifa (esposa de Abed), 14-6, *38*, 63, 78-80, 85-6, 200-1, 204-5, 207, 229, 231, 234-6, 242, 252-4; casamento com Abed, 78-83; cunhado Ahmad (amigo de Abed na FDLP) e, 78-9; filhas de Asmahan e, 85-6; irmã Wafaa e, 80; nascimento dos filhos, 86-8;
Hamdan, Hassan (irmão de Ghazl), 51-3, 57
Hammam Chott (atentado, 1985), 108-10
Hashomer Hatzair, 165
Hebron, 103, 166, *171*, 208; massacre no Purim (1994), 167-9

Hebron, Universidade de, 179
Hendel, Neal, 254
Herodes, o Grande, 138
heroína, 37, 196
Hindi (família), 224
Hindi, Abdullah al-, 222-5, 227-8
Hindi, Ahmad al-, 222-4, 227
Hindi, Hafez al-, 222-4, 227-8
Hindi, Haya al-, 222-8
Hizma (posto de controle), *38*, *137*, 217, 226, 255
Hizma (vilarejo), 36, *39*, *137*, 188, 216
Holocausto, 165
Homs (campo de refugiados), 99, 102, 104; bombardeio de refinaria próxima (1973), 108

Ibrahim, Huda, 219-20, 224-5; profeta, 238; massacre na mesquita (1994), 168-9
Império Otomano, 100
inteligência britânica, 101
inteligência israelense, 115
inteligência palestina, 234
Iraque, 23
islamistas, 47, 179
Israel: fronteiras pré-1967 e, 49-50, 113; fundação, 34, 91-2, 101-2, 182; informantes, 45, 151; mapa da Palestina e, 99

Ja'uni, Ola, 35-6, 41
Jaba, 15, 94-6, 98, 131-4, *136*, 139, 151, 155, 158, *171*, 184-6, 216, 228, 233
Jaba (estrada), 161-2, 233; acidente envolvendo o ônibus escolar e, 131-5, *136-7*, 139, 150-6, 161, 164, 201-3, 254-6; condições, 94-5, 134, 255-6; (posto de controle), 14, 94-6, 132, *136*, 151, 186, 255
Jabal Mukaber, 68, 114, 217
Jaffa, 99, 102-3, 109
Jameela (noiva de Abed), 73-7
Jenin, 19, 149, *171*, 229-30
Jericó, 15-6, *171*, 184

Índice remissivo

Jerusalém: Acordos de Oslo e, 71, 112; áreas palestinas, 25, 117, 192-5, 209, 256; ataques de 2002, 173-4; atentados a bomba, 147; bombardeio de postos fiscais britânicos, 45-6; Cidade Velha, 25, 61, 68, 178, 217; Fatah, 179; hospitais e carteiras de identidade, 125; ieshiva, 145; mapa da região metropolitana, 216-7; mapas do município, 38-9, 137, 216-7; postos de controle e muro, 14, 191-5; refugiados e, 102-3; terras anexadas, 24-5; trabalhos de construção de Abed, 50-2; *ver também localidades específicas*

Jerusalém Ocidental, 216-7; *ver também* Jerusalém *e localidades específicas*

Jerusalém Oriental, 25-7, 49-51, 171, 184, 217; Acordos de Oslo e, 71; escolas e, 195-6, 255-6; hospitais, 118; muro, 191-3; palestinos proibidos de construir em, 243-4; polícia e, 53-4, 119; postos de controle, 49-50, 174; tribunais de família, 69; *ver também localidades específicas*

Jerusalém-Ramallah (região metropolitana): acidentes de carro, 150; ataques de 2004-6 e 2010-2, 163-4; complexidade, 162-3

Jihad Islâmica, 203

Jimzu (vilarejo), 222

Jordânia, 24, 29, 53, 69, 106, 176, 178

Jordão, vale do, 176

Joulani, Saadi (sobrinho de Ula), 97, 126

Joulani, Ula, 97-8, 126, 204, 223, 238

judeus asquenazes, 182-5

judeus ortodoxos, 113

judeus ultraortodoxos (*haredim*), 51, 141, 144-5

juventude israelense, 245-7

k'vod hamet (respeito aos mortos), 146

Kaduri, Yitzhak, 51

Karnit (fundo para vítimas de acidentes de trânsito), 242, 256

Ketziot (Naqab/Neguev) (presídio), 46-8, 123

Kfar Adumim (assentamento), 164-6, 169, 171, 184, 217

Khan al-Ahmar, 17, 91-4, 127, 158, 217

Khoury, Khalil, 220

Khulood (amiga de Ghazl), 63

Kids Land (espaço de recreação infantil), 19, 211-2

Kiryat Arba (assentamento), 168

Kokhav HaShahar (assentamento), 153-4, 171

Kol Hazman (jornal), 29

Kufr Aqab, 14, 57, 134, 192-4, 196, 217

Kufr Kanna, 73-6

Kufr Malik, 154

Kulthum, Umm (cantora), 48

Lavi (kibutz), 166

legislação israelense, 73

lei internacional, 154

Líbano, 46, 99, 100, 102, 104-6, 108, 178, 185; guerra civil, 105

Liderança Nacional Unificada (LNU), 179

Likud (partido), 187

limpeza étnica, 101

linha de armistício de 1949, 99, 175; *ver também* Linha Verde

Linha Verde, 175-7, 181, 248

Lubya (vilarejo), 166

Ma'ale Adumim, 92, 120, 169, 171

Ma'ale Hever (assentamento), 166, 171

Machane Yehuda, atentados a bomba, 146

Magen David Adom (Mada, serviço nacional de emergência médica de Israel), 138-40, 143, 214

Makassed (hospital), 40, 88, 214, 217

"malha da vida", 167

Mandato Britânico, 44, 166; postos fiscais bombardeados, 45; retirada de Haifa, 101

Mandato Francês na Síria, 102

292 — Um dia na vida de Abed Salama

mapas: Anata e arredores, 38-9; Cisjordânia e o muro, 171; estrada de Jaba e arredores, 136-7; Grande Jerusalém, 216-7; Palestina e Israel, 99
Marrocos, 181
marxismo, 30, 165
Mea Shearim (bairro), 145, 217
Meca, *hajj* para, 54, 251
Medjez el-Bab, Tunísia, 107
"menino árabe morreu, ha ha ha ha, Um" (reportagem de TV), 245-50
Midhat (amigo de Abed), 68, 72
Ministério da Educação palestino, 65, 235; Departamento de Saúde Escolar, 65-6
Ministério da Saúde de Israel, 182
Ministério do Interior palestino, 115, 150-2, 194
Mishor Adumim (parque industrial), 158, 217
mizrahim, judeus, 181-5, 247
Mofaz, Shaul, 176
Monte das Oliveiras, 68, 88, 208
Morrar, Nader, 134-5, 138, 156
mortalidade infantil, 182
Morto, mar, 52, 99, 171
Moscobiya (presídio), 33, 54, 120, 179, 217
movimentos nacionalistas pan-arabistas, 104
Mufida (professora do Nour al-Houda e esposa de Ziad Barq), 17, 199
muro de separação, 38-9, 114, 117, 132, 137, 150, 161-76, 171, 191-5, 209-10, 217, 256
Musrara (bairro), 68

Nablus, 171, 184, 226
Najjar, Ruba al- (esposa de Bashir, irmão de Abed), 205-6
Nakba (êxodo forçado de palestinos em 1948), 101
Naqab (presídio) *ver* Ketziot (Naqab/Neguev) (presídio)

Nazaré, 73, 103
Ne'eman, Yuval, 184
Neguev (deserto), 46
Neguev (região), 99; beduínos expulsos, 91-2
Neve Yaakov (assentamento), 15, 94, 137, 217, 233
Nidaa (farmacêutica da UNRWA), 94, 96, 127
Nofei Prat (assentamento), 164, 217
Nour al-Houda (colégio), 14, 39, 131-2, 137, 196, 200-1, 208-10, 212, 234-5, 253

Ofer (presídio), 46, 120-1, 216
Oiring, Bentzi, 147
Organização das Nações Unidas (ONU), 34, 91-3, 100, 124-5
Organização de Segurança Preventiva palestina, 18, 180
Organização para a Libertação da Palestina (OLP), 29-30, 32, 46, 50, 100, 106, 108-9, 178; Acordos de Oslo e, 65, 112, 166; Departamento de Assuntos de Refugiados, 180; Departamento de Cultura, 106; sede em Túnis, 100, 106-9
Organização Sionista Mundial, 181

Palestina: guerra civil (1947-8), 100-1; mapa da Cisjordânia e do muro, 171; mapa do plano de partilha de 1947 e áreas de Oslo, 99; Oslo II e, 113; pioneiros sionistas, 165-6
palestinos, 45, 49; animosidade israelense, 245-7; ataques de 2002 e, 173; como cidadãos israelenses (palestinos de 48), 72, 76, 176-7, 194, 219-20; como operários, 183; como repatriados, 113-4; conflitos internos, 35-7, 41-2; cores dos documentos de identidade e restrições de circulação, 25, 49-50, 70-1, 113-4, 152, 167, 192-3, 195, 208, 218-9, 222, 230, 240-2, 256; costumes so-

Índice remissivo 293

ciais, 25; expulsão de Haifa, 101-2; expulsão de Jerusalém Oriental, 70-2; Massacre de Hebron (1994) e, 167-8; muro e, 176-7, 192-4; Oslo e, 71, 114-5, 166-70, 178; prisões de, 47, 124, 174; "rede de transportes" de colonos e, 166-7; serviços de emergência à disposição de, 140-1, 255; superlotação escolar e, 195-6; UNRWA e, 91
Panteras Negras, 183
Park Hotel em Netanya, ataque de 2002, 173
Partido Trabalhista, 154
Pisgat Ze'ev (assentamento), 24, 38, 51, 137, 138, 141, 188, 217, 233, 256
Plano de Partilha de 1947: aprovação da ONU, 100-1; mapa, 99
Polícia de Fronteira Israelense, 119, 149, 192, 194
polícia palestina, 152-3
Polônia, 165
Popper, Ami, 53
Portão de Damasco, 68, 209
postos de controle, 14-5, 49-50, 71, 174, 255-6; *ver também localidades específicas*
Primeira Intifada (1987-93), 28-37, 44, 46, 50-1, 58, 65, 167, 179, 188
protocolos de ocorrências com grande número de vítimas, 218-9
Pundak, Ron, 180, 187
Purim, massacre em Hebron (1994), 168-9

Qalandia (campo de refugiados), 15, 94, 143, 217; (posto de controle), 15, 94-5, 134-5, 138, 149, 202, 217, 255; bombardeio (2004), 149
Qalqilya, 171, 177
Qatamon, 51
Qawasme, Nansy, 208-15, 225-6, 237-44; Fadi (irmão de Nansy) e, 213-4; Faisal (irmão de Nansy) e, 226;

Osama (irmão de Nansy) e, 213-4, 225-6, 238, 243
Qayqas, Ashraf, 153-6, 229-31, 254

Rabin, Yitzhak, 113
Rafidia (hospital em Nablus), 226
Rajabi, Osama, 29-31, 233
Rama (base militar), 18, 136, 139-40, 161
Ramadã, 33, 103; massacre de Hebron (1994), 168
Ramallah, 46, 54, 65, 75-6, 91, 149, 162-4, 171, 184, 216; invasões das FDI, 75, 190; *ver também* região Jerusalém-Ramallah (região metropolitana)
Ramallah (hospital), 19, 125-7, 135, 138, 142, 144, 156-7, 199-205, 213-5, 216, 221, 223, 226-7, 231; (necrotério), 202, 214, 227, 231; (presídio), 44-5
Ramat Shlomo (assentamento), 147, 217
Ramle, 222
Ras Khamis, 192; (posto de controle), 87-8
Ras Shehadeh, 192, 209, 217, 240
Rashidiya (colégio), 178
Revolta Árabe (1936-9), 44
Rifai, Abdel Salaam, 23, 39
Rishon LeZion (massacre), 53-4
Romema, 138
Romênia, 111-2

Safed, 103
Salama, Abed: Ashraf Qayqas e, 153, 229-31; Autoridade Palestina e, 203; Bloco de União dos Trabalhadores e, 32; briga com os primos Ahmad e Ameen, 37, 40-1; carteira de identidade e vistos, 49-50, 70-1, 200, 242; casamento com Asmahan, 59-68; casamento com Haifa, 78-83; divórcio de Asmahan, 73, 83-5; emprego com o pai de Ghazl, 50-2; emprego na

Bezeq, 68, 70-2, 78; emprego no restaurante Askadinya, 68, 70, 72; encontro com Ghazl no Ministério da Educação, 65-7; excursão e acidente de Milad e, 13-7; Fatah e, 30-1; FDLP e, 30-4, 36-7, 44; filha Lulu e, 67, 201, 235; filhas e, 69-70, 78, 84-6, 201; *hajj* para Meca, 54, 251; histórico familiar, 16-7, 25-6; infância, 23-4; irmão Na'el e, 37, 40-1; morte da mãe, 250-1; namoro com Ghazl Hamdan, 23, 26-8, 31, 33-4, *38*, 42-3, 50-3, 55-9, 78; nascimento do filho Adam, 87-8; nascimento do filho Milad, 88; pais do Nour al-Houda acalmados por, 234-5; Primeira Intifada e, 28, 31-2; primo Ameen e, 18; primo Ibrahim e a ajuda na busca por Milad, 150-1, 189; prisão do irmão Wa'el e, 54-5; prisão, 44-9; problemas cardíacos, 252; projeta casa para Layla e Wa'el, 55-6; proposta de casamento e término com Ghazl, 52-3, 55-64; proposta de casamento e término com Jameela, 73-7; Segunda Intifada e, 76-8; terras do avô e, 17, 52, 92; torturado pelo Shabak, 45
Salama, Abu Wisaam (marido de Naheel), 27, 30-1, 33-4, 44, 59-61, 83-4
Salama, Adam (filho de Abed e irmão de Milad), 14, 88, 201, 204-5, 230-1, 252
Salama, Ahmad (primo de Abed), 36-7, 40-1, 250-3
Salama, Ameen (primo de Abed), 18, 37, 40-2
Salama, Asmahan (primeira esposa de Abed), 19, *38-9*, 60, 69-70, 79-80; casamento com Abed, 59-68; casamento de Abed com Haifa e, 81-5; divórcio de Abed, 69-70, 73-4, 84-5; pais, 60-1, 63, 73, 84-5; segundo casamento, 86-7

Salama (avô de Abed), 25, 92
Salama, Bashir (irmão de Abed), 200, 205, 231-2
Salama (família), 16-7, 23, 26, *39*, 194
Salama, Fatima "Fufu" (filha de Abed), 69, 235
Salama, Hilmi (primo de Abed), 14-7
Salama, Ibrahim (ministro do Interior da AP na região de Jerusalém), 150-3, 161-2, 178-80, 187-90, 194-5, 229, 231
Salama, Layla (esposa do irmão de Abed, Wa'el), 53-7, 64
Salama (mãe de Abed), 40, 52-3, 66-7, 81
Salama, Manolia "Lulu" (filha de Abed), 67, 201, 235, 252
Salama, Milad (filho de Abed): busca por, 199-202, 204-7, 229, 231-2; excursão escolar e, 13-7; nascimento, 88
Salama, Na'el (irmão de Abed), 37, 40-1, 250
Salama, Nabeel (irmão de Abed), 71
Salama, Naheel (irmã de Abed), 27, 30, 33-4, *38*, 52, 59-61, 63, 83-4; casamento com Abu Wisaam, 30; prisão, 33
Salama (pai de Abed), 26, 29, 32, 40, 42, 51-3, 60-1, 67, 81-2, 83-4
Salama, Rama (prima de Milad), 254
Salama, Wa'el (irmão de Abed), 40, 53-5, 83, 233-4, 249
Salem (voluntário no resgate), 95-8, 125-6, 140-3, 150, 156
Salomão, rei, 222
Sawahre, 114, 117, 217
Segunda Intifada (2000-5), 74-8, 117, 132, 135, 173-4, 187-90, 218, 246
seitas hassídicas, 145
seitas ultraortodoxas antissionistas, 145, 147, 165
serviços de emergência israelenses, 134, 254-5
Sha'ar Binyamin (parque industrial), 141, *216*

Índice remissivo

Shaare Zedek (hospital em Jerusalém Ocidental), 222
Shabak (inteligência israelense), 45, 48, 54, 234
Sharon, Ariel, 74, 152, 175-6, 220
Sheikh Jarrah, 54, 68, 70, 83, 91, *217*
Shpeter, Adi, 187-90
Shpeter, Naama, 189
Shuafat (campo de refugiados), 34-5, 37, *38*, 51, 68, 75, 78, 86, 143, 149, 150, 163, 179, 192-6, 209, *217*, 222, 224, 226, 247, 253; (posto de controle), *38*, 87, 192, 195, 209, *217*, 223
Sidon, Líbano, 102
Silwan (bairro), 28
sionistas, 34, 181-2, 220; de esquerda, 175; primeiros, 165-6; seculares, 147
Síria, 99, 102, 104-6; exército, 105
SodaStream (fábrica), 157
solução de dois estados, 180
Stern, Yossi, 152
sufismo, 23
sulha (processo de reconciliação), 41
Suprema Corte de Israel, 154, 254

Talpiot (parque industrial), 208
Tarshiha, 103
Tawam, Radwan, 131-2, 135, 138, 156-8; tio Sami e, 131-2, 158
tawjihi (exames do ensino médio), 65
Tegart, Sir Charles, 44
Tekoa (assentamento), 138, 144, *171*
Tel al-Zaatar (massacre), 105-6
Tel Hashomer (hospital), 157
Tel Zion (assentamento), 141, *216*

Terra de Israel, 165, 193
territórios ocupados, 49-50, 106, 109, 124; palestinos presos em, 124; palestinos repatriados vs. locais, 114; Segunda Intifada e, 75; sistema de licenciamento, 50; soberania limitada palestina, 50, 109; *ver também* Cisjordânia; Gaza; Jerusalém Oriental; *e localidades específicas*
Tiberíades, 76, 166
Tirza, Dany, 164-78, 191-3
toques de recolher, 34
Tsemel, Lea, 45
Tulkarem, *171*, 173, 177
Túnis, 100, 106, 110, 124
Tunísia, 100
Tzur, Saar, 149-50, 152-3, 161-3

União Soviética, 29, 31, 51, 110-1, 233
Universidade Hebraica, 189

Vaknish, Arik, 248-50
Vanunu, Beber, 181-6, 248

Wadi Joz, *217*, 240
Wadi Nisnas, 100-1
Weiss, Arik, 245-9
Weissenstern, Dubi, 144-9
Wieder, Livnat, 218-22, 225

Ya'qub (pai do profeta Yusuf), 252
Yariv, Duli, 248-50
Yom Kippur, 106
Yusuf, profeta, 252

Zaka (ONG ultraortodoxa), 144-8

ESTA OBRA FOI COMPOSTA POR MARI TABOADA EM DANTE PRO E
IMPRESSA EM OFSETE PELA LIS GRÁFICA SOBRE PAPEL PÓLEN NATURAL
DA SUZANO S.A. PARA A EDITORA SCHWARCZ EM MARÇO DE 2025.

A marca FSC® é a garantia de que a madeira utilizada na fabricação do papel deste livro provém de florestas que foram gerenciadas de maneira ambientalmente correta, socialmente justa e economicamente viável, além de outras fontes de origem controlada.